Elogios Antecipados para *Nação dos Pais*

"Um manifesto e um manual para o que nós, como indivíduos e como sociedade, precisamos fazer moralmente para todas as crianças prosperarem. Leitura obrigatória para todos que amam crianças."

— Angela Duckworth, professora de psicologia na Universidade da Pensilvânia e autora do best-seller *Garra: O Poder da Paixão e da Perseverança* do *The New York Times*

"Em um momento em que os EUA parecem estar extremamente polarizados, a Dra. Dana Suskind nos mostra como é possível trabalharmos juntos além das divisões políticas pelo bem-estar de nossas crianças, famílias e comunidades. Repleto de histórias comoventes, dados esclarecedores e propostas práticas, *Nação dos Pais* nos apresenta um estimulante chamado para a ação."

— Kristin Kobes Du Mez, professora de história na Faculdade Calvin e autora do best-seller do *The New York Times*, *Jesus and John Wayne* [*Jesus e John Wayne*, em tradução livre]

"O melhor que podemos fazer por nossas crianças (e por nós mesmos!) é considerar o chamado neste livro oportuno, importante e belo. *Nação dos Pais* apresenta uma poderosa estrutura baseada na ciência e que nos levará a ter crianças mais saudáveis, pais mais felizes e comunidades mais fortes."

— Emily Oster, professora de economia na Universidade Brown e autora da série de livros best-seller do *The New York Times* *Expecting Better*, *Cribsheet* e *The Family Firm* [*Gravidez melhor*, *Lençol do berço* e *A empresa familiar*, respectivamente em tradução livre]

"A Dra. Dana Suskind une a ciência médica com a ciência social neste livro lúcido e importante, fazendo a política pessoal da melhor forma possível, para argumentar de forma passional sobre como nossos países podem e devem apoiar os pais para que possam fazer o que mais desejam: cuidar das crianças que amam."

— Perri Klass, MD, professora de pediatria e jornalismo na Universidade de Nova York e autora de *A Good Time to Be Born* [Uma boa época para nascer, em tradução livre] e da coluna *The Checkup* no *The New York Times*

"A Dra. Dana Suskind oferece um livro escrito de uma linda maneira, com apoio na história e na ciência e abastecido por uma prosa elegante e poderosa. Como pais de duas gerações diferentes — um de nós é uma mãe solo que lutou para manter-se presente na vida de seus filhos e o outro é um pai que se esforça diariamente para proporcionar um futuro melhor e mais justo para os filhos dele e de todos —, este livro apresenta um chamado estridente para nos unirmos e criarmos uma sociedade que enaltece e apoia todas as famílias. Como mãe e filho, permanecemos unidos, prontos para nos juntarmos à luta que *Nação dos Pais* apresenta de forma tão brilhante."

— Wes Moore, autor do best-seller do *The New York Times The Other Wes Moore* [O outro Wes Moore, em tradução livre], e sua mãe, Joy Thomas Moore, autora de *The Power of Presence* [O poder da presença, em tradução livre]

"Um lembrete poderoso de que nós sabemos demais sobre a importância do desenvolvimento cerebral na primeira infância para continuar a tratar os primeiros anos de uma criança como algo que não seja um fator primordial da saúde de nossas comunidades. Apoiar as crianças significa apoiar os adultos que cuidam delas, exigir e investir em sistemas coordenados e de qualidade para a primeira infância e elevar negócios e governos que proporcionam essas estruturas vitais — esse é o trabalho de todos nós."

— Steve Nash, ex-jogador da NBA All-Star e MVP; treinador do Brooklyn Nets; presidente da Steve Nash Foundation: Growing Health in Kids

"Em *Nação dos Pais*, Dana Suskind argumenta de forma cativante que apoiar pais enquanto criam seus filhos pequenos deveria ser uma prioridade nacional. Com empatia e um sentimento de urgência, Suskind explica de maneira comovente por que a neurociência do desenvolvimento da primeira infância torna esses anos tão críticos. *Nação dos Pais* não é nada menos do que um chamado para a ação."

— Alex Kotlowitz, autor do best-seller *There Are No Children Here* [Não há crianças aqui, em tradução livre]

"*Nação dos Pais* esclarece que os primeiros três anos de vida de uma criança é uma época incomparável de crescimento cerebral e nossas políticas públicas precisam refletir essa realidade. Apoios sociais para pais, que começam no primeiro dia de vida de uma criança, quando o aprendizado inicia, são componentes em falta no sistema educacional da nossa nação. As recomendações sensíveis e práticas da Dra. Suskind iluminam nosso caminho para um futuro em que todas as crianças recebem uma base firme e uma oportunidade de alcançar seu potencial inato."

— Arne Duncan, ex-Secretário da Educação dos Estados Unidos e autor de *How Schools Work* [Como as escolas funcionam, em tradução livre]

"Um manifesto e um manual para o que nós, como indivíduos e como sociedade, precisamos fazer moralmente para todas as crianças prosperarem. Leitura obrigatória para todos que amam crianças."
— Angela Duckworth, fundadora • CEO da Character Lab

Best-seller do New York Times

NAÇÃO DOS PAIS

Desbloqueando o potencial de cada criança e cumprindo a PROMESSA DA SOCIEDADE

Dana Suskind
Doutora em Medicina e diretora do Programa Pediátrico de Implante Coclear

Lydia Denworth
Editora na revista *Scientific American*

ALTA BOOKS
GRUPO EDITORIAL
Rio de Janeiro, 2023

Nação dos Pais

Copyright © 2023 da Starlin Alta Editora e Consultoria Eireli.
ISBN: 978-85-508-1899-3

Translated from original Parent Nation. Copyright © 2022 by Dana Suskind. ISBN 9780593185605. This translation is published and sold by permission of An imprint of Penguin Random House LLC, the owner of all rights to publish and sell the same. PORTUGUESE language edition published by Starlin Alta Editora e Consultoria Eireli, Copyright © 2023 by Starlin Alta Editora e Consultoria Eireli.

Impresso no Brasil — 1ª Edição, 2023 — Edição revisada conforme o Acordo Ortográfico da Língua Portuguesa de 2009.

```
Dados Internacionais de Catalogação na Publicação (CIP) de acordo com ISBD

S964n    Suskind, Dana
         Nação dos pais: desbloqueando o potencial de cada criança e
         cumprindo a PROMESSA DA SOCIEDADE / Dana Suskind, Lydia
         Denworth ; traduzido por Mariana Santos. - Rio de Janeiro : Alta
         Books, 2023.
         288 p. ; 16cm x 23cm.

         Tradução de: Parent nation
         Inclui índice.
         ISBN: 978-85-508-1899-3

         1. Psicologia. 2. Família. I. Denworth, Lydia. II. Santos, Mariana.
         III. Título.

                                                  CDD 150
2022-4000                                         CDU 159.9

         Elaborado por Vagner Rodolfo da Silva - CRB-8/9410
                    Índice para catálogo sistemático:
                        1. Psicologia 150
                        2. Psicologia 159.9
```

Todos os direitos estão reservados e protegidos por Lei. Nenhuma parte deste livro, sem autorização prévia por escrito da editora, poderá ser reproduzida ou transmitida. A violação dos Direitos Autorais é crime estabelecido na Lei nº 9.610/98 e com punição de acordo com o artigo 184 do Código Penal.

A editora não se responsabiliza pelo conteúdo da obra, formulada exclusivamente pelo(s) autor(es).

Marcas Registradas: Todos os termos mencionados e reconhecidos como Marca Registrada e/ou Comercial são de responsabilidade de seus proprietários. A editora informa não estar associada a nenhum produto e/ou fornecedor apresentado no livro.

Erratas e arquivos de apoio: No site da editora relatamos, com a devida correção, qualquer erro encontrado em nossos livros, bem como disponibilizamos arquivos de apoio se aplicáveis à obra em questão.

Acesse o site www.altabooks.com.br e procure pelo título do livro desejado para ter acesso às erratas, aos arquivos de apoio e/ou a outros conteúdos aplicáveis à obra.

Suporte Técnico: A obra é comercializada na forma em que está, sem direito a suporte técnico ou orientação pessoal/exclusiva ao leitor.

A editora não se responsabiliza pela manutenção, atualização e idioma dos sites referidos pelos autores nesta obra.

Produção Editorial
Grupo Editorial Alta Books

Diretor Editorial
Anderson Vieira
anderson.vieira@altabooks.com.br

Editor
Ibraíma Tavares
ibraima@alaude.com.br
Rodrigo Faria
rodrigo.fariaesilva@altabooks.com.br

Vendas ao Governo
Cristiane Mutús
crismutus@alaude.com.br

Gerência Comercial
Claudio Lima
claudio@altabooks.com.br

Gerência Marketing
Andréa Guatiello
andrea@altabooks.com.br

Coordenação Comercial
Thiago Biaggi

Coordenação de Eventos
Viviane Paiva
comercial@altabooks.com.br

Coordenação ADM/Finc.
Solange Souza

Coordenação Logística
Waldir Rodrigues

Gestão de Pessoas
Jairo Araújo

Direitos Autorais
Raquel Porto
rights@altabooks.com.br

Assistente Editorial
Gabriela Paiva

Produtores Editoriais
Illysabelle Trajano
Maria de Lourdes Borges
Paulo Gomes
Thales Silva
Thiê Alves

Equipe Comercial
Adenir Gomes
Ana Carolina Marinho
Ana Claudia Lima
Daiana Costa
Everson Sete
Kaique Luiz
Luana Santos
Maira Conceição
Natasha Sales

Equipe Editorial
Ana Clara Tambasco
Andreza Moraes
Beatriz de Assis
Beatriz Frohe

Betânia Santos
Brenda Rodrigues
Caroline David
Erick Brandão
Elton Manhães
Henrique Waldez
Karolayne Alves
Kelry Oliveira
Lorrahn Candido
Luana Maura
Marcelli Ferreira
Mariana Portugal
Matheus Mello
Milena Soares
Patricia Silvestre
Viviane Corrêa
Yasmin Sayonara

Marketing Editorial
Amanda Mucci
Guilherme Nunes
Livia Carvalho
Pedro Guimarães
Thiago Brito

Atuaram na edição desta obra:

Tradução
Mariana Santos

Copidesque
João Costa

Revisão Gramatical
Raquel Escobar
Renan Amorim

Diagramação
Rita Motta

Capa
Marcelli Ferreira

Editora afiliada à: ASSOCIADO

 Rua Viúva Cláudio, 291 — Bairro Industrial do Jacaré
CEP: 20.970-031 — Rio de Janeiro (RJ)
Tels.: (21) 3278-8069 / 3278-8419
ALTA BOOKS — GRUPO EDITORIAL
www.altabooks.com.br — altabooks@altabooks.com.br
Ouvidoria: ouvidoria@altabooks.com.br

Para meus pais, Leslie Lewinter-Suskind e Robert Suskind

*Cujo amor garantiu que eu sempre enxergasse
a beleza e o potencial da humanidade.*

D.S.

Para Jacob, Matthew e Alex

Que me tornaram mãe.

L.D.

SUMÁRIO

Nota da Autora   **1**

PARTE UM
BASES

Um
Em Direção a uma Nova Estrela Guia   **5**

Dois
O Maior Truque do Cérebro   **25**

Três
O Efeito Poste de Luz   **44**

Quatro
Os Arquitetos do Cérebro   **61**

PARTE DOIS
A DESCONEXÃO

Cinco
Tudo Começa com Crenças   **81**

Seis
Construindo Bases e Barcos Resistentes   **99**

Sete
Criando Mapas e Navegando Contra a Corrente   **117**

PARTE TRÊS
O CAMINHO A SEGUIR

Oito
Elevando nossas Vozes   **137**

Nove
Justamente o que o Médico Receitou   **153**

Dez
O Negócio dos Negócios é...   **172**

Onze
Vida, Liberdade e Cumprir a Promessa da Sociedade   **190**

Epílogo   **209**
Guia de Ação para Construir uma Nação dos Pais   **213**
Guia de Discussão   **215**
Notas   **221**
Índice   **259**
Agradecimentos   **267**
Sobre as autoras   **275**

NOTA DA AUTORA

Ao longo deste livro, uso a palavra "pais" com frequência. Algumas vezes por variação e outras porque distinções são importantes, também me refiro especificamente a mães, pais, avós, cuidadores, professores de creches e outros adultos. Gostaria de enfatizar que existem pais de todos os tipos, e o que quero dizer com a palavra abrange a interpretação mais ampla possível: um adulto responsável encarregado de criar uma criança. Uma nação dos pais, a meu ver, é uma sociedade que valoriza e apoia o amor e o trabalho necessários para nutrir, criar e educar as gerações futuras.

Os pais que você conhecerá nestas páginas são reais, mas tomei algumas liberdades para proteger a privacidade deles. Usei apenas primeiros nomes para as famílias que conheci através do TMW Center for Early Learning + Public Health. Fiz o mesmo no caso dos outros pais que entrevistei, com algumas exceções, cujos nomes completos estão incluídos porque suas afiliações profissionais os tornam facilmente identificáveis e são relevantes. Os nomes de Jade e sua família, Justin, Katherine e os amigos de Ellen Clarke são pseudônimos.

PARTE UM

BASES

UM

EM DIREÇÃO A UMA NOVA ESTRELA GUIA

"Não há revelação mais nítida da alma de uma sociedade do que a forma como esta trata suas crianças."

— Nelson Mandela

Ao nos aproximarmos da "linha vermelha", a demarcação entre a área pré-operatória de um hospital e seu conjunto de salas operatórias, uma mãe e um pai me entregam seu bebê. Seus olhos estão repletos de lágrimas enquanto olham para mim com uma combinação de esperança e medo. O menininho deles tem apenas 8 meses de idade e nasceu surdo. Ele está aqui para receber um implante coclear. Quando implantar cirurgicamente o pequeno dispositivo que o dará acesso ao som, estarei replicando o que fiz pelo pai dele muitos anos atrás, quando era um adolescente. Enquanto o bebê relaxava nos meus braços, tranquilizei os pais nervosos: "Prometo cuidar do seu bebê como se fosse meu."

Os pais se acomodam para uma espera longa e ansiosa enquanto levo o filho deles para a sala operatória. Na Sala Operatória 4, onde passo a manhã de cada terça-feira, somos recebidos pela equipe de profissionais médicos em que confio para cada cirurgia e pela cacofonia dos bipes de monitores que me reconfortam toda vez que a ouço. Meus dois enfermeiros do Centro Cirúrgico estão circulando: Gary Rogers se certifica de que o implante coclear está presente, que minha broca favorita e monitor de nervo facial estejam funcionando de acordo; Nelson Floresco checa o microscópio da sala operatória, que é do tamanho de um Smart Car e me dá uma visão surpreendentemente clara e precisa dos pequenos e delicados espaços internos do ouvido; e Robin Mills, técnico de enfermagem do Centro Cirúrgico, está higienizado e organizando a variedade de instrumentos de ouvido microscópicos esterilizados na mesa cirúrgica. O anestesista pediátrico gentilmente coloca uma máscara facial repleta de gases incolores no bebê em contorção. Rapidamente, ele adormece.

Antes de começar a operação, verificamos duas vezes se tudo está em ordem. Estamos com o paciente certo? Confirmado. Temos o implante e todos os instrumentos corretos? Confirmado. Sabemos se o paciente possui alguma alergia médica? Confirmado. Os antibióticos pré-operatórios estão aplicados? Confirmado. Essa rotina garante a precisão e a segurança do que estamos fazendo. Cada pessoa na sala operatória interpreta um papel essencial. Ninguém se esquece do motivo de estar aqui: para ajudar uma criança.

Como uma cirurgiã fazendo um trabalho delicado a apenas milímetros do cérebro, não tenho margem para erro. É crucial que eu tenha todas as ferramentas necessárias e, mais importante, que minha equipe principal esteja ao meu lado. Se qualquer parte desse sistema falhar, não importa minha capacidade ou boas intenções, meu trabalho será infinitamente mais difícil, se não impossível. Alguns obstáculos podem ser superados, como, por exemplo, alguns instrumentos em falta. Mas e se a energia do hospital acabar e de repente eu precisar operar sem luz ou oxigênio? E se Robin, Gary e Nelson de repente saírem pela porta, me deixando sozinha? As chances estariam contra mim e o trabalho pareceria impossível.

O desafio de criar um filho com sucesso não é tão diferente. Para educar uma criança para ser um adulto feliz, saudável e capaz de alcançar seu objetivo completo, você precisa de um plano e de um ambiente apropriado e seguro que ofereça apoio quando necessário. Mas muitos pais não estão operando, isto é, exercendo a parentalidade, em um ambiente ideal. Para muitos pais, nos Estados Unidos e ao redor do mundo, é como se estivessem tentando funcionar no meio de um apagão infinito, esperando atingir um objetivo crucial sem as ferramentas necessárias ou qualquer apoio.

Vinte anos atrás, comecei minha própria vida como mãe com o que achava que seriam todas as ferramentas necessárias. Mas, em um dia doloroso, tudo mudou quando meu marido, Don, se afogou enquanto tentava resgatar dois meninos, deixando-me uma jovem viúva e meus três filhos sem pai. Embora ainda tivéssemos um teto sobre nossas cabeças e comida na mesa, privilégios que muitas famílias não possuem, a morte de Don deixou um buraco enorme em nossas vidas.

Por um longo tempo após a morte dele, eu acordava durante a noite, abalada pelo mesmo pesadelo aterrorizante, que era mais ou menos assim: estou parada na margem enevoada de um rio. Raios de luz do luar passam pelas nuvens e iluminam um pequeno barco de madeira perto de mim na beira da água. Três rostinhos pequenos e assustados, meus filhos Genevive, Asher e Amelie, espiam de dentro do barco, encarando o rio agourento. Suas correntezas ferozes lembram as águas do Lago Michigan, cuja ressaca tirou a vida de Don. Senti a intensa atração da água, a mesma que Don deve ter sentido quando saiu do litoral seguro para nadar em direção aos dois meninos encrencados. Assim como Don, senti a necessidade desesperadora de garantir que as jovens crianças estivessem a salvo. No meu sonho, preciso levar meus filhos para o lado oposto do rio. Acredito que, se fizer isso, eles ficarão bem... tudo ficará bem. Mas a correnteza é forte demais, o barco é muito frágil e a margem oposta é longe demais. Acordo em prantos, desamparada e sozinha.

Não foi difícil compreender o significado do meu sonho. Eu queria o que todos os pais desejam: transportar meus filhos até uma vida adulta saudável, estável e produtiva — era o que aguardava por eles na outra margem. Queria dar a eles todas as oportunidades. Mas levaria um tempo até que enxergasse como todos os elementos do meu sonho — a água turbulenta, o barco inadequado, o fato de que não havia ninguém ao meu lado naquela margem de rio — simbolizava os obstáculos que muitos pais enfrentam na tentativa de criar seus filhos com sucesso.

Como poderia navegar naquela correnteza sozinha, sem apoio e sem ajuda? Como alguém pode? Embora eu tenha sido uma cirurgiã por anos e pensasse ter uma ligação profunda com as vidas das famílias cujos filhos eu tratava, minhas dificuldades como mãe solo e enlutada me deram uma nova janela de compreensão dos desafios enfrentados por elas.

Trinta milhões de palavras... e além

Tornei-me cirurgiã porque pensei que poderia mudar vidas, uma criança de cada vez. Ao dar implantes cocleares para crianças surdas, dou a elas acesso ao som, à escuta e à língua falada. Quero que não haja barreiras para o sucesso delas e acredito que restaurar o acesso ao som tenha esse efeito. A língua de sinais pode fornecer um ambiente de linguagem rico e inicial quando oferecido por intérpretes de sinais fluentes. O bebê que acabei de descrever a cirurgia é fluente em duas línguas: a língua de sinais americana e inglês. Mas a realidade é que mais de 90% das crianças surdas nascem de pais ouvintes que não sinalizam. E no início da minha prática, notei profundas diferenças no progresso dos meus pacientes depois da cirurgia. Algumas crianças se desenvolviam de forma excelente, outras nem um pouco. Algumas aprendiam a falar, outras não. Ao que parece, a capacidade da audição nem sempre desbloqueava a capacidade completa de aprender e prosperar intelectualmente. Eu não podia aceitar nem ignorar as disparidades preocupantes que via entre meus pacientes, mas não conseguia entendê-las. Movida a descobrir a causa e encontrar soluções, comecei uma jornada muito além da sala operatória e dentro de um mundo das ciências sociais.

Inicialmente, me inspirei em pesquisas pioneiras que encontraram uma diferença gritante no quanto da linguagem — o número real de palavras — essas crianças eram expostas no início da vida. Essa diferença geralmente, mas nem sempre, estava nos limites socioeconômicos, com mais língua ocorrendo em lares mais ricos e menos em lares de baixa renda em que o acesso a oportunidades educacionais foi negado a famílias, muitas vezes por gerações. Pesquisadores calcularam que quando as crianças chegavam ao quarto aniversário, havia uma brecha de quase 30 milhões de palavras entre aquelas que ouviam muita língua e aquelas que ouviam pouca. Embora a pesquisa tenha sido feita em crianças ouvintes, ela explicou o que eu estava observando entre os meus pacientes. Para se beneficiarem completamente de seus implantes cocleares, elas precisavam ouvir um fluxo de palavras todos os dias, precisavam praticar a escuta. A quantidade e qualidade das palavras que as crianças escutam estimula o cérebro. Regiões que estão aprendendo a processar a gramática e os significados serão cruciais para a capacidade de fala e, mais tarde, de leitura. A exposição às palavras também afeta áreas do cérebro que lidam com sentimentos e razão e que ajudarão as crianças a controlar suas emoções e comportamento durante o crescimento. Quanto mais língua uma criança ouve nesses anos iniciais, mais seguras estão as conexões fundamentais que são construídas no cérebro dela.

Alguns dos meus pacientes estavam obtendo esse tipo de experiência essencial com a língua, outros não. Conforme aprendi mais, percebi que o que estava vendo em meus pacientes surdos refletia a população em massa e que esse fenômeno era a base do que é chamado de oportunidade educacional ou lacunas de desempenho. Em todas as crianças, a diferença na exposição inicial à língua se correlaciona com diferenças posteriores no desempenho. Com muita frequência, essa diferença resulta em disparidades entre crianças ricas e pobres.

A pesquisa foi inspiradora porque era baseada na ideia de que os pais são os primeiros arquitetos do cérebro de seus filhos, que cada pai, através do poder de suas palavras, possui a capacidade de construir o cérebro dos filhos e que, portanto, precisamos nos certificar de que eles possuam os recursos necessários para tal. A pesquisa também destacou a urgência de desenvolver ativamente o cérebro durante os três primeiros anos de vida. Esses estudos iniciais não eram perfeitos e as limitações se tornaram mais claras com o tempo, mas penso neles agora como a primeira frase no que se tornou um corpo literário extenso. A pesquisa deu a mim e meus colegas uma explicação relativamente simples sobre as disparidades ocultas a serem abordadas. Isso me deu um ponto fundamental para começar. E foi persuasivo o bastante para me tirar da sala operatória por grande parte de cada semana e me colocar na pesquisa translacional e nas ciências sociais.

Em 2010, quando lancei a Iniciativa *Thirty Million Words*, agora denominada *TMW Center for Early Learning + Public Health*, meu objetivo principal era ajudar a garantir um desenvolvimento saudável para todas as crianças e dar a elas a capacidade de alcançar seu potencial de maneira intelectual e emocional. A neurociência mostrou o caminho. Tudo o que projetamos e fizemos foi baseado no fato de que a conversa estimulante e a interação entre cuidadores e infantes estabelecem as bases para o desenvolvimento do cérebro. Minha equipe e eu desenvolvemos estratégias baseadas em evidências para mostrar aos pais a importância de conversar com bebês e crianças. Essas estratégias se tornaram o tema do TMW: *Tune In, Talk More and Take Turns**, ou o que chamamos de 3Ts. Nosso trabalho é centrado no conhecimento de que conversas ricas são o que desbloqueiam o potencial de uma criança e na crença de que os pais, assim como outros cuidadores atenciosos, estão com a chave nesses anos iniciais. Todos os adultos, não importa o nível de educação, riqueza ou trabalho, podem dominar as técnicas essenciais para construir o cérebro de uma criança de forma ideal.

A ideia, uma abordagem direta a um problema complexo, foi instintivamente interessante e um grande sucesso. Era a "pílula mágica" que as pessoas procuravam e que me levou até Washington, DC, onde convoquei a primeira conferência para fechar esse vão de palavras em 2013. Logo depois, em 2015, escrevi um livro chamado *Thirty Million Words: Building a Child's Brain* [Trinta milhões de palavras: Construindo o cérebro de uma criança, em tradução livre], que explicava o que a pesquisa havia revelado sobre o papel da exposição inicial à língua no desenvolvimento dos cérebros das crianças. Nunca se resumiu apenas ao número absoluto de palavras, mas a diferença entre os efeitos da grande e da pequena exposição à língua serviu como uma representação memorável da força da fala e da interação na construção do cérebro. O livro se popularizou ao redor do mundo. Todos pareciam entender a mensagem dele. Independentemente das nuances da cultura, vocabulário ou status socioeconômico, as pessoas tinham um entendimento quase

········
*   Sintonize-se, Fale Mais e Reveze, em tradução livre. [N. da T.]

instintivo da linguagem como a chave para o desenvolvimento do cérebro até o seu potencial máximo.

No entanto, quanto mais profundamente me engajava nesse novo trabalho, mais ficava apreensiva. Ou, colocando de forma mais honesta, mais percebia o quanto minhas ideias eram ingênuas, limitadas pelas circunstâncias confortáveis da minha própria vida. Pensava que as respostas estavam nas ações e crenças de cada pai, em seus conhecimentos e comportamentos. (Ainda acredito que esses elementos são cruciais!) E resultou que o objetivo deveria ser, como coloco em *Thirty Million Words*, garantir que "todos os pais, em todos os lugares, entendessem que uma palavra falada para uma criança pequena não é simplesmente uma palavra, mas um bloco de construção para o cérebro dela, nutrindo um adulto estável, empático e inteligente." Para este propósito, estávamos testando os primeiros programas de linguagem em experimentos aleatórios controlados — o padrão de ouro científico para determinar o que funciona e o que não funciona. Encontramos que, de fato, nossas estratégias funcionavam e que a ciência que as apoia é sólida. Os programas que fornecemos no TMW podem melhorar a vida das crianças e, geralmente, melhoram.

Mas não é só isso. Para nossos estudos, recrutamos famílias, a maioria de baixa renda, de todos os lugares de Chicago e, mais tarde, de outras partes do país. Nossa pesquisa acompanhava crianças desde o primeiro dia de vida até o jardim de infância, e nosso programa nos levou até os lares das famílias e para dentro de suas vidas. Fui conhecendo as pessoas de perto e ao longo do tempo. O entusiasmo dos pais era emocionante. Eles abraçaram os 3Ts com gosto, entrando em sintonia com seus filhos, falando mais sobre suas rotinas e revezando, incentivando os filhos a participar da conversa. Eles queriam o que todos nós queremos: ajudar os filhos a terem o melhor começo possível. O problema era que os 3Ts só levava os pais até certo ponto. A vida real se intromete, várias e várias vezes.

Havia Randy, que estava animado ao descobrir que falar sobre seu amor por baseball (apenas o Cubs, nunca o White Sox!) poderia ajudar seu filho a aprender matemática, mas ele tinha dois empregos e, na maioria das vezes, menos de trinta minutos para passar com as crianças. Havia Sabrina, que desistiu de um emprego bem remunerado para cuidar do marido quando ele adoeceu e cuja família acabou passando dois anos em um abrigo para moradores de rua, onde ela criou seus dois filhos, o mais novo ainda um bebê, em um ambiente estressante e caótico. A história mais marcante de todas era a de Michael e Keyonna, cujo filho, Mikeyon, perdeu tudo o que seu pai tinha para lhe ensinar nos primeiros cinco anos de sua vida porque Michael passou essa época na prisão, esperando para ser julgado por um crime que não cometeu — veja bem, sem recorrer ou cumprir uma sentença, apenas esperando para seu caso ser ouvido.

A parentalidade não é feita em um vácuo, neste país ou em qualquer outro lugar. Nossa pesquisa também não poderia ser. As circunstâncias variavam, mas para todo lugar que olhasse, via os obstáculos iminentes na frente de mães e pais. No TMW, podemos compartilhar com os pais o conhecimento e habilidades que constroem os cérebros de seus filhos, mas nossos programas não mudam substancialmente o dia a dia dos pais que participam. As maiores realidades das circunstâncias das famílias — restrições de trabalhos, pressões econômicas, saúde mental, assim como as injustiças e má sorte à qual estão submetidas — são tão importantes quanto os 3Ts para o desenvolvimento saudável do cérebro. As circunstâncias podem ajudar o poder da conversa para a construção do cérebro ocorrer ou, se limitarem as oportunidades de envolvimento nos 3Ts, sufocam como as ervas daninhas atrapalham o crescimento de um jardim. Quando vi o quanto a parentalidade é difícil em uma sociedade que faz tão pouco para apoiar a capacidade dos pais de facilitar o desenvolvimento saudável do cérebro, sabia que precisava aprender mais. Esperava que eu pudesse *fazer* mais.

Refletindo um problema maior

Pensando sobre o que eu estava vendo, comecei a olhar além dos meus pacientes e famílias no TMW para a totalidade de mais de 60 milhões de pais nos Estados Unidos que possuem um filho com menos de 18 anos. E vi como, independentemente do nível de renda, os pais estão sendo marginalizados pela falta de políticas favoráveis à família nos Estados Unidos. Não quero diminuir a luta hercúlea das famílias pobres ou sugerir que famílias mais abastadas enfrentam os mesmos desafios, mas pretendo apontar que a sociedade abdicou de sua responsabilidade por *todas* as famílias. Com a exceção do 1% mais rico, nossa sociedade torna a educação das crianças difícil para todos e impossível para alguns. É uma diferença de grau, não de tipo. Alguns problemas são óbvios, outros mais insidiosos. Como é possível gastarmos menos dinheiro com cuidados e educação na primeira infância do que qualquer outra nação desenvolvida? Por que os Estados Unidos são o único de 38 países na Organização para a Cooperação e Desenvolvimento Econômico (OCDE), um organismo internacional que busca tanto medir quanto estimular o progresso econômico entre seus membros, a não ordenar licença parental remunerada? O fato é que a grande maioria dos pais precisam trabalhar. No entanto, temos um sistema de assistência infantil fragmentado e com uma qualidade baixa esmagadora. Aproximadamente metade dos estadunidenses vivem em algo chamado de deserto da assistência infantil e pouco menos de 10% dos programas existentes foram julgados de alta qualidade por um estudo do Instituto Nacional de Saúde da Criança e Desenvolvimento Humano. Dado que cerca de 20 milhões de trabalhadores estadunidenses possuem filhos com menos de 6 anos de idade e que mais de 70% das mães estavam na mão de obra em 2020, isso significa que muitos milhões de pais não possuem a assistência infantil adequada para seus filhos durante os primeiros anos de formação. Podemos agradecer nossa economia por isso. Os salários das classes médias e baixas estão estagnados há décadas. A disrupção "inovadora" afetou todas as áreas, desde livrarias a táxis, e criou práticas de emprego diretamente opostas às necessidades dos pais e de seus filhos. O efeito líquido é colocar uma mão pesada na balança no que beneficia os empregadores e seus acionistas e longe do que beneficia as famílias. No processo, e como um resultado direto, a desigualdade aumentou de forma dramática.

Para continuar em atividade, alguns pais precisam aceitar vários empregos de salário mínimo, o que os deixa com pouco tempo para os filhos. Outros possuem o tipo de trabalho que requer contato constante com o escritório, por meio de telefone e computador, dias, noites e fins de semana. Todos acabam sobrecarregados, estressados e desconectados da vida familiar.

O problema não é exclusivo dos Estados Unidos. Embora alguns aspectos da situação aqui tenham origem na história e tradições dos EUA, pais ao redor do mundo passam por dificuldades para sobreviver e lutam por tempo e recursos para seus filhos. Cada país possui seus próprios desafios que dependem da força das redes de segurança social e ideias culturais sobre parentalidade, o papel das mulheres e o papel de parentes que não fazem parte do núcleo familiar. Em todos os lugares, a licença paternidade é rara. Na Alemanha, mães recebem uma renda que as permite ficar em casa, mas também denunciam o preconceito cultural contra as mulheres que trabalham (elas são chamadas pejorativamente de "mães corvo"). No Reino Unido, as creches são proibitivamente caras e os funcionários são mal pagos, enquanto que, no Quênia, há uma necessidade urgente de melhorar as instalações baratas e inadequadas que centenas de milhares de famílias devem usar. Na China, um relatório recente descobriu que mães acham mais difícil encontrar trabalhos após terem filhos. E nas partes mais pobres do mundo, muitas famílias carecem dos cuidados básicos de saúde e nutrição que precisam.

Ao conversar com mais pessoas — você ouvirá muitas de suas histórias —, vi como tudo isso limita as escolhas dos pais. Não importava a orientação política ou religiosa, emprego ou status educacional, todos pareciam estar com dificuldades. Conheci Kimberly, uma pediatra em um centro comunitário de saúde, cuja filha nasceu prematuramente de 27 semanas. Kimberly precisou deixar sua bebê na Unidade de Terapia Intensiva Neonatal apenas duas semanas depois do nascimento para voltar a trabalhar. Imagine a dor! Mas sua família não poderia se dar ao luxo de viver sem o salário dela, e o estado de Kimberly não exigia licença médica e familiar remunerada, nem seu emprego a oferecia. Ouvi Jade, que é profundamente religiosa e acredita que o lugar de uma mãe é no lar, enquanto ela explicava em prantos que a falta de plano de saúde e renda familiar inadequada a fizeram voltar a trabalhar no Starbucks depois que seus filhos nasceram, apesar de seu sonho de ficar em casa. E eu pude me identificar com Talia, que teve dois bebês enquanto fazia um doutorado em psicologia, mas desistiu de uma posição promissora no pós-doutorado quando tornou-se insustentável gerenciar as demandas do trabalho, os valores dos cuidados infantis e as necessidades de duas crianças com menos de 4 anos de idade.

Embora a maioria das sociedades defendam os "valores familiares", poucas são realmente focadas nas famílias. Elas não são construídas em torno de programas e políticas que protegem ou promovem esses valores. Muito pelo contrário. Ao redor do mundo, erguemos barreiras assustadoras no caminho de muitas mães e pais — desde questões mundanas, como horas de trabalho irregulares, a profundos problemas estruturais, como o racismo sistêmico que retém parcelas consideráveis da população. Todas essas barreiras limitam o tempo e energia que os pais podem dedicar ao desenvolvimento cerebral de seus filhos. Elas não cooperam com os pais e estão limitando nossa próxima geração.

Há uma desconexão alarmante entre o que sabemos sobre o que o cérebro infantil precisa e o que realmente fazemos para desenvolvê-los. No momento em que pais e filhos poderiam precisar de ajuda, e quando essa ajuda teria uma influência descomunal na capacidade da criança de aprender e ter êxito ao fortalecer as conexões neurais, muitas sociedades fazem pouco para ajudar — ou pior, tornam as coisas ainda mais difíceis. Quando se trata de crianças, a atenção pública e dinheiro dos Estados Unidos têm se concentrado na educação K-12.* Mas apoiar as crianças apenas durante esses anos significa que pulamos toda a fase anterior, que é fundamental para estabelecer as bases para o aprendizado no nível K-12. Nossos esforços chegam tarde demais para muitos, que terão ficado tão para trás durante esse período crucial e que ao chegarem no jardim de infância, talvez nunca consigam acompanhar. Mesmo a pré-escola, embora importante, não é cedo o suficiente.

---

* K-12 é a abreviatura que indica, em anos, o intervalo entre o jardim de infância e o último grau do ensino médio. [N. da T.]

Os três primeiros anos de vida são quando o cérebro está no período de crescimento mais rápido e crítico. A educação bem-sucedida é baseada na capacidade de aprender, e essa capacidade depende do que acontece muito antes de uma criança colocar os pés no jardim de infância ou até mesmo na pré-escola. Durante esses anos críticos, os pais são deixados em grande parte por conta própria. Por isso, apesar de décadas de esforço, nós, nos Estados Unidos, não mudamos o indicador dos resultados educacionais ou equidade. Nos rankings educacionais internacionais da OCDE de 2018, os Estados Unidos estão na posição 38 de 79 países em matemática e 19 em ciências. Entre os países desenvolvidos, os Estados Unidos estão perto do fim do grupo. Somos o país mais rico do mundo, per capita, e, mesmo assim, perdemos de vista o que é necessário para dar a todas as crianças um forte começo no caminho para se tornarem adultos produtivos.

Um momento de clareza

Eu já estava contemplando esses problemas profundos quando a pandemia da COVID-19 obrigou a maior parte do mundo a fechar em março de 2020. No Centro Médico da Universidade de Chicago, onde trabalho, todas as mãos estavam ocupadas. Passei horas examinando pacientes, falando e me correspondendo com pessoas assustadas, anotando seus sintomas e aconselhando se deveriam ou não ir ao hospital. Quando estava de plantão como cirurgiã de ouvido, nariz e garganta, minha especialidade médica significava que eu estava trabalhando em áreas do corpo — nariz e boca — em que o risco de transmitir o vírus era maior. (O primeiro médico a morrer de COVID na China era um otorrinolaringologista como eu.) Em um dia difícil, tratei de um homem de 40 e poucos anos de idade que não conseguia respirar por conta própria e precisava de uma traqueostomia. Normalmente, esse é um procedimento de rotina para fornecer um tubo de ventilação cirúrgico, mas durante a COVID se tornou um procedimento de alto risco que exigiu que eu chamasse dois residentes chefes para ajudar. O lado médico da experiência foi exponencialmente mais difícil do que o normal por conta da ansiedade e dos protocolos extras que a COVID trouxe, mas o lado humano foi angustiante. Enquanto olhava para o corpo magro e debilitado do homem, podia ver apenas pequenas insinuações do forte trabalhador de construção civil que ele havia sido apenas algumas semanas antes. Eu sabia que a mãe dele já havia falecido de COVID-19 e que a esposa também estava doente e hospitalizada em outra unidade. Precisei me perguntar quem estava tomando conta dos filhos pequenos deles e o que se tornaria essa família que estava sendo devastada por essa doença terrível.

Então, no dia 21 de abril, com mais de um mês de pandemia, recebi uma mensagem de texto de Nelson, um terço da minha equipe principal da sala operatória.

Pfvr reze por Gary Rogers. Ele foi entubado hoje.

Fiquei tão chocada que quase não conseguia respirar. Por conta da pandemia, não estávamos realizando cirurgias eletivas, então não nos víamos há algumas semanas. Mas Gary, alto e forte com um raciocínio rápido e um sorriso mais rápido ainda, tinha sido uma parte afetuosa, firme e extremamente capaz na minha vida por anos. Gary e Nelson foram enfermeiros CC no Hospital Infantil Comer do Centro Médico da Universidade de Chicago desde a inauguração em 2005. Foi enquanto ele estava em seu segundo emprego, cuidando de pacientes em diálise — um trabalho que ele assumiu para ajudar suas filhas a pagar a faculdade —, que Gary contraiu COVID. Como um homem negro de 58 anos, ele estava em um grupo demográfico que parecia estar em maior risco de doenças graves. E eu sabia tanto quanto todo mundo que, naquele momento da pandemia, enquanto os médicos estavam lutando para entender como tratar essa nova doença, uma vez que alguém precisava de um respirador, o prognóstico não era promissor. Eu temia que Gary fosse morrer.

Depois de mais de um mês na Unidade de Terapia Intensiva e duas semanas usando um respirador, Gary ficou com atrofia muscular generalizada e miocardiopatia e precisou passar várias semanas em reabilitação antes de ficar forte o suficiente para ir para casa e, finalmente, voltar a trabalhar. Quando nos reunimos na SO4 para nossa primeira cirurgia de implante coclear no fim de junho, fui inundada por alívio ao ter Gary, Nelson e Robin (que teve um caso mais leve de coronavírus) juntos novamente.

Por um tempo, confortei-me com o pensamento de que pelo menos as crianças eram relativamente imunes ao vírus. Infelizmente, foi uma ilusão. Algumas ficaram doentes (especialmente quando a variante Delta do vírus chegou), muitas perderam pais e entes queridos, e quase todas sofreram terrivelmente com a perda da escola presencial. Os efeitos da pandemia nas crianças ainda estão sendo calculados enquanto escrevo. Mas dentro de todo o trauma e dificuldades da pandemia, surgiu uma lasca de notícias positivas. Mesmo diante dos estresses extraordinários criados pela pandemia — em muitos casos, justamente por conta desses estresses —, muitas famílias relataram que passaram mais tempo juntas. Isso foi certamente verdade para mim. Com meus filhos (agora no ensino médio e na faculdade) em casa o tempo todo, tivemos mais jantares em família do que em anos. Mesmo para aquelas famílias que perderam o emprego, a rede de segurança social da pandemia ajudou algumas a amortecer a queda e permitiu que passassem um tempo juntas. Em março de 2020, a primeira lei de auxílio econômico do Congresso dos Estados Unidos, a Lei CARES de US$2.2 trilhões, substituiu a renda perdida de muitos trabalhadores estadunidenses, mesmo aqueles sem seguro-desemprego. Várias outras leis de auxílio econômico surgiram depois dessa. Elas incluíam, entre outras coisas, pagamentos mais diretos às famílias e maiores créditos fiscais para crianças. De acordo com um estudo de beneficiários da primeira rodada de auxílio pandêmico, muitos daqueles que receberam os cheques reportaram interações mais positivas entre pais e filhos do que aqueles que não os receberam. Mas aqui está o problema: os pais puderam conversar com os filhos, estar presentes na vida deles e educar seus jovens neurônios porque o mundo parou completamente. Isso não é a vida real. E as conversas familiares algumas vezes vinham às custas de contracheques e segurança financeira. Isso não é sustentável. Eventualmente, a maioria dos pais que estavam trabalhando remotamente teriam que voltar para o escritório, pelo menos em meio período, e aqueles que estavam desempregados achariam novos empregos. Eles precisariam. O que aconteceria com o tempo em família e a interação entre pais e filhos, então?

Não podemos mais negar como nossas vidas familiares privadas estão completamente emaranhadas com nossas vidas econômicas. Os pais não podem trabalhar se seus filhos não possuírem um lugar seguro para passar o dia. Na pandemia, as escolas norte-americanas fecharam e o sistema de cuidados infantis já inadequado desintegrou totalmente. Dois terços de creches foram fechadas em abril de 2020 e um terço permaneceu fechada em abril de 2021. Até mesmo o Sistema de Reserva Federal começou a se preocupar que a assistência infantil pudesse ser a perna quebrada da banqueta econômica que impossibilitaria o país a voltar aos seus eixos.

Pais na maioria dos países foram abandonados. Ansiosos e exaustos, foram comissionados para administrar cada aspecto da vida de seus filhos — sendo professores, treinadores, terapeutas e conselheiros de acampamento — o dia todo, em todos os dias, durante a maior parte do ano em alguns lugares e mais do que isso em outros. Um vídeo de uma mãe italiana reclamando sobre os desafios do ensino domiciliar viralizou. Ela gritava: "Caindo aos pedaços!" Entre aqueles que não perderam seus empregos, milhões acabaram pedindo demissão (principalmente mães) ou reduzindo horas de trabalho (de novo, principalmente mães). Fazer tudo era insustentável. A pandemia foi como um terremoto poderoso com tremores secundários prolongados que nos mostrou como nossa infraestrutura de apoio aos pais e, portanto, aos filhos, realmente era frágil.

A COVID foi um momento de clareza para mim. Ao ver os efeitos repercutindo ao longo de meses de distanciamento e dificuldade, lembrei que situações extremas podem ser esclarecedoras. Elas mostram o que funciona, onde estão nossas fraquezas e o que realmente importa. Você não pode pausar o trabalho em progresso que é o cérebro de uma criança. E a pandemia foi um lembrete forte de que ninguém deve exercer a parentalidade completamente sozinho. Realmente foi o pior cenário da SO4, como se faltasse energia, não houvesse oxigênio ou luz e como se minha equipe principal tivesse me deixado. (Gary quase me deixou!)

Nos Estados Unidos, a pandemia também deixou claro que nossa abordagem atual para crianças e famílias é míope e cara. Já havia bastante evidência disso antes da pandemia, se você procurasse. Estima-se que não investir na primeira infância custará bilhões ao país. Há um custo para as crianças, um custo para os pais e um custo para a sociedade. James Heckman, economista e vencedor do Prêmio Nobel, da Universidade de Chicago, calculou que investimentos em programas de apoio a crianças desde o nascimento aos 5 anos de idade (até mesmo aqueles que são muito caros a curto prazo) entregam 13% de retorno anual para a sociedade por meio de melhor educação, saúde e resultados sociais e econômicos até a idade adulta das crianças atendidas. Por outro lado, a falha de investimento significa que a sociedade acabará perdendo dinheiro porque, sem a proteção preventiva de um forte desenvolvimento da primeira infância, ela basicamente gastará mais em coisas como assistência médica, educação corretiva e no sistema de justiça criminal. Resumindo: se não investirmos nas crianças desde os primeiros dias de suas vidas, nós — e elas — não apenas perderemos a colheita das recompensas desse investimento como pagaremos uma pena severa por nossa falha. Considere o seguinte: um relatório muito citado da *ReadyNation* indicou que o custo total de questões de cuidados infantis para a sociedade estadunidense é de US$57 bilhões e que o custo direto para os empregadores é de US$12,7 bilhões. Também foi estimado que, se mulheres estadunidenses permanecessem na mão de obra a uma taxa semelhante à da Noruega, que possui creches subsidiadas pelo governo, os Estados Unidos poderiam adicionar US$1,6 trilhão ao PIB. Os pais não podem trabalhar se não houver ninguém para cuidar de seus filhos.

O mito de seguir sozinho

Como chegamos nesta situação totalmente insustentável em que cada um dos pais está sozinho na margem escura do rio? Em que as correntezas perigosas e os barcos inadequados do meu sonho se manifestam na dura realidade da vida cotidiana? Em que os ombros de cada um dos pais fraquejam sob o peso da carga? De alguma forma, a força centrífuga das nossas escolhas sociais joga pais e filhos para fora do âmbito das nossas prioridades, em vez de colocá-los no meio.

É aqui que a história e tradição vêm à tona. Nos Estados Unidos, uma série de decisões políticas deliberadas, pecados de omissão e consequências involuntárias são os culpados. Mas um tema coerente percorre as escolhas que fizemos como sociedade: a ideia mística do individualismo americano. As raízes dessa ideia chegam às fundações da nação, aos colonos e pioneiros ocidentais que *precisaram* seguir sozinhos. Fortes e independentes, eles traçaram o próprio caminho porque não havia uma alternativa. Nós os celebramos desde então, embora nossas circunstâncias hoje em dia sejam muito diferentes. O individualismo perpetua seguir sozinho como um ideal virtuoso. Esperar ajuda da sociedade é visto como uma forma de fraqueza, uma admissão de fracasso. E como o ideal de individualismo está ligado com nossas ideias sobre a santidade do nosso direito de tomar nossas próprias decisões sobre nossas famílias e como queremos exercer a parentalidade, tal apoio é considerado prejudicial à liberdade. Pelo menos é assim que a história funciona.

Um elemento fundamental desse pensamento é o conceito da "escolha" parental, que tem sido considerado sagrado, como a fonte de toda autoridade dos pais. Qualquer outra coisa é considerada não americana. O resultado foi convencer os pais de que eles devem conseguir carregar nos ombros a responsabilidade enorme dos cuidados, desenvolvimento e educação da primeira infância por contra própria, sem apoio formal. De fato, eles deveriam *querer* fazer isso, deveriam enxergar como uma manifestação da liberdade de tomar decisões sobre a vida da sua família sem interferência.

Como pais, nós (especialmente mães) internalizamos essa propaganda. Carregados de culpa, a maioria está administrando um delicado ato de equilíbrio e lutando para fazê-lo funcionar, mas sempre sentindo-se inadequada, incapaz de viver à altura do ideal que imaginamos que deveríamos alcançar. Contudo, a frase "equilíbrio trabalho-família", discutida de modo tão frequente e raramente alcançada, exerce pressão no indivíduo parental (de novo, geralmente a mãe) para administrar o que muitas vezes é incontrolável. Para contrapor, a socióloga Caitlyn Collins, que estuda a vida profissional e parental das mulheres em vários países, emitiu um grito de guerra por "justiça trabalho-família", uma expressão criada para nos lembrar de que as soluções virão de todos nós, da sociedade. "Alcançar a justiça trabalho-família é criar um sistema em que cada membro da sociedade tenha a oportunidade e poder de participar de forma completa tanto do trabalho remunerado quanto dos cuidados familiares", escreveu Collins em seu livro *Making*

NAÇÃO DOS PAIS

Motherhood Work [Fazendo a maternidade funcionar, em tradução livre], que compara os Estados Unidos, Suécia, Alemanha e Itália.

Em vários outros países, o apoio familiar e parental é cada vez mais reconhecido como uma parte importante das políticas sociais, e pacotes de investimentos são destinados a reduzir a pobreza, diminuir a desigualdade e promover o bem-estar positivo dos pais e das crianças. É claro, as provisões variam muito de país para país. Muitos países europeus possuem assistência infantil quase universal, enquanto que, em partes da Ásia, muitos trabalhadores migrantes precisam deixar seus filhos em casa e trabalhar em fábricas e fazendas distantes ou até mesmo em outros países. Em quase todos os lugares, há espaço para melhorias e para um novo nível de atenção que precisa de mudanças. Benjamin Perks, chefe de campanhas e advocacia na UNICEF, me disse: "Em cada canto do mundo, as sociedades estão acordando para o fato de que investir cedo em saúde mental e física gera retornos vitalícios para o indivíduo e contribui para que as sociedades prosperem e floresçam." Em uma tentativa de transformar boas intenções em progresso de verdade, a UNICEF montou uma campanha global pedindo às empresas e aos governos que imponham pelo menos seis meses de licença remunerada (em conjunto para ambos os pais), para fornecer apoio à amamentação e assistência infantil de qualidade e para pagar salários e benefícios que permitam que as famílias tenham o tempo, recursos e serviços necessários para cuidar de seus filhos nos primeiros anos cruciais.

Nos Estados Unidos, parece que compramos a ideia do status quo. Isso, e talvez nosso sentimento pessoal de fracasso como pais, nos impede de exigir mais apoio da sociedade. Estamos convencidos de que deveríamos conseguir fazer isso sozinhos e sentir culpa ao pedir por ajuda. Vejo isso entre meus colegas de profissão, meus pacientes, amigos e entre as famílias no TMW. Vejo na esquerda, na direita, entre os mais ricos e mais pobres. Ninguém é poupado.

Na realidade, escolha e individualismo para pais são mitos — convenientes para aqueles que desejam abdicar da responsabilidade de oferecer apoio, horrivelmente inconvenientes para aqueles que compram o mito e sofrem como resultado. "Individualismo" na parentalidade é mais fantasia do que realidade e "escolha" beira a ser uma falsidade total, insinuando que possuem várias opções. Na verdade, a maioria dos pais possuem poucas opções e, portanto, não há muito de onde escolher, então como podemos chamar isso de "liberdade de escolha"? Sem apoio, não existe escolha verdadeira. E sabe de uma coisa? Na realidade, exceto em uma pandemia, quase ninguém exerce a parentalidade sozinho. A razão pela qual o provérbio "é preciso uma aldeia inteira para se educar uma criança" ressoa é porque é verdade. Educar uma criança sem ajuda ou apoio da comunidade é praticamente inédito. Sempre houve avós, irmãos mais velhos, tias e tios. Sempre houve vizinhos e amigos. Sempre houve outros pais. Até mesmo pioneiros andavam em círculos ao redor das carroças para manter uns aos outros em segurança. Oferecemos conselhos, para ficar de babá, apoio moral e compaixão uns aos outros. Estivemos nisso juntos. Mas embora valiosas, essas fontes privadas de apoio não são suficientes. Sistemas de apoio são maravilhosos, mas sistemas de apoio com financiamento público e que abrangem toda a sociedade são cruciais. Precisamos de mais — e devemos esperar mais — da nossa sociedade.

Nossas estrelas-guias

Hoje estamos no meio de uma crise de saúde pública — uma que vai além da pandemia e durará por muito tempo, a não que façamos algo a respeito. Diferentemente da COVID-19, esse é um problema para o qual não existe vacina. Os impactos vitalícios do desenvolvimento inicial do cérebro são uma falha geológica invisível percorrendo a sociedade, ampliando e ameaçando tornar permanentes as desigualdades decepcionantes que vemos em nosso mundo. Múltiplas estruturas entrelaçadas de poder, de economia, classe e raça ignoram ou ativamente sabotam a capacidade de milhões de pais de oferecer os ambientes de aprendizagem inicial estimulantes e ricos em língua que desejam que seus filhos tenham de forma tão desesperada.

Em outras palavras, as disparidades que atormentam nosso mundo começam muito mais cedo na vida de uma criança do que a maioria das pessoas imagina. Estamos sofrendo de uma epidemia invisível na forma de oportunidades desiguais para o desenvolvimento inicial do cérebro que todas as crianças precisam para alcançar seus objetivos inatos.

Algumas vezes, a grandiosidade dessa crise, a mesma que me tirou da sala operatória, é esmagadora. Mais uma vez sinto que estou parada na margem escura do rio, como no meu antigo sonho. Que todos estamos. Mas também me recordo das palavras do Dr. Martin Luther King Jr. durante a batalha pela igualdade de direitos civis que tomou conta deste país nos anos 1960: "Só se pode ver as estrelas quando está escuro o bastante." E consigo vê-las. Vejo com claridade duas ideias separadas, mas interligadas de maneira insolúvel, que nos permitem seguir em frente.

Primeiro, a ciência nos dá um mapa. Assim como nos diz o que priorizar individualmente como pais, pode nos mostrar aonde podemos ir como sociedade também. Pode nos mostrar as coordenadas que nos levarão em direção ao desenvolvimento cerebral saudável para todas as crianças. Esse objetivo — estabelecer as bases para o desenvolvimento cerebral ideal — deve ser nosso guia constante. Ele nos manterá focados onde queremos ir à medida que nos propusermos a transformar cada sociedade em uma que faça de seus futuros cidadãos seu ponto focal.

A ciência do desenvolvimento cerebral nos diz para começar junto com o aprendizado, não no primeiro dia da escola, mas no primeiro dia de vida. Mesmo no útero, os bebês aprendem a reconhecer a voz dos pais. *Timing* é tudo. A neuroplasticidade, a incrível capacidade do cérebro de se organizar formando novas conexões neurais ao longo da vida, está no auge entre o nascimento e os 3 anos de idade. Circuitos cerebrais são uma proposta de usar ou perder. Embora nossos cérebros permaneçam plásticos ao longo de nossas vidas, eles nunca o serão tanto quanto nos nossos primeiros anos mágicos e essenciais. Para capitalizar nesse momento, o primeiro passo mais importante é uma conversa rica. É geralmente chamada de interação responsiva, a de vaivém entre os pais e filhos. Falar, sorrir, apontar, responder — essa interação educativa é poderosa o bastante para ajudar as crianças a seguirem em frente e desenvolverem dois conjuntos de habilidades cruciais que permitirão que tenham sucesso na escola e na vida. Elas nos ajudam a desenvolver habilidades cognitivas, do tipo encontrado em testes de inteligência e aptidão: leitura e escrita, habilidades matemáticas e reconhecimento de padrões. E constrói habilidades não cognitivas, ou "interpessoais", como garra e resiliência. Em outras palavras, interações educativas constroem o cérebro inteiro.

A neurociência nos mostra que os ambientes também importam. Ambientes calmos e estáveis estimulam habilidades socioemocionais e funções executivas; ambientes desordeiros impedem o desenvolvimento. Muitas famílias carecem da oportunidade de proporcionar ambientes saudáveis. Doença. Pobreza. Desabrigo. Esses sofrimentos e outros podem provocar instabilidade e o estresse tóxico resultante se torna um fator de risco que coloca o desenvolvimento saudável do cérebro em perigo. Quando o desenvolvimento principal de uma criança é dificultado, todos nós perdemos. Nossa sociedade futura será composta pelas crianças educadas hoje, portanto, a sociedade deveria estar ajudando a estabelecer as bases para o desenvolvimento principal de todas elas.

Se a ciência do cérebro é nosso mapa, são os pais que conduzem. Esse é o segundo ponto crucial. Os pais são os capitães dos navios de suas famílias, operando o leme. Mas cada capitão precisa de uma tripulação. É hora de rejeitar o mito do individualismo como justificativa para não fornecer apoio social. Isso faz tanto sentido quanto entrar na SO4 sem minha equipe principal. Tê-la na sala não diminui meu controle do local. Quando os pais me entregam seus filhos na linha vermelha, eles sabem exatamente quem está segurando o bisturi. Eles também ficam felizes em saber que tenho reforço. Trabalhando junto comigo no leme, minha equipe e eu damos conta do recado. Ter reforço não me torna menos cirurgiã, assim como viver em uma sociedade com apoio de família e amigos não torna uma mãe ou pai menos parental ou diminui o controle deles. Os pais precisam de verdadeiras escolhas. Precisam de autoridade e de reforço.

Construindo uma Nação dos Pais

Por esse motivo, este livro sobre a importância do desenvolvimento fundamental do cérebro é chamado de *Nação dos Pais*. Os pais são os guardiões do nosso futuro bem-estar. Eles deveriam ser reconhecidos como guardiões do nosso presente também. Mães e pais são pessoas normais, nem um deles é dotado de superpoderes, mas realizam algo extraordinário quando educam seus filhos prosperamente. Os pais são os arquitetos dos cérebros dos filhos e, assim, também são os arquitetos do futuro da sociedade. Somente quando criamos um movimento para apoiar pais em suas jornadas é que nós, como uma sociedade global, podemos dar suporte às necessidades da primeira infância. Mães e pais amorosos não precisam de um PhD ou dispositivos caros para fazer um excelente trabalho ao apoiar o desenvolvimento inicial do cérebro e construir nossos futuros cidadãos. Eles precisam de conhecimento básico e de fácil aquisição sobre a melhor forma de estimular conexões neurais cruciais. Eles precisam de tempo com seus filhos para cultivar essas conexões. Precisam de assistência infantil de alta qualidade que complemente seus esforços. Precisam proporcionar lares sem estresse para seus filhos. E, onde quer que vivam, precisam de apoio dos empregadores, das comunidades e dos políticos para essa tentativa de formação — são a quem me refiro quando digo "sociedade".

Quando escrevi meu primeiro livro, pensei que apenas conhecer e entender a poderosa ciência cerebral, e fazer com que outros a conhecessem e entendessem, seria o bastante para ocasionar mudanças significativas. Eu estava errada. Mudanças verdadeiras e essenciais ocorrerão quando houver um esforço coletivo para ocasioná-las. O que precisamos é reconhecer que podemos aliviar a carga dos pais dividindo-a, exigindo nossas demandas e pedindo ajuda da sociedade. O que precisamos é ver o poder ao nos unirmos como pais e como nação para ajudar todas as crianças. O que precisamos é colocar o desenvolvimento do cérebro infantil no centro dos nossos pensamentos e planejamentos.

Ao dar às crianças a oportunidade de alcançar tudo o que seus talentos naturais permitem, nós cumprimos a promessa dos objetivos deles. Tudo o que fazemos que afeta as famílias deve começar nisso. Basicamente, precisamos dar meia-volta e criar sociedades que se concentram na parte interna, nas crianças — e nos seus cuidadores —, no centro. Precisamos mudar a forma como a sociedade enxerga um segmento inteiro da população: os pais. Não apenas os pais de baixa renda. Todos eles. E, por vezes, devemos mudar a forma como os pais enxergam a si mesmos e elevar suas expectativas de apoio.

Mas como fazemos isso? Elevando nossas vozes como uma só. Existem dezenas de milhões de nós nos Estados Unidos e centenas de milhões ao redor do mundo. Juntos, podemos lutar por nossas necessidades e as de nossos filhos país por país: por assistência infantil de alta qualidade, licença familiar remunerada e pensão infantil, se não tivermos. Podemos lutar para combater a pobreza infantil. Podemos exigir que cuidados pré-natais e pediátricos sejam holísticos e que incluam informações sobre o desenvolvimento cerebral. Podemos solicitar que os empregadores instituam políticas favoráveis às famílias e que também beneficiem a rentabilidade. Os pais podem trabalhar juntos pelas mudanças que precisamos.

Para criar mudanças fundamentais, para amenizar os problemas mais enraizados do mundo, devemos ajudar os pais, políticos e empregadores a ver que o desenvolvimento cerebral saudável deve ser a Estrela Guia que nos leva até uma sociedade mais produtiva, justa e igualitária. Tratar dos problemas infantis e, portanto, de suas famílias, não ajuda apenas esses indivíduos; é uma parte necessária para tratar de direitos civis, igualdade de gênero e força econômica. Até agora, falhamos em ver dessa forma. As ramificações dessa falha crucial estão se tornando mais impossíveis de ignorar a cada dia que passa e foram trazidas destacadas durante a pandemia.

Como uma médica que vem cuidando de crianças por mais de vinte anos, posso atestar o fato de que não há defensores mais ferozes das crianças do que seus pais. Eu já vi acontecer várias vezes. É uma coisa linda de testemunhar. Os pais querem dar para as crianças o que é delas por direito, a promessa de seus objetivos, mesmo enfrentando obstáculos extremos. E se pudéssemos aproveitar essa paixão, persistência e determinação em um movimento que obrigaria a sociedade a cumprir o direito inalienável das crianças de concretizarem seu potencial? E se pudéssemos convencer a sociedade a fazer do desenvolvimento cerebral fundamental nosso princípio norteador, nossa nova Estrela Guia?

A beleza dessa abordagem encontra-se em sua capacidade de beneficiar a cada um de nós, até mesmo os que não são pais. Sem dúvidas, ajudará nas condições de igualdade, garantirá que todas as crianças possuam uma chance melhor de alcançar seu potencial completo e igualar as conquistas de seus colegas. O destino de cada criança, não importa o quão bem-educado, está, por fim, entrelaçado intimamente com o destino de todas as crianças.

A força de qualquer país se baseia em garantir que todas suas crianças possuam a *mesma* oportunidade.

Exercer a parentalidade tem o poder de nos deixar de joelhos. Mas o que nos deixa de joelhos também deve nos deixar de pé. Mudanças não acontecem espontaneamente. Atualmente, sonho com vários pais ao meu lado no litoral, milhões de nós zarpando juntos, com nossos filhos, em barcos firmes capazes de navegar até no rio mais torrencial. Espero que este livro lembre aos pais que há mais coisas que nos une do que nos separa, que os ajude enxergar que não estão sozinhos em suas dificuldades e ambições para seus filhos e que deixe claro que somos mais fortes juntos. Espero que dê aos pais e seus aliados o que precisam para prosperarem. E que, juntos, possamos construir uma nação dos pais em cada nação.

DOIS

O MAIOR TRUQUE DO CÉREBRO

"Acredito que todas as pessoas nascem com talento."

— Maya Angelou[1]

A pesar de passar décadas operando tão perto do cérebro humano, fico repetidamente chocada — e quero dizer chocada de parar que nem estátua — com suas complexidades e capacidades. Esse foi certamente o caso quando uma pesquisa feita por minha colega e mentora, Susan Levine, caiu na caixa de entrada do meu e-mail alguns anos atrás. Susan é especialista em desenvolvimento de linguagem e desenvolvimento cognitivo. Era um estudo sobre uma menina adolescente, que Susan e outros pesquisadores chamaram de C1, mas a chamarei de Charlotte.[2]

Charlotte nasceu com uma condição rara chamada hemi-hidranencefalia ou, simplesmente, apenas metade do cérebro. No útero, o suprimento de sangue para seu hemisfério esquerdo havia sido cortado, impedindo seu cérebro de crescer e se desenvolver normalmente. Embora as estruturas mais antigas e básicas de seu cérebro, aquelas responsáveis por ações involuntárias como respiração e funções motoras, estivessem intactas, seu hemisfério esquerdo nunca cresceu. Em vez disso, o espaço foi preenchido por líquido cefalorraquidiano. Em uma neuroimagem há um grande espaço preto onde metade de seu cérebro deveria estar. As regiões que Charlotte não possui são aquelas normalmente responsáveis pela lógica, linguagem e raciocínio. O prognóstico para uma condição assim é obviamente devastador.

Por um momento, imagine seu médico lhe informando que sua linda bebê nasceu com apenas metade do cérebro. Todas suas esperanças e sonhos para o futuro dela serão substituídas por choque, tristeza e incerteza. Provavelmente você presumiria que, se sobrevivesse, sua filha teria atrasos severos no desenvolvimento, que o potencial dela para viver de forma independente e para se desenvolver no mundo foi destruído antes mesmo de nascer.

Mas não foi nada disso que aconteceu com Charlotte.

Susan e seus colegas estavam acompanhando Charlotte desde os 14 meses de idade. A pesquisa que li descreveu os primeiros 14 anos de sua vida (atualmente, ela está alguns anos mais velha). Durante a adolescência, ela ainda vivia com uma leve fraqueza motora em seu lado direito. Com exceção disso, porém, ela parecia não ter sido afetada. Charlotte havia terminado o ensino médio e estava indo para a faculdade.

Como isso é possível?

A resposta está escondida no mesmo lugar que o problema: o cérebro de Charlotte. Antes que eu explique, consideremos as maravilhas do cérebro de qualquer criança, não apenas o de Charlotte.

O cérebro humano, como disse Isaac Asimov, pesa apenas 1,3 kg, mas esses quilos são "muito mais complexos do que uma estrela".[3] Suas protuberâncias e dobras são frágeis, não são mais firmes do que um pote de manteiga cremosa, mas dentro dele há um mundo complexo e agitado, o centro de comando do pensamento, do aprendizado e do ser humano. De *você*. O cérebro controla nossa respiração e batimentos cardíacos. Ajuda-nos a aprender a falar e entender linguagens. Reconhece que outras pessoas possuem crenças e emoções próprias. Leva-nos a sentir ansiedade ou certeza, euforia ou desesperança. Governa nossa capacidade de ficar quieto ou de resistir a um impulso. Dá-nos a capacidade de ler livros e de escrevê-los, de contar, multiplicar, calcular equações diferenciais e enxergar a relevância da história. Ele reflete sobre o quão longe as estrelas estão, por que cachorros e golfinhos se comportam de tal forma, o que causa o câncer e até mesmo como o próprio cérebro funciona. Depois, ele planeja experimentos para encontrar as respostas.

Quando uma criança nasce, quase tudo nessa longa lista de habilidades está por vir. Um cérebro novo é um trabalho em andamento. Lembro-me de olhar para os rostinhos enrugados de cada um dos meus filhos depois de nascerem e pensar sobre quem se tornariam. Estava fascinada com o fato de que um recém-nascido é um pacotinho promissor com a capacidade de se desenvolver em uma pessoa em particular. Mas potencial não é certeza. A genética que uma criança herda de sua mãe e de seu pai estabelece alguns enredos em potencial, mas fornecem apenas um rascunho inicial e confuso de uma história de vida. A neuroplasticidade, a capacidade surpreendente do cérebro de mudar com a experiência, também possui uma grande parte na escrita deste livro.

A capacidade do cérebro de mudar por meio de suas interações com o mundo, de se reorganizar de acordo com a experiência e de se adaptar ao ambiente é seu maior truque. Ele oferece uma oportunidade inimaginável, mas também traz um grande risco. Assim como áreas do cérebro podem ser fortalecidas e melhoradas — o que, por sinal, foi o que aconteceu com Charlotte —, elas também podem ser atrofiadas e diminuídas. Cada cérebro novinho em folha de um bebê contém bilhões de neurônios, mas há pouca comunicação entre eles. Nos primeiros meses e anos de vida, o número de neurônios dentro de um cérebro jovem explode. De maneira mais expressiva, o mesmo acontece com as novas conexões que se formam entre as células cerebrais a uma taxa estimada de 1 milhão por segundo.[4] Cada experiência nova — o que o bebê ouve, enxerga, toca, prova e cheira, cada carinho, aconchego, canção de ninar ou instrução — serve como um guia. Você pode pensar nessas experiências como informações que o cérebro usa para ajustar suas configurações ou revisar seu manuscrito. Cada informação desencadeia impulsos elétricos que viajam de um neurônio para o outro, saltando sobre as pequenas lacunas entre as células chamadas de sinapses. Quando uma série de neurônios se comunica regularmente, eles entram em uma rotina, como parceiros de dança confiantes e experientes, que facilmente encontram um ritmo juntos e não precisam pensar no próximo passo. A comunicação — sinalização eletroquímica de verdade — se torna simples e eficiente. O processo é resumido no ditado popular: "Células que disparam juntas permanecem conectadas."

À medida que as células se conectam, elas criam circuitos, amarras de neurônios conectados em várias partes do cérebro, que sustentam as habilidades que as crianças adquirirão e, por sua vez, essas habilidades novas afetam o desenvolvimento desses circuitos. A primeira a se formar é a amarra de processamento sensorial básico. Por exemplo, conforme os bebês ficam melhores em identificar rostos, especialmente os mais importantes, que pertencem aos seus pais, o córtex visual no lobo occipital atrás do cérebro está se conectando. Então, circuitos mais complexos são construídos em cima disso.

Como sou cirurgiã de implante coclear, usarei a audição para mostrar como circuitos básicos e complexos estão relacionados ao papel que o ambiente interpreta. Bebês ouvintes recém-nascidos são rodeados por um fluxo de sons e, durante o primeiro ano de vida, um de seus principais objetivos é dar sentido para esse fluxo, identificando padrões e reconhecendo os sons que são repetidos. Se Liz, uma mãe brincalhona, diz "Cadê o bebê Jack? Estou vendo você!" repetidamente, dia após dia, o pequeno Jack em breve reconhecerá seu próprio nome e, para completar, associará a palavra "cadê" com brincadeira. Ouvir fortalece os circuitos no córtex auditivo, a parte do cérebro que governa a audição. Eventualmente, à medida que Jack aprende a falar, as áreas de linguagem de seu cérebro, que ficam no lobo temporal logo acima de sua orelha, usarão os circuitos auditivos que já foram estabelecidos e se somarão a eles, incluindo as áreas motoras para que ele possa formar fisicamente os sons que esteve ouvindo e expressá-los. Um dia — parecerá repentino, apesar de ser tudo menos isso —, quando a mãe apontar para um *golden retriever* correndo atrás de um galho no parque e disser "Está vendo o cachorrinho?", Jack gritará: "Cachorrinho!" Ainda mais tarde, quando Jack começar a decodificar os símbolos nas páginas dos livros ("C de cachorro"), seu cérebro criará um circuito de leitura que fará uso da linguagem, audição e visão que ele já conquistou. Esse processo de gerar novos neurônios e criar conexões neurais é todo o aprendizado da primeira infância.

No entanto, por volta dos 3 anos, uma mudança importante na ação neural ganha impulso e ajuda a explicar por que os três primeiros anos de vida são tão cruciais. O crescimento rápido do número e especialmente da rede de células cerebrais é seguido por um processo gradual, porém brutal, de eliminação, um corte das conexões neurais que não deram certo ou não foram necessárias.[5] As fibras nervosas não utilizadas enfraquecem e são reabsorvidas pelo tecido cerebral. Essa redução das conexões neurais pode parecer uma má ideia, mas serve uma proposta importante. O corte mantém nosso cérebro eficiente e o ajuda a focar o que é importante. Traz ordem para o que poderia ser uma cena caótica e esmagadora. Qualquer pessoa que já viu crianças pequenas caírem no choro em suas próprias festas de aniversário (sim, Asher, estou falando de você) sabe que os cérebros jovens precisam de ajuda para introduzir a organização e a calma. Com o corte, os circuitos que permanecem são aqueles usados regularmente. Eles se tornam uma parte firme e confiável da arquitetura do cérebro. Por isso queremos reforçar repetidamente quais conexões são úteis e valem a pena manter.

Na verdade, queremos dar muito material para o processo de corte. Se conexões importantes nunca forem formadas, não há chances de fazerem parte do conjunto de circuitos final do cérebro. Ter pouca informação para estimular seus cérebros em desenvolvimento é o motivo pelo qual crianças que nascem em ambientes com pouca linguagem não desenvolvem as mesmas bases fortes. Aprendi que isso também é a chave para o mistério da razão pela qual alguns dos meus pacientes surdos não desenvolveram habilidades fortes de linguagem depois do implante coclear.[6]

O maior aumento e corte das conexões neurais que acontecem durante a vida inteira ocorre nos primeiros anos de vida. Nunca haverá uma época mais eficaz para estabilizar as bases do aprendizado e do desenvolvimento. Nos primeiros mil dias da vida de uma criança, mais de 85% do total do cérebro adulto é construído e por isso o que acontece nessa época é tão fundamental.[7] As primeiras experiências exercem considerável influência. Cientistas mostraram que construir uma arquitetura cerebral firme resulta em melhores habilidades literárias, de raciocínio e outras, e aumenta as conquistas acadêmicas e diminui as chances de não terminarem o ensino médio. O desenvolvimento infantil inicial também afeta a saúde mental e física de modo vitalício, é associado com níveis mais baixos de obesidade, diabetes tipo 2, doenças cardíacas e outras condições.[8] Assistência infantil e educacional inicial firmes também estão ligadas à redução do crime e ao aumento de renda vitalício.[9] Quando se trata de circuitos cerebrais, é melhor acertar de primeira do que tentar consertar depois. Assim como construir um lar em um alicerce forte, começar com uma base sólida é essencial para garantir que o que for construído por cima não oscile ou enfraqueça.

E um bebê como Charlotte, que tinha um cérebro com uma estrutura física muito comprometida? Surpreendentemente, no caso de bebês nascidos com falhas no cérebro, a neuroplastia pode ajudar as partes que são saudáveis e intactas a se recuperarem e compensar o relapso neuronal. A metade do cérebro que Charlotte tinha precisou fazer duas funções! Quando ela chegou na adolescência, suas neuroimagens revelaram que a conectividade da substância branca, que determina a eficiência da comunicação entre células cerebrais, em seu hemisfério direito restante era muito mais forte do que a de crianças de sua idade.[10] O cérebro dela compensou. Funções que normalmente ocorrem no hemisfério esquerdo foram delegadas ao direito. Por isso, Charlotte conseguiu impressionar todos ao seu redor ao conquistar tanta coisa somente com o hemisfério direito.

Mas essa nem é a parte mais surpreendente.

Quando os pesquisadores compararam as funções cognitivas de Charlotte com um grupo de controle científico de crianças com desenvolvimento típico, eles descobriram que, na maioria das áreas ela estava acompanhando seus colegas e, em outras, ela estava os ultrapassando! Esse tipo de conquista levou tempo. No início, a linguagem expressiva e receptiva de Charlotte (o que ela podia dizer e entender) estava um tanto atrasada. Mas ela começou a ler e decodificar palavras quando tinha apenas 3 anos de idade. No ensino fundamental, apesar de seu vocabulário e compreensão de texto serem abaixo da média, a maior parte de suas habilidades linguísticas estavam na faixa típica. E algumas delas, como suas habilidades de decodificação e raciocínio, estavam acima da média. O dano no cérebro teve seu preço, mas é incrível que ela tenha se saído tão bem diante dele.

A explicação em duas partes de como isso pode acontecer, como podemos aumentar o poder da neuroplasticidade, é o segredo para desbloquear o potencial de todas as crianças, não apenas as que nascem com dano cerebral. O primeiro fator essencial é o tempo. O dano no cérebro de Charlotte aconteceu enquanto ela ainda estava no útero de sua mãe. Como já vimos, a neuroplasticidade, a capacidade surpreendente do cérebro de se reorganizar formando novas conexões neurais ao longo da vida, está no auge entre o nascimento e os 3 anos. Sabemos que, quando grandes danos no cérebro acontecem em crianças mais velhas ou adultos, a capacidade dele de se ajustar e se adaptar é reduzida de forma drástica e os resultados são radicalmente diferentes.[11] Se o que aconteceu no cérebro de Charlotte tivesse ocorrido quando ela fosse adulta, ou até mesmo adolescente, ela poderia ter morrido ou certamente teria sido gravemente afetada. Mas como ocorreu quando ela era um bebê, houve tempo para os circuitos do cérebro se redirecionarem para usar partes do hemisfério direito em vez do lado esquerdo mais comum do cérebro.

A segunda razão pela qual Charlotte conseguiu triunfar apesar de sua condição, foi o ambiente em que ela se desenvolveu desde o primeiro dia de vida. Ela ilustra de forma vívida o que pode acontecer quando alguém, mesmo em um estado extremamente precário, nasce em um ambiente que apoia seu potencial. Presumo que os pais de Charlotte dirigiam um constante fluxo de palavras e conversa de bebê a ela antes de aprenderem sobre sua condição, quando ela tinha apenas 10 meses de idade. Uma vez que descobriram o que Charlotte enfrentaria e como o ambiente de linguagem inicial seria crucial para suas chances de superação, eles se tornaram profundamente comprometidos em ajudá-la. Eles se certificaram de fornecer as quantidades abundantes de estímulos — conversação, interação, carinho e mais — que foram essenciais para o desenvolvimento final de seu cérebro e para os resultados comportamentais. A família também recebeu ajuda de profissionais por meio de serviços de intervenção na primeira idade. Charlotte começou a terapia física e ocupacional enquanto ainda era um bebê e a terapia fonoaudiológica quando tinha pouco mais de 1 ano. A terapia complementou tudo o que os pais dela estavam fazendo. O cérebro de Charlotte passou aqueles anos iniciais completando suas religações. Apesar de seu início lento em linguagem, aos 4 anos de idade, ela essencialmente alcançou as demais crianças da sua idade.

Charlotte não é a única pessoa a nascer com metade de um cérebro. Nem toda história termina tão bem quanto a dela, mas uma pesquisa no Google mostrará um número surpreendente de outras pessoas que não estavam cientes por anos que seus cérebros não estavam totalmente formados e que funcionavam no mundo sem nenhum problema. Um relatório de 2007 publicado na revista *The Lancet* descreveu um homem de 44 anos de idade que levava uma vida normal com a maior parte de seu cérebro faltando. As lacunas pretas em seus IRMs eram ainda mais dramáticas do que as de Charlotte.[12]

Histórias assim destacam uma verdade profunda: o que acontece nos três primeiros anos da vida de uma criança possui consequências vitalícias, boas ou ruins. Esses anos representam uma oportunidade que não voltarão.

A história de Charlotte também destaca uma segunda verdade mais perturbadora: há milhões de crianças que nascem com cérebros totalmente funcionais e são deixadas de lado no nosso mundo. O insulto a seus cérebros não vem do útero, mas chega logo depois, quando a sociedade nega que elas tenham as experiências saudáveis necessárias para alcançar seus potenciais.

Muitas vezes me perguntei o que aconteceria se as incríveis conexões neurais que são formadas a cada segundo no cérebro de um bebê fossem visíveis ao olho humano. Seríamos então mais proativos em como investimos nos nossos cidadãos mais jovens? Ou, ainda mais importante, se pudéssemos ver quando elas *não* estão acontecendo em milhões de bebês, nós, conhecendo as consequências, seríamos estimulados a agir mais rápido, com mais determinação, mais fervor? Estaríamos mais dispostos a investir como sociedade?

As mudanças neurais são menos tangíveis do que a mudança física em uma criança que, um dia, está aconchegada no seu colo e, no outro, está grande demais para ser carregada escada acima. (Oh, como me lembro desse exato momento!) Escondido no crânio, o desenvolvimento e crescimento do cérebro ocorre em sua própria caixa preta. Nós não vemos as conexões cerebrais se fortalecendo da mesma forma que vemos os músculos ficando mais fortes e crianças ficando mais altas. Mas acontece. Quando as crianças dizem a primeira palavra ou são capazes, de repente, de falar três e depois cinco palavras juntas em uma frase — ou reconhecer a letra B —, suas novas capacidades acontecem graças ao crescimento extraordinário acontecendo dentro de seu cérebro. Se não apoiarmos esse crescimento e dermos para as crianças os *estímulos* necessários, elas serão ludibriadas de seus direitos inatos.

Epidemia invisível

O cérebro não sabe em qual nível de renda ou bairro nasceu, ele apenas nasce — um mundo de oportunidades do tamanho de um punho. Mas, com muita frequência, essa renda ou bairro acaba fazendo uma grande diferença em como esse cérebro é construído e, portanto, na trajetória da vida de uma criança. De todas as circunstâncias que podem influenciar o que acontece com um cérebro, uma das mais danosas também é uma das mais comuns: pobreza. Quando comecei minha jornada para tentar entender as disparidades no desenvolvimento das crianças, não fazia ideia de que estava sentada na beira de uma epidemia moderna que pré-datou a COVID-19. Nos Estados Unidos, a probabilidade de uma criança nascer pobre ou quase pobre, isto é, em uma família que vive a 200% da linha de pobreza ou abaixo, é de 40%. Esse número aumenta mais da metade para crianças não brancas.[13] Ao redor do mundo, as crianças possuem duas vezes mais probabilidade de viverem em pobreza quando adultos, de acordo com a UNICEF, e 1 bilhão de crianças são pobres (sem acesso à educação, moradia, saúde, nutrição, saneamento e água).[14] Pesquisadores que estudam disparidades na saúde já mostraram que nascer pobre está associado não só a continuar pobre durante toda a vida, mas com inúmeros resultados nocivos, como maior probabilidade de abuso de substância, doenças cardiovasculares e menor expectativa de vida em geral.[15] O efeito da pobreza no cérebro é particularmente traiçoeiro. Ao contrário da desnutrição, que é facilmente observada em uma criança pequena e frágil, o impacto da pobreza no cérebro está escondido por trás de bochechas gordinhas e da pele macia de um adorável bebê, só se manifestando anos depois.

Em termos gerais, sabemos há um tempo que a adversidade, especialmente nos primeiros anos, pode ter um efeito prejudicial no desenvolvimento de uma criança. Mas foi apenas há quinze anos que alguns neurocientistas começaram a explorar seriamente como os efeitos conhecidos da desigualdade socioeconômica mudam o cérebro. Um desses cientistas foi Kimberly Noble.

Como eu, Kim é uma doutora, uma pediatra. Também como eu, Kim saiu de dentro das clínicas para o mundo de seus pacientes como uma cientista pesquisadora. Nós duas acreditamos que o cérebro possui as respostas para muitas doenças da sociedade e é o segredo para dar uma chance justa para cada criança. Na verdade, há tantos paralelos no nosso trabalho, que a primeira vez que nos encontramos, quando Kim veio até mim se apresentar em uma conferência, nos abraçamos como se fôssemos amigas de longa data. Parecia que éramos!

Kim passou pelos anos de graduação na Universidade da Pensilvânia pensando que seria professora de psicologia, mas ela também trabalhava para um neurologista que a convidava para conhecer os pacientes. A experiência mudou a vida dela. Fissurada por medicina, ela mudou os planos e seguiu para conseguir um diploma de MD-PhD. Um PhD exige uma pesquisa original, e Kim encontrou o caminho para o laboratório da renomada neurocientista Martha Farah, que estava buscando aplicar a neurociência na vida real.

Juntas, Martha Farah e Kim Noble estavam entre as primeiras pesquisadoras a investigar os efeitos da pobreza na arquitetura do cérebro.

O que elas e outros descobriram é alarmante. Enquanto há uma variedade individual considerável, a pobreza é associada, em média, às mudanças claras no cérebro que tornam mais difícil um caminho já não tão fácil para crianças.[16] Ela pode roubar a promessa do objetivo de uma criança.

Mas não precisa ser assim.

"Nós começamos praticamente os mesmos", diz Kim. Embora cada criança venha ao mundo com diferenças genéticas que estabelecerão o alcance de seu potencial, não há evidência de associação entre um status socioeconômico de um infante e suas ligações cerebrais no nascimento. Sabemos disso porque usamos técnicas como eletroencefalografia, ou EEG, para registrar e medir diferentes tipos de ondas cerebrais relacionadas ao funcionamento do cérebro. É como ouvir escondido a uma conversa dele.[17] No nascimento, acho que seria difícil distinguir entre as leituras de EEG de um bebê nascido nas favelas do Rio de Janeiro e as leituras do filhos de um banqueiro de investimentos que trabalha em Wall Street. É somente mais tarde que qualquer diferença relacionada ao status socioeconômico de uma criança aparece nos EEGs. Entre os 6 e 12 meses de idade, há diferenças significativas sugerindo que o ambiente pós-natal talvez interprete um papel importante.

Algumas dessas diferenças são estruturais, o que significa que dizem respeito à anatomia do cérebro, seu tamanho físico e forma. Você pode pensar na estrutura da mesma forma que pensa no hardware de um computador: ela engloba o chip de processamento e os circuitos de ligação que precisam ser construídos para que o software funcione. Em um estudo com mais de mil pessoas entre 3 e 20 anos de idade, Kim e seus colegas analisaram cuidadosamente medidas específicas da estrutura cerebral. O córtex cerebral, a fina camada de células na superfície externa de nossos cérebros "que levanta a maior parte do peso cognitivamente", como coloca Kim, é tridimensional. Você pode medir seu volume, espessura e área de superfície. Kim concentrou-se na área de superfície, que inclui cada canto e fissura nas protuberâncias e dobras do cérebro e que expande progressivamente durante a infância. Uma área de superfície maior tende a ser associada com uma capacidade cognitiva maior, e Kim e seus colegas encontraram um relacionamento consistente entre a área de superfície cortical e fatores socioeconômicos, especificamente a educação dos pais e a renda familiar.[18]

Outros estudos encontraram diferenças em como o cérebro funciona. Se a estrutura do cérebro é considerada o hardware de um computador, a função cerebral é o que acontece quando você liga um computador e pede para ele procurar um documento ou reproduzir um vídeo. Medir a função cerebral significa avaliar exatamente como um cérebro realiza qualquer tarefa específica. Quais partes do cérebro estão envolvidas? São eficientes? Podem fazer o que é necessário? A pobreza torna muitas tarefas mais difíceis. Pesquisas mostram que dificuldades materiais afetam várias partes da função cerebral que serão cruciais em determinar a trajetória de uma criança na escola: linguagem, função executiva e memória.[19]

A habilidade linguística, como minha própria pesquisa mostrou, é altamente suscetível ao que acontece nos primeiros anos de vida. Sabemos que existem diferenças marcantes na quantidade e qualidade de palavras e conversação as quais as crianças são expostas em seu dia a dia e que ambientes linguísticos mais pobres, por sua vez, afetam o circuito que está sendo construído nas áreas de linguagem do cérebro. Essas diferenças baseadas em linguagem afetam a capacidade de aprendizado no final.[20]

A função executiva e a memória também parecem ser fortemente afetadas por experiências iniciais. Ambas são sustentadas pelas mesmas regiões do cérebro que são muito sensíveis ao estresse. Níveis tóxicos de estresse, que muitas crianças pobres vivenciam, afetam a formação de três partes cruciais do cérebro: o hipocampo, essencial para a memória; a amígdala, focada na emoção; e o córtex pré-frontal, fundamental para o raciocínio, critério e autocontrole.[21] E com a exposição linguística limitada, influências negativas (como o estresse) no desenvolvimento dessas áreas importantes do cérebro levam a resultados acadêmicos piores.

Mas como nascer na pobreza causa essas mudanças? Isso é parte do que cientistas como Kim estão tentando determinar. A renda e a educação dos pais representam outras coisas. Níveis mais baixos de ambos geralmente significam que as famílias vivem em bairros com poucos recursos, mais poluição, assistência médica menos abrangente, maior criminalidade e que os pais trabalham longas horas com pouco tempo para passar com seus filhos. Como resultado, fatores como má nutrição, exposição a toxinas, falta de saúde pré-natal e estimulação cognitiva limitada estão entre os prováveis culpados por trás das descobertas da pesquisa que mostram como os cérebros jovens são prejudicados pela pobreza.[22]

O resultado deprimente é que, a partir dos 9 meses de idade, crianças nascidas na pobreza possuem notas mais baixas nos testes de desenvolvimento cognitivo do que seus iguais mais ricos. No jardim de infância, crianças vivendo em pobreza são mais prováveis de ter notas cognitivas que são, em média, 60% mais baixas do que as de seus iguais mais afortunados.[23] Colocando de forma simples, isso é uma epidemia invisível. Crianças sofrem com as disparidades no próprio desenvolvimento de seus cérebros. Os efeitos dessas disparidades são vitalícios, impactando negativamente tudo, desde performance acadêmica até o emprego, a saúde física e mental.

Embora, em média, todos os itens mencionados sejam verdadeiros para crianças nascidas na pobreza, também é verdade que muitos indivíduos não se encaixam perfeitamente nesse quadro. Há uma variabilidade real: muitas crianças de famílias mais pobres possuem uma área de superfície cortical maior, por exemplo, e muitas crianças mais favorecidas possuem uma área de superfície total menor. Essas disparidades existem independentemente de raça. Por outro lado, não há dúvidas de que as desvantagens impactam as crianças nascidas na pobreza de forma desproporcional. Quanto mais pobre você é, piores são as consequências para o seu cérebro. Um dos pontos mais marcantes na pesquisa de Kim foi que os efeitos mais prejudiciais foram vistos nos níveis mais baixos de renda.[24] Mas há resultados recentes estimulantes do Estudo dos Primeiros Anos de um Bebê, um estudo ambicioso e rigoroso feito por Kim e seus colegas em que algumas mães de baixa renda receberam uma bolsa mensal para reduzir a pobreza. Depois que os bebês completaram 1 ano, aqueles cujas mães receberam o dinheiro mostraram atividades cerebrais mais rápidas e diferenciadas, do tipo que é associado a habilidades cognitivas mais fortes.[25]

O que é alarmante sobre tudo isso é o fato de que as crianças constituem o segmento mais pobre da população estadunidense.[26] E, ao redor do mundo, as crianças constituem um terço da população, mas metade vive em pobreza extrema e luta para sobreviver com menos de US$2 por dia. Pense nisso. Um número assustadoramente grande de bebês e crianças estão vivendo em condições que *sabemos* que são prejudiciais para seus cérebros. Cada uma dessas crianças está começando com chances preocupantes na loteria da vida.

Os Einsteins perdidos

"O talento é distribuído igualmente, a oportunidade não." Essa é uma variação de um adágio popular que resume perfeitamente o problema que enfrentamos: o das oportunidades desiguais.[27] Por muito tempo, a expressão "lacuna de desempenho" foi usada para descrever a disparidade nos resultados acadêmicos entre os estudantes mais ricos e aqueles que são de famílias de baixa renda. Mas, recentemente, educadores e cientistas sociais optaram por mudar a expressão para "lacuna de oportunidade", que descreve de forma mais precisa o que está acontecendo no país e no mundo. O fato infeliz é que as lacunas de oportunidades estão crescendo na grande maioria dos países.[28] O termo "lacuna de oportunidade" reflete o fato de que são as circunstâncias em que as pessoas nascem que moldam as oportunidades que terão mais tarde na vida. Com muita frequência, essas circunstâncias são resultado das condições que a sociedade estabelece. Ou, como alguns especialistas em educação colocaram, a lacuna de oportunidade é "um problema sistêmico, não o problema de uma criança".[29] Quando recebem recursos e apoio, todas as crianças podem se desenvolver e alcançar seu potencial, seja ele qual for.

Existe outro tipo de lacuna que também deveria nos preocupar. Ele é chamado algumas vezes de "lacuna de qualidade". Lembra quando eu disse que cada criança vem ao mundo com diferenças genéticas que determinarão a extensão de seu potencial? Nós não somos todos iguais e a variabilidade das habilidades naturais não está ligada à renda. A expressão "lacuna de qualidade" descreve um fenômeno em que crianças de alta habilidades não recebem uma chance semelhante na vida.[30] Há muitas crianças assim. Em um ano comum, de acordo com uma estimativa feita pela Fundação Jack Kent Cooke, quase 3,5 milhões de crianças com alto desempenho e de baixa renda preenchem as salas de aula estadunidenses desde o jardim de infância até o ensino médio. Para tais crianças, o problema não é garantir que alcancem a competência mínima, é garantir que floresçam e passem pelas portas que seus talentos abrirão para elas. No entanto, esses 3,5 milhões de crianças inteligentes e pobres são menos propensas a terem aulas desafiadoras, a solicitarem ajuda financeira federal ou até mesmo a se inscreverem na faculdade.[31] Uma enorme faixa de crianças, que deveria estar entre a mais produtiva e prolífica, será retida pelas circunstâncias de seu nascimento. Sabendo que essas crianças existem, deveríamos estar fazendo tudo em nosso poder para ajudá-las a prosperar desde o primeiro dia de suas vidas até a escola. Mas ao passo que as lacunas de oportunidade estão se mantendo estáveis ou levemente reduzidas, as lacunas de qualidade estão aumentando.[32] Há muitos obstáculos no caminho. Estamos potencialmente perdendo capital humano capaz de mudar o mundo quando perdemos o que essas crianças têm a oferecer. Quando não possuem a oportunidade de mostrar para o mundo do que são capazes, as mais inteligentes são devastadoramente chamadas de "Einsteins perdidos".

Quando Hazim Hardeman começou seu último ano no ensino médio em North Philadelphia, ele era um estudante nota 6 ou 7. Isso não é surpreendente, considerando que ele passava a maior parte de seus dias de escola jogando nos corredores e banheiros do que em aula. Fora da escola, ele podia ser encontrado na quadra de basquete do centro de recreação local. Ele pensava que o basquete era seu caminho para a glória ou, pelo menos, uma saída de suas circunstâncias — ele passou os anos iniciais de sua vida em abrigos, pulando de uma instituição para outra e quase reprovando em escolas abaixo do ideal (com uma exceção notável, que já mencionarei). Então, você talvez fique surpreso quando eu pedir para que arrisque um palpite no que Hazim tem em comum com o presidente Bill Clinton, com o Secretário de Transporte Pete Bittigieg, com a ex-conselheira nacional de segurança e embaixadora das Nações Unidas Susan Rice e com o médico e autor best-seller Atul Gawande.

Antes de revelar a resposta, quero contar a história de Hazim para você. Observe os vários momentos em que a vida dele poderia ter ido para outro caminho que poderia não ter recuperação, as vezes em que Hazim quase se tornou um Einstein perdido. Em vez de uma história de "superação", a dele poderia ter sido uma de advertência.

A mãe de Hazim, Gwendolyn, tinha grandes planos para ele. Quando Hazim nasceu, em 1994, ela chegou na Filadélfia, determinada a dar para ele e seus três outros filhos acesso a um lar estável e carinhoso que lhe foi negado ao crescer em orfanatos em Atlanta. Isso não foi fácil. Como uma mãe solo negra, Gwendolyn não tinha nenhuma rede de apoio familiar extensa. Apesar de serem pobres, Gwendolyn se orgulhava de ter "uma das melhores casas do projeto habitacional", recorda Hazim. "Embora não tivéssemos uma abundância de recursos materiais, ela sempre garantia que, se quiséssemos algo, conseguiríamos, mesmo que ela não conseguisse nos dar de imediato." Isso foi especialmente verdadeiro no caso da educação. As próprias dificuldades de Gwendolyn mostraram para ela como seria uma mudança de vida dar aos seus filhos acesso a uma boa educação — e ela deixava claro que a escola era importante, incentivando seus filhos a "serem curiosos, críticos e a não se acomodarem". De algumas formas, segundo Hazim, sua mãe via a educação dos filhos como uma "situação de vida ou morte".

Quando Hazim era criança, os médicos disseram para Gwendolyn que ele tinha transtorno de déficit de atenção com hiperatividade (TDAH). "Eu estava sempre escalando as paredes", disse ele. Hazim recebeu a medicação e foi designado para uma assistente social. O diagnóstico de TDAH poderia ter levado Hazim a aulas de recuperação e até mesmo expulsão, um caminho clichê para meninos negros chamados de desordeiros que começa na pré-escola.[33] Em vez disso, como Hazim conta, Gwendolyn decidiu que ele precisava mudar de escola. (Durante uma visita à escola fundamental de Hazim, ela viu estudantes sentados nas mesas e professores incapazes de controlar a sala de aula.) Um dia, Gwendolyn pegou o ônibus até um bairro distante e mais rico, encontrou o que seria a melhor escola K-8 da vizinhança e, correndo um grande risco porque pessoas já foram presas por isso, ela matriculou Hazim e o irmão usando um endereço falso. Ela "literalmente colocou sua liberdade em risco para garantir que tivéssemos uma educação de qualidade", contou Hazim. Eles frequentaram essa escola por três anos.

Imediatamente, os meninos notaram as diferenças bruscas entre a nova escola e a antiga. A escola no bairro deles tinha principalmente alunos negros. A nova tinha principalmente brancos e asiáticos. As diferenças materiais eram infinitas. "Simplesmente tinham recursos: livros, professores que não estavam sobrecarregados, atividades extracurriculares", conta Hazim, observando que tais recursos enriquecem tanto o ensino em sala de aula quanto "o currículo oculto". Na escola antiga, parecia que tinham que provar constantemente que eram inteligentes e dignos de recursos. Na nova, a inteligência era presumida e as crianças eram incentivadas a explorar e a serem curiosas. Hazim viu que seus novos colegas de classe se comportavam de forma diferente, eles sabiam que se encaixavam. Ele se lembra de querer se encaixar também, de querer ser tratado como inteligente. Porém, na maioria das vezes, ele dava conta da situação sendo o palhaço da classe.

Ouvindo sua história, tive certeza de que deve ter havido indicações dos dons de Hazim no início — é o que queremos acreditar, que quando a luz está na direção certa, atingirá um diamante bruto e brilhará, para que possamos saber que essa pessoa deve ter seus dons bem cultivados. Mas, quando perguntei, Hazim insistiu que não foi desse jeito. Ele nunca foi melhor do que um aluno médio durante toda essa época. Em outras palavras, mesmo em um ambiente mais promissor, seu potencial permaneceu escondido. O valor verdadeiro de seus anos naquela escola não estava no que ele mostrou ao mundo, mas no que o mundo mostrou a ele, no que ele viu que era possível.

Durante o ensino médio, de volta na escola de baixo desempenho do seu bairro, Hazim faltava às aulas e jogava cartas. Muitos de seus amigos foram presos ou morreram. Hazim suspeita que uma razão pela qual ele não se meteu em problemas mais sérios foi porque ele morou com a irmã mais velha por dezoito meses enquanto sua mãe estava em Atlanta, cuidando de um membro da família. A casa de sua irmã era longe o bastante dos antigos lugares que ele frequentava para limitar sua exposição a esses amigos. Ainda assim, ele conta que houve momentos em que escapou por um triz: "Situações em que eu virei para a esquerda e meus amigos para a direita." Uma vez, ele estava passeando pelo antigo bairro, e a polícia apareceu. Eles estavam procurando por um suspeito de assalto. Hazim e o amigo que estava com ele não tinham nada a ver com o roubo, mas correram. O amigo foi pego, Hazim não foi. Falando sobre seu amigo, Hazim diz: "Não sei se esse foi o primeiro contato dele [com o sistema criminal judicial], mas sei que ele era muito novo, mais novo do que eu, e eu tinha 15 anos na época. E desde aquele momento, sua infância foi marcada por estar saindo e entrando no sistema."

Não que Hazim estivesse indo bem também. No fim do terceiro ano no ensino médio, suas notas estavam tão baixas que ele corria o risco de repetir o ano se pretendesse se formar. Bem nessa época, sua mãe voltou de Atlanta. A decepção dela foi profunda e Hazim se envergonhou. Ela arriscou ir para a cadeia para mandá-lo para uma escola de ensino fundamental bem financiada. Era assim que ele retribuía? "Senti que estava traindo o sacrifício dela por não estar à altura dele", diz ele atualmente. "E, desde aquele momento, eu meio que decolei." Ele conta que precisava recuperar 72 créditos, basicamente um ano escolar inteiro. Gwendolyn pagou US$5 mil, uma fortuna para ela, para que ele se matriculasse em um programa de recuperação de créditos, que aconteceria durante o verão anterior ao seu último ano e no outono depois da escola.

Depois que um professor o presenteou com um livro chamado *Tyrell*, escrito por Coe Booth, que conta a história de um jovem menino negro que cresce em um abrigo para sem-teto e tentar ajudar a mãe a sobreviver, a leitura se tornou um colete salva-vidas. Ele nunca havia se conectado com um livro antes como aconteceu com esse, vendo-se na história. Ele começou a enriquecer seu mundo com palavras e esbarrou em uma citação particularmente significativa de James Baldwin: "Você pensa que sua dor e sua mágoa são sem precedentes na história do mundo, mas então você lê."[34] No último ano, em uma escola pública autônoma que ele ficou por apenas um ano, Hazim estava se sobressaindo academicamente. "Naquele momento, eu estava sedento", conta ele, e diz que se apaixonou pelo aprendizado "não apenas pelo conteúdo, mas por esse sentimento de autotransformação através dele. Eu vi isso acontecer na minha vida, ao vivo." Ele parou de passar tempo na quadra de basquete e focou a escola.

Embora tenha se saído notavelmente melhor no último ano, o histórico escolar de Hazim foi prejudicado por seus anos iniciais e sua média ainda estava tão baixa que ele não conseguiria ir direto para a faculdade. Em vez disso, ele se matriculou na faculdade comunitária, onde foi colocado inicialmente em aulas de recuperação, mas logo transferido para o programa de honras. Ele passou a se sentar na primeira fila durante as aulas e a se reunir com os professores. Como sua escola de ensino fundamental, a Faculdade Comunitária da Filadélfia era um lugar em que os alunos não precisavam provar que eram inteligentes o bastante para estar lá. Eles tinham espaço para serem criativos com seus projetos e análises. Hazim lia ferozmente. Na biblioteca, se encontrava um livro que o interessava, ele lia todos os que estavam na mesma seção. O parapeito de sua janela logo estava abarrotado de livros — filosofia, pedagogia, ficção, estudos afro-americanos. Tudo era combustível para sua nova fábrica de aprendizado. E seus professores perceberam isso. "Já viu uma criança comer, mandar tudo para dentro, e se perguntou para onde vai tanta comida? Hazim era da mesma forma com informação", relatou um de seus orientadores ao jornal *The Philadelphia Inquirer*.[35] Ele também começou a se destacar de outras maneiras, tornando-se vice-presidente do corpo estudantil e aparecendo como um dos três excelentes estudantes universitários de primeira geração no programa de rádio nacional da Filadélfia, *Radio Times*.

Depois de dois anos, ele estava pronto para a Universidade Temple em Northeast Philadelphia. Apenas a algumas quadras da casa em que passou a infância, a Temple sempre pareceu tanto parte do bairro quanto inalcançável. A universidade foi fundada nos anos 1880 por um pastor chamado Russell Conwell. Após dar aulas para trabalhadores homens e mulheres à noite, Conwell sentiu necessidade de uma escola focada em fornecer educação para alunos independentemente de seus históricos e meios.[36] Conwell era famoso por um sermão que pregava regularmente durante os anos e que narrava um conto alegórico, o Campo de Diamantes, sobre um homem que é atraído para longe de uma vida feliz por uma busca por diamantes brilhantes e descobre que os diamantes estavam em seu próprio terreno o tempo todo. Frequentemente, a moral da história é que nós subestimamos o potencial humano em nossos quintais. Fiel à parábola, Hazim rapidamente se tornou uma estrela na Universidade Temple. Todos o conheciam no campus. Ele impressionou seus professores no programa de honras e atraiu seus colegas com seu intelecto e sagacidade. Era a manifestação da missão da universidade, o diamante subestimado que finalmente podia brilhar.

E agora voltamos para o início da história. O que Hazim tem em comum com todas aquelas pessoas ilustres que mencionei anteriormente? A Bolsa de Estudos Rhodes. Ele aquelas pessoas de destaque ganharam o que é vastamente considerada uma das bolsas acadêmicas mais prestigiadas do mundo. Em 2018, Hazim foi um dos 32 Bolsistas Rhodes norte-americanos.[37]

Uma Bolsa de Estudos Rhodes fornece aos bolsistas financiamento completo para estudar na Universidade de Oxford de dois a três anos. A maioria dos bolsistas possuem uma formação de elite, vinda de Harvard ou Stanford. Hazim foi o primeiro formando de uma faculdade comunitária a ganhar a bolsa, assim como o primeiro estudante da Temple. Quando ouviu seu nome ser chamado como vencedor, ele exultou de alegria, mas também sentiu uma tristeza que o surpreendeu, provocada por sua "consciência de que muitas pessoas com históricos como o meu permanecem restritos de tais oportunidades", compartilha ele. Eles simplesmente não possuem do que necessitam para avançar. "Não acho que há algo de errado com a minha comunidade, exceto pelo pé em seu pescoço", disse ele certa vez para um jornalista (usando uma frase de Malcolm X que mais tarde foi associada à morte de George Floyd em maio de 2020). "Não acho que minha comunidade precisa de um salvador. Acho que precisa de recursos."[38] Em uma conversa posterior comigo, Hazim destacou a riqueza muitas vezes negligenciada de sua comunidade e o fato de que ambientes com estimulação linguística aparecem de diferentes formas. Foi um bairro muito parecido com o dele que inspirou o rapper Jay-Z quando estava crescendo no Brooklyn. "Foi a sonoridade do Marcy Projects que deu origem à sua 'imaginação verbal'", explicou Hazim.

Depois de dois anos em Oxford, ele começou um PhD em Havard em Estudos Americanos, um de apenas 39 estudantes de doutorado no departamento. Ele parece estar pronto para produzir projetos revolucionários em Estudos Negros, para somar aos trabalhos de seus heróis literários, como bell hooks, W. E. B. Du Bois e James Baldwin. Em North Philadelphia, seus antigos vizinhos certamente pensam que ele está destinado a coisas maiores. Enquanto andava pelas ruas recentemente, um amigo de infância gritou: "Hazim para presidente!"

Agora, você deve estar achando que a história de Hazim Hardeman é tão incomum que não vem ao caso. Afinal, não há uma lista de Einsteins perdidos para indicar, e nenhuma pesquisa no Google os apresentará, porque estão, por definição, perdidos, e Hazim é a exceção que foi encontrada. Como cientista, entendo que uma história como a de Hazim, por mais inspiradora que seja, carece de dados generalizáveis. Então, permita-me compartilhar dados reais, na verdade apenas um gráfico, que apresenta as histórias de bebês nascidos no Reino Unido durante uma única semana em 1970. Isso coloca em evidência a probabilidade de que Einsteins perdidos estarão... bem, perdidos.

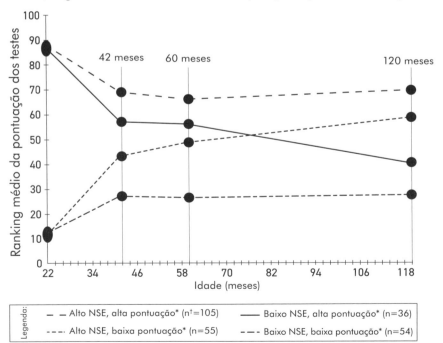

Ranking médio da pontuação de testes cognitivos aos 22, 42, 60 e 120 meses, segundo o nível socioeconômico (NSE) dos pais e o ranking inicial

Esse gráfico, que relaciona o nível socioeconômico (NSE) às mudanças nos rankings de pontuação de testes cognitivos durante um período de oito anos, é apenas uma pequena evidência elaborada como parte de um projeto muito maior. Começando em 1946 e repetindo em 1958, 1970, 1989, 2000 e 2020, os britânicos realizaram estudos coortes longitudinais de milhares de crianças nascidas ao mesmo tempo.[39] Esses estudos fizeram uma soma significativa ao que sabemos sobre uma série de problemas sociais, como educação, obesidade e saúde mental. O gráfico anterior vem de um estudo de um subconjunto de 17 mil crianças nascidas em 1970 que estão sendo acompanhadas por pesquisadores.[40] Ele aborda exatamente a questão que estamos considerando, o impacto do nível socioeconômico na capacidade intelectual das crianças. A primeira medida baseou-se em resultados de testes cognitivos de pouco antes dos 2 anos de idade até quando as crianças completaram 10 anos. Os pesquisadores usaram as crianças das extremidades superiores e inferiores do quartil intelectual (uma medida de como as crianças se comparam ao resto do grupo). Desde o início, há uma mistura saudável de ricos e pobres ambos no topo e no fim. No entanto, aos 10 anos, uma grande mudança ocorreu. Crianças vindas de famílias com maior renda e que começaram no fim da escala intelectual sobem nos rankings de pontuação do teste, facilmente ultrapassando as crianças dotadas de baixa renda e se aproximando de seus colegas de renda mais alta que começaram no topo da pirâmide intelectual. Enquanto isso, um destino oposto recai sobre as crianças de famílias mais pobres. Aqueles que começaram no fim da escala continuam lá. E as crianças de famílias de baixa renda que começaram no topo cognitivamente? Bem, elas caem de maneira drástica no fim, pontuando não muito melhor do que seus colegas menos dotados. Esses são os potenciais Einsteins perdidos. Isso reflete uma verdade que um jornalista do *Washington Post* resumiu desta forma: "É melhor nascer rico do que talentoso."[41]

Tais descobertas tornam Hazim Hardeman mais extraordinário ainda. Através do amor e da determinação, parece que a mãe dele construiu a base para seu cérebro impressionante. Mas, e se ela tivesse seguido as regras e não permitido que ele visse o que é possível? E se ele não tivesse "virado para a esquerda quando seu amigo virou para a direita" e terminasse na cadeia? E se Gwendolyn não pudesse pagar pelo programa de recuperação de créditos? Hazim poderia ter facilmente seguido outro caminho. Na vida de outras crianças, esses "e se" tornam-se os milhares de dados que se agrupam na verdade devastadora representada naquele gráfico.

Hazim reconhece que muitas pessoas ouvirão sua história e focarão seu triunfo intelectual contra todas as probabilidades. Ele é, afinal, a mais pura história otimista de Hollywood. No entanto, quando penso em Hazim, não vejo uma história otimista — apesar de ser! Em vez disso, assim como

42 NAÇÃO DOS PAIS

o próprio Hazim se sentiu confuso quando ganhou uma Bolsa de Estudos Rhodes, sofro pelas milhões de crianças, os Einsteins perdidos, e pelas Mariazinhas e Joãozinhos comuns e acima da média, a quem foram negadas oportunidades de cumprir seus objetivos fundamentais, sejam eles grandes ou modestos. Vejo os incontáveis momentos que essa Bolsa Rhodes quase não aconteceu. Hazim tem um recado poderoso para quem perde a maior moral de sua história. "Não fique feliz por mim, que superei esses obstáculos", aconselha ele. "Antes, fique com muita raiva que eles existam."

A Estrela Guia

Os pais desejam a mesma coisa: dar para seus filhos cada oportunidade do mundo. Era o que eu queria quando me vi na margem do rio no meu sonho: abrir um caminho para qualquer realização que os talentos e esforços dos meus filhos pudessem proporcionar a eles. Vejo o mesmo desejo primitivo na mãe de Hazim e nos pais de Charlotte, e imagino seus medos enquanto consideram os obstáculos que seus filhos enfrentam, enquanto se preocupam com o que está por vir. É esse desejo que nos une como pais, não importa quem sejamos, ricos ou pobres, negros, brancos ou marrons, vivendo com deficiências ou não.

O cérebro está preparado para fazer o que todos os pais desejam: preparar seus filhos para aproveitar todas as oportunidades oferecidas pela neuroplasticidade. Oferecer *oportunidade* está ligado à neuroplasticidade durante os três primeiros anos de vida, quando está no auge. Então você pode se perguntar por que, já que o cérebro tem uma capacidade tão incrível, as coisas dão tão errado para tantas crianças, como vimos no trabalho de Kim Noble e no estudo British Cohort. Não é o cérebro que está errando, é a nossa sociedade. Aqueles 1,3 kg de tecido neural precioso vêm com instruções limitadas. Para muito do que fará, o cérebro precisa de orientação do mundo. E aqui reside o problema e a raiz da epidemia invisível: o cérebro se constrói para o mundo em que nasce. Ele se adapta. Se o mundo em que um cérebro nasce carece de recursos, o cérebro carecerá de recursos e consequentemente sofrerá.

O que não devemos fazer é culpar os pais ou os bebês. "As pessoas geralmente dizem que não é a pobreza, é a sua disposição de colocar a mão na massa", diz Kim Noble. "Bem, bebês não podem colocar a mão na massa."

O que os bebês podem ter são adultos: seus pais, suas comunidades e a sociedade em geral. Juntos, esses adultos são capazes de elevar os bebês. Juntos, eles podem fazer o desenvolvimento saudável do cérebro ser a nova Estrela Guia da sociedade. Juntos, eles podem garantir que cada criança possua o necessário para cumprir a promessa de seus objetivos.

TRÊS

O EFEITO POSTE DE LUZ

"Durante toda sua vida, o senhor seguiu a estrela errada."

— Cassidy, o Velho Cego[1]

Talvez você já tenha ouvido esta: tarde da noite, um policial encontra um homem de quatro, engatinhando ao redor de um poste de luz.

"Senhor, o que está fazendo?!", pergunta o policial.

"Procurando por minhas chaves", responde o homem.

"Onde as perdeu?", pergunta o policial enquanto agacha para ajudar.

"Do outro lado da rua."

"Então por que está procurando aqui?!"

"A luz é melhor."

Variações dessa piada aparecem frequentemente na ciência. A razão pela qual ressoa de modo tão forte é que quase todos os cientistas tiveram a experiência de procurar por respostas nos lugares errados, escolhendo olhar em outros porque, francamente, é mais fácil do que as alternativas. Há uma atração quase inconsciente em direção à luz. O termo técnico é viés de observação ou de mensuração.[2]

Medimos o que é mais mensurável. Nós trabalhamos com a população que é mais acessível (geralmente estudantes universitários). Tratamos os sintomas mais óbvios. Olhamos para onde todos estão olhando. Algumas vezes, aquele local iluminado é completamente irrelevante para a questão em voga, como a do homem que perdeu as chaves. E outras vezes, a luz fornece apenas respostas parciais e até enganosas. São inúmeras histórias. Com a doença de Alzheimer, os pesquisadores passaram décadas desenvolvendo medicamentos para combater as placas que estavam certos de que eram o problema principal, em parte porque conseguiam vê-las. Lamentavelmente, eles tiveram pouco sucesso e, apenas recentemente, levaram a sério outras vias de ataque.[3] Nos negócios, as pessoas gastam tempo e energia infinitos para gerar curtidas e seguidores nas redes sociais — novamente, algo que podem observar e medir —, mesmo que tal popularidade viral não tenha mostrado levar a um aumento tangível nas vendas.[4] O resultado desse "efeito poste de luz", como um escritor coloca, é que "temos a tendência de procurar respostas em lugares que parecem bons, em vez de procurá-las onde provavelmente estão escondidas".[5]

As implicações para o futuro de milhões de crianças são graves. Em muitos países ao redor do mundo, o problema que as pessoas têm tentado resolver, a chave que estivemos procurando, é esta: como educamos a próxima geração de cidadãos produtivos? Como garantimos que todas as crianças possuam uma chance justa e igual de descobrir seu potencial completo? A resposta usual é a educação, o que significa escola. "Ao redor do mundo, a educação agora é reconhecida como o novo divisor de águas que move o crescimento econômico e a mudança social", disse o ex-secretário da Educação dos Estados Unidos, Arne Duncan, em 2011.[6] As especificidades de como distribuir essa educação varia de país para país — mais dias de escola na Coreia do Sul, recrutamento agressivo de professores na Finlândia e Singapura —, mas, no fim, são variações do mesmo tema. Em outras palavras, consistentemente procuramos por respostas no mesmo lugar: na educação K-12.

Nos Estados Unidos, o objetivo de dar às crianças uma chance justa na vida é o coração pulsante do sonho americano, que declara o país como um lugar onde cada um pode ter sucesso, independentemente das circunstâncias em que nascem. Diz que o país é uma meritocracia, não uma aristocracia. Na verdade, muitos outros países abraçam a mesma ideia, mesmo que não a resumam de forma impecável em uma frase de efeito patriota.

Mas o sonho americano está desaparecendo. Toda essa oportunidade deveria levar à mobilidade geracional. Sustentava que a maioria se sairia melhor do que os pais — que teriam melhor educação, ganhariam mais dinheiro, subiriam nos rankings ocupacionais. Mas a fração de crianças americanas que ganha mais do que os pais caiu de aproximadamente 90% das nascidas em 1940 para 50% das nascidas em 1980, de acordo com o economista de Harvard, Raj Chetty.[7] No geral, a mobilidade ocupacional recuou em números similares. É claro, nem todo mundo pode ou deve ser cirurgião ou advogado, mas, antigamente, ocupações que não exigiam um diploma universitário podiam sustentar uma família confortavelmente. Hoje em dia, a maioria dessas ocupações de colarinho azul não pagam o suficiente para isso.

Não foi o que prometeram.

Pelo tempo que os Estados Unidos são uma nação, pensaram que a educação, ou seja, a escolaridade formal desde os 5 ou 6 anos de idade até os 18 (K-12 em termos atuais), era a forma de alcançar o sonho, de entregar a mobilidade social que acharam ser seu direito de nascença. Ao longo dos séculos, a educação pública foi sustentada como um meio de construir uma nação coesa, produzindo cidadãos informados, incluindo imigrantes e oferecendo oportunidade para todos. Por grande parte da história, é claro, "educação para todos" não significava literalmente "todos" — mulheres, negros e indígenas foram excluídos. Mas a ideia foi celebrada. O jeito de evitar a tirania dos poderosos, escreveu Thomas Jefferson, era o governo oferecer educação básica para todos a fim de "iluminar [...] as mentes das pessoas em geral."[8]

Bilhões de dólares foram investidos na tarefa de entregar uma educação K-12 de qualidade e muitos trabalharam em uma série de reformas. No entanto, em testes internacionais recentes de leitura e matemática como o Programa Internacional de Avaliação de Alunos (PISA), estudantes estadunidenses continuaram a pontuar no fim da lista de países desenvolvidos. O ranking dos Estados Unidos reflete essencialmente o progresso estagnado dos últimos vinte anos. Alguns estudantes melhoraram (leitores ávidos se saíram melhor), mas outros pioraram (o décimo percentil inferior pontuou mais abaixo). Na Avaliação Nacional do Progresso Educacional (NAEP) de 2019, somente um terço de crianças norte-americanas eram leitoras proficientes.[9] Duas entre três crianças não conseguem ler com proficiência! "Simplesmente não está funcionando", relatou o professor de educação Daniel Koretz, da Escola de Pós-Graduação em Educação de Harvard, ao *The New York Times*, no fim de 2019, sobre o esforço geral para melhorar a posição.[10] Mesmo assim, como têm tanta certeza de que a educação K-12 é o grande equalizador, visto que ela está sob o poste de luz, continuaram investindo pesado nela e em praticamente mais nada.

O que se perde nas sombras do outro lado da rua? Para qual verdade "fundamental" estamos fechando os olhos? A educação começa no primeiro dia de vida, não no primeiro dia de aula. No primeiro dia do jardim de infância, há diferenças reais entre as crianças. Algumas chegam prontas para aprender. Outras já precisam de reforço. Falhamos repetidamente em olhar além do brilho da luz para apreciar a importância dos primeiros dias de vida e a necessidade de acertar nesses anos iniciais.

46 NAÇÃO DOS PAIS

Por que não começamos do início

O foco da educação moderna na educação K-12 possui uma história de origem que tem um caminho surpreendentemente longo. John Amos Comenius, um ministro do século XVII nascido no local que agora é a República Tcheca, definiu as bases para o sistema que temos hoje.[11] Nascido em 1592, Comenius, como todos os outros daquela época, pensava que a educação deveria ser enraizada na religião — aprender a ler era necessariamente para ler a Bíblia. Mas algumas de suas outras ideias sobre educação parecem tão modernas hoje em dia, que devem ter sido realmente radicais nos anos 1600. Ele defendia o aprendizado na língua nativa dos estudantes, procurava encontrar as crianças onde estavam, em termos de desenvolvimento, criando os primeiros livros didáticos com figuras e propondo que o ensino deveria progredir de conceitos mais simples para mais complexos. Encorajava os professores a prestarem atenção nas mentes individuais das crianças e no jeito que aprendiam "seguindo os passos da natureza".[12] Igualmente radical para seu tempo, ele exigia educação igual para ricos e pobres, bem como para mulheres. Comenius também defendia três níveis de educação formal que se pareciam muito com a divisão atual de ensino fundamental e ensino médio seguido pela universidade. Suas ideias, mesmo antes da publicação de seu famoso tratado de 1657 sobre educação, *Didática magna*, foram o equivalente de virais no século XVII, rapidamente se espalhando pela Europa e, graças aos puritanos que as levaram para lá, pelas colônias americanas. Em suma, Comenius era um "influenciador" educacional de sua época.

Em 1642, a Colônia da Baía de Massachusetts aprovou uma lei exigindo que os pais ensinassem seus filhos a ler. Então, em 1647, aprovaram uma segunda lei que seria replicada em outras colônias e que definiria as bases ideológicas da educação pública nos Estados Unidos. Era chamada de Lei do Diabo Velho Enganador — sim, você leu certo. O nome teatral veio da crença puritana de que o diabo queria manter as pessoas analfabetas. Eles acreditavam que, para ser uma sociedade produtiva, cada membro da comunidade deveria conseguir ler e entender a Bíblia, assim como leis e ordenações locais. Satã, aquele velho enganador? Sua maldade seria combatida por meio de educação universal obrigatória. A lei exigia que qualquer comunidade de cinquenta famílias contratasse um professor e que qualquer cidade de cem famílias construísse uma "Escola-Gramática" para seus filhos, apesar dessas escolas serem, em prática, apenas para meninos a partir dos 7 anos. Os custos seriam arcados pelos pais ou pelas comunidades maiores.[13] O sistema espelhou grandemente as recomendações de Comenius.

Mas apesar de toda sua inovação, Comenius desconsiderou um ingrediente fundamental: os primeiros anos de vida. Mesmo naquela época, o poste de luz (ou lâmpada a óleo) estava focado em crianças mais velhas. Comenius não apenas desconsiderou a educação na primeira infância, mas argumentava contra ela, alegando que podia ser prejudicial. "É mais seguro que o cérebro esteja devidamente consolidado antes de começar a sustentar a mão de obra. Em uma criança, o crânio completo mal está formado e não será consolidado antes do quinto ou sexto ano", escreveu ele.[14] Essa ideia se estabilizou e perdurou.

É compreensível por que Comenius e os que vieram depois pensaram que a escola deveria começar aos 6 ou 7 anos de idade. Em termos de desenvolvimento, há uma mudança importante na capacidade cognitiva e maturidade que ocorre por volta dessa idade. A mudança é amplamente reconhecida por psicólogos de desenvolvimento, antropologistas, biólogos evolucionistas e outros.[15] Conhecida como "mudança dos cinco para os sete", ela marca a crescente sofisticação do que as crianças podem fazer cognitivamente à medida que se tornam menos exclusivamente concretas em seus pensamentos e mais capazes de raciocínio lógico. A mudança é tão óbvia que você não precisa ser um cientista para vê-la, apenas precisa ser pai. As sociedades primitivas, em algum ponto entre os 5 e 7 anos de idade, introduzem responsabilidades maiores para as crianças. É claro, focar exclusivamente a mudança que ocorre entre esses anos subestima o crescimento cerebral que precisa ser feito nos anos anteriores a este ponto para realizar a mudança.

Não que Comenius acreditasse que as crianças não pudessem ou precisassem aprender nada antes que completassem 6 anos de idade. Pelo contrário, ele achava que o papel das mães (ele focava as mães, não os pais) era fundamental. Mas ele acreditava que o aprendizado que precisava ser feito nos anos iniciais era um caso privado. Então, quando Comenius escreveu sua *Didática Magna* e esboçou um sistema moderno de educação pública, ele argumentou que é responsabilidade da mãe educar seus filhos abaixo dos 6 anos e responsabilidade do estado educar acima dos 6 anos de idade. E desde então, ao longo da história, os pais tiveram que entender como fazer esse aprendizado acontecer durante os anos iniciais formativos.

Um dos meus exemplos favoritos disso é o da família Sewall de Massachusetts na era puritana. A história deles me lembra sobre como as dificuldades e as preocupações parentais têm sido duradouras. Mães e pais sempre quiseram dar a seus filhos o melhor começo de vida. Samuel Sewall não era diferente. Ele era um imigrante inglês que chegou nas colônias americanas aos 9 anos. Ele começou a estudar em Harvard em 1657, onde muito provavelmente leu *Didática Magna*, de Comenius, uma parte obrigatória do currículo. Samuel casou-se com uma mulher rica e se tornou um memorialista e juiz. Ele defendia a abolição da escravatura e presidia os julgamentos das bruxas de Salém (os quais expressou arrependimento profundo mais tarde).

Ele e sua esposa, Hannah, tinham quatorze filhos. Samuel era tão apaixonado pelo desenvolvimento dos filhos que escreveu em seu diário sobre o amor e admiração que sentiu quando o filho de 18 meses de idade, Hull, disse a primeira palavra: "maçã". Infelizmente, Hull ficou doente pela maior parte de sua breve vida e morreu apenas seis meses depois da anotação no diário de seu pai. Como Hull, seis das outras crianças Sewall faleceram antes de atingirem a vida adulta e um nasceu morto — uma tragédia que não era incomum para a época.[16]

Como você pode imaginar, a morte de tantos de seus filhos causou grande sofrimento para os Sewall. Também pode ter intensificado a dedicação deles a dar a melhor chance possível para os filhos que sobreviveram, o que fizeram ao mandá-los para as escolas-gramáticas locais estabilizadas pela Lei do Diabo Velho Enganador. Samuel tinha grandes expectativas que seu filho e xará, Samuel Junior, seguisse os passos do pai até Harvard e, talvez, depois, no ministério. Mas o jovem Sam não era adequado para Harvard. De acordo com a maioria dos relatos, o menino começou a escola gramática aos 8 anos e, aos 16, idade que seu pai tinha quando se formou pela segunda vez em Harvard, o jovem Sam estava faltando às aulas.

Imagino Hannah e Samuel se revirando durante a noite. Talvez alguém se debruce sobre a mesa de cabeceira e acenda a lâmpada que ilumina ambos os rostos. Em sussurros, eles agonizam sobre o que fazer com Sam. Então, depois de uma discussão, eles estabelecem um plano: o tirariam da escola e o enviariam para ser aprendiz de livreiro. Talvez não tenha acontecido dessa forma, mas conheço o amor e preocupação universal que todos os pais sentem por seus filhos — mesmo os puritanos, os quais estudiosos recentes dizem que estereotipamos injustamente por serem severos.[17] (Um dos muitos julgamentos injustos feitos sobre pais, na minha experiência!) O que sabemos que aconteceu foi que os Sewall conseguiram que o filho mais velho fosse aprendiz de um livreiro chamado Michael Perry. Mas a venda de livros também não deu certo. Samuel deixou o treinamento depois de alguns meses e passou por uma década de rebeldia antes de se estabelecer como fazendeiro.

Hannah e Samuel ficaram aliviados quando o jovem Sam finalmente encontrou seu caminho? Espero que sim. Eles se perguntaram o que poderiam ter feito de diferente para dar um começo de vida sólido a seu filho? Provavelmente. Eu sei que Samuel Sewall mudou de abordagem com seu outro filho sobrevivente, Joseph. Em particular, ele começou a educação de Joseph mais cedo... muito mais cedo. Com isso, Sewall estava seguindo o comando de seu bom amigo, Cotton Mather, um ministro e autor famoso. Sewall sabia que, enquanto Comenius criticava o aprendizado na primeira infância, Mather discordava fortemente. "Não. Nunca é cedo demais para começar", disse Mather. "*Quo semel est imbuta recens servabit odorem, testa diu.*"[18] Isso é latim para: "A primeira essência colocada em um frasco dura por anos."

Então, à tenra idade de 2 anos, o animado Joseph, nascido uma década depois de seu irmão Sam, foi mandado para uma "escola de damas". Oficialmente, essas escolas focavam o que chamavam de "os quatro R's": *Riting, Reading, Rithmetic and Religion* (Rituais, Leitura, Aritmética e Religião). Mas, na realidade, muitas das damas pouco ensinavam. Por seus esforços, as damas ganhavam pouco. A cidade de Woburn, por exemplo, ofereceu para uma professora local, a Srta. Walker, dez xelins por um ano de ensino, mas então descontou sete xelins para as taxas e mais para produtos e outras despesas.[19] Isso deixou a pobre Srta. Walker com o total de um xelim e três pence por seu trabalho, embora ela também possa ter feito trocas com alguns pais (o que acha de dois pedaços de lenha por duas semanas de aula?)

A qualidade dessas escolas variava amplamente, mas deu certo para Joseph, que passou por uma série de escolas de damas (aparentemente, as melhores) e estudou por um tempo com um reverendo famoso da época. Os Sewall queriam impedir que Joseph "caísse nos hábitos indisciplinados que atrapalharam Sam em seus estudos", de acordo com um historiador.[20] Aos 10 anos, Joseph começou a estudar na respeitada Boston Latin School, onde rapazes de uma certa classe iam para se preparar para Harvard. Aos 18 anos de idade, ele se formou em Harvard (orador da turma!) e, três anos depois, conseguiu um mestrado. Joseph se tornou o ministro que seus pais sonharam. Ele gostava tanto do trabalho que, mais tarde, recusou a presidência de Harvard para continuá-lo.

À primeira vista, parece que a moral do experimento natural dos Sewall é que você precisa começar cedo (verdade) e que, se começar, seu filho irá para Harvard e seguirá a carreira que você sonhou (sem garantias nessa parte). Mas vejo algo mais revelador. Nas escolas de damas desorganizadas, podemos ver os comecinhos do sistema que deixou nossas crianças mais novas — suas educações e o desenvolvimento de seus cérebros (que, para ser justa, ninguém entendia propriamente naquela época) — nas mãos de mulheres que não haviam sido treinadas para o trabalho. Até hoje, esse é o caso de mulheres mal pagas, amplamente inexperientes e frequentemente marginalizadas pela sociedade que estão trabalhando para cuidar e educar várias crianças, incluindo os filhos de muitos pais de classe média e ricos. Apesar de amplas evidências mostrando o quão crítico é o trabalho delas, elas não recebem o respeito nem a remuneração compatível com a importância do que pedimos que façam.[21] Basicamente, pagamos a elas um salário de babá. E, para aqueles que não podem pagar nem isso, algum fragmento de um sistema de apoio — avós, irmãos mais velhos, outros membros da família, vizinhos

— deve intervir para cuidar dos pequenos enquanto os pais trabalham nos vários empregos necessários para pagar as contas.

Quanto mais as coisas mudam...

Quando se trata de pais e primeira infância, quanto mais as coisas mudam, mais continuam na mesma. Conheci Mariah quando ela veio até o TMW com o filho, Liam, que tinha 1 ano na época. Ela já tinha um ótimo jeito com crianças e somou às ideias que compartilhamos em nossas sessões imediatamente. Ao observá-la brincar e falar com Liam, pude ver sua energia e criatividade. Ele subiu no colo da mãe para juntar-se a ela enquanto Mariah pegava um livro sobre um bebê leão chamado Chomp. "O leão RUGE", lia Mariah em uma voz alta que poderia facilmente preencher um auditório. Liam arrancou o livro dela e Mariah, sensibilizada com a necessidade de seu filho de sentir que estava no comando, deixou-o liderar. Ele passou as páginas uma por uma, o que era uma tarefa difícil para dedinhos tão pequenos. Enquanto isso, Mariah pegou outro livro, *Ten Little Fingers and Ten Little Toes* [Dez dedinhos das mãos e dos pés, em tradução livre], e leu para ele.

"Havia um bebezinho que nasceu nas colinas e outro que sofria de espirros e frio na barriga", lia ela em uma voz cantada. "E, como todos sabiam, os dois bebês tinham dez dedinhos nos pezinhos e dez dedinhos nas mãozinhas."

Mariah agarrou os dedos das mãos e dos pés de Liam, fazendo cócegas nele para fazer a conexão entre as palavras nas páginas e seu próprio corpo. Liam gritou de alegria. Juntos, Mariah e Liam voltaram a atenção para Chomp. Ainda querendo estar no comando, o menininho passou as páginas até chegar na última.

"Bom trabalho!", elogiou Mariah quando Liam chegou no fim.

Liam balbuciou uma sequência incoerente de palavras, mas uma foi clara. "Trabalho!", repetiu ele, seu tom mostrando o quanto estava orgulhoso de sua conquista.

Por toda sua vida, Mariah quis trabalhar com crianças. Nascida e criada entre South Side e os bairros residenciais de Chicago, ela cresceu em uma família grande — seus avós foram casados por 60 anos e tiveram treze filhos que, por sua vez, tiveram vários filhos. Na infância, todos eram extremamente próximos. Mariah chamava os primos de irmãos e irmãs e amava ter uma grande família. Significava que ela tinha muitos amigos para brincar e, mais tarde, quando os primos e irmãos mais velhos começaram a ter filhos, uma boa prática como babá. "Sempre amei crianças", conta Mariah, "as eduquei durante minha vida toda." Ela mal podia esperar para ter seus próprios filhos e supôs que sabia como seria ser mãe.

Mas seus próprios filhos, Liam e o irmão mais novo, Lain, provaram ser um desafio surpreendente. "Me confundiu muito quando tive meus filhos porque pensei que sabia de tudo", disse ela. "Educo crianças desde sempre. Observo crianças. Eu consigo. Não, foi diferente." Esse reconhecimento e desejo de aprender e crescer como mãe foi o que a levou ao programa de visitação domiciliar do TMW. "Queria me aprofundar mais em saber o que fazer com meu filho", acrescenta ela.

Como acontece com muitos pais, a maternidade deixou Mariah sobrecarregada e exausta. Mas a fonte principal de seu esgotamento emocional e físico era seu trabalho. Quando os filhos estavam ambos abaixo dos 2 anos de idade, Mariah começou a trabalhar na creche em que os deixava. O relacionamento com o pai deles não havia dado certo, então ela se encontrou tendo que sustentar a família sozinha. Ela amava muitas coisas sobre o novo emprego. No começo, ela foi designada para crianças mais velhas da pré-escola e notou um menininho, que chamarei de Joe, sentado em um canto, brincando sozinho, sem interagir com nenhuma das outras crianças. Joe era autista e não falava, mas Mariah foi até ele, sentou-se ao seu lado e manteve um monólogo animado, como se Joe pudesse conversar com ela. "Tratei como se fosse meu filho", conta ela. Seus esforços valeram a pena. "Ele fazia barulhinhos, me abraçava e tentava me beijar." Mariah descobriu que tinha um talento especial para trabalhar com crianças como Joe. "Notei que aquelas crianças se atraíam mais por mim." Como professora assistente na creche, ela passou muito de seu tempo cuidando de crianças com necessidades especiais. O trabalho pareceu feito para ela. "Você precisa ter um tipo especial de coração para trabalhar com essas crianças", afirma ela.

Mas a paixão não pagava as contas. Mariah ganhava apenas um salário mínimo e o emprego não oferecia seguro ou benefícios. Vivendo em Chicago, como mãe solo de dois menininhos, o salário dela era o equivalente contemporâneo a trocar lenha por educação. "Eu estava trabalhando e tomando conta dos meus bebês. Nada mais. Meus pagamentos iam para as contas e mais contas..." para transporte público (ela não tinha carro), aluguel e alimentos. "Nunca tive dinheiro para fazer nada além disso", relata ela. Mesmo vivendo de forma modesta, ela nunca teve o bastante. Todos os dias eram difíceis. Mariah discutia consigo mesma regularmente sobre conseguir um emprego que pagasse melhor. O debate interno era algo parecido com isto:

Não é dinheiro o bastante.

Mas eu amo meu emprego e amo muito essas crianças.

52   NAÇÃO DOS PAIS

Algumas vezes, ela imaginava caminhos diferentes, aqueles que ela quase seguiu. Ela foi para a faculdade por poucos anos, onde estudou justiça criminal, mas decidiu que não era para ela. Inspirada por uma prima, ela considerou ser agente funerária. A prima ganhava US$900 por cada corpo que embalsamava. Cuidando de bebês, Mariah teria que trabalhar por quase três semanas para ganhar o que uma agente funerária ganhava em uma tarde. (Alguma coisa nisso parece terrivelmente errada: a sociedade paga tanto para embalsamar os mortos, enquanto pagam tão pouco para ajudar os vivos.) Mas quando Mariah foi até o local de trabalho de sua prima para ver o que ela fazia de perto e a viu embalsamando um menino adolescente que morreu com um tiro na cabeça, ela sentiu a tragédia, a perda de potencial. Ela sabia que seu comprometimento tinha que ser em direção à construção do futuro das crianças em seus cuidados. Era o que ela amava.

Mas o velho ditado "trabalhe com o que ama e nunca mais precisará trabalhar na vida" não se sustenta quando o que você ama não paga o bastante para comprar o jantar de seus filhos. "Eu não estava vivendo, estava apenas existindo", fala Mariah sobre aquela época. "Eu era como um robô. Acordo, faço isso e aquilo, durmo talvez quatro horas por noite e refaço tudo de novo." Choros de bebês preenchiam seus dias no trabalho e suas noites em casa. Ela ficava doente o tempo todo e ia para o trabalho assim mesmo porque não podia tirar um dia de folga. Desistir era como desapontar seus alunos e seus filhos. "Nunca acreditei em tirar um tempo para mim mesma", conta Mariah. "Eu estava perdendo peso, estava estressada. Não tinha vida." Ela perdeu contato com todos os amigos, sempre recusando seus convites. Até mesmo os amigos do trabalho, que ganhavam tão mal quanto ela, não tinham filhos e, portanto, não entendiam o fardo dobrado. Na maior parte do tempo, Mariah se sentia mal por se sentir mal. "Eu deveria estar feliz. Deveria estar aproveitando meus filhos, curtindo a vida." Mas o empurra-empurra das demandas constantes da vida dela a deixaram se sentindo, por um lado, como uma mãe ruim se saísse ou ficasse longe dos filhos e, por outro, como uma professora ruim se considerasse pedir demissão.

"Não está dando certo"

Nos séculos entre a época de Samuel Sewall e a de Mariah, cegos pelo brilho do poste de luz, nos mantivemos fiéis à nossa visão limitada na educação K-12 como a forma de dar uma chance para cada criança, enquanto ignoramos as necessidades de nossos filhos mais novos, cujos cérebros estão no período mais formativo. Ocasionalmente, somos abalados com a percepção de que isso não está dando muito certo. Em 1957, quando a União Soviética deu início à era espacial ao colocar o satélite Sputnik em órbita, os norte-americanos ficaram chocados ao descobrir que não eram os líderes internacionais inquestionáveis que achavam ser. "De repente, eles estavam no espaço antes de nós. Como isso pode ter acontecido?", perguntou o educador Chester Finn em *School: The Story of American Public Education* [Escola: a história da educação pública americana, em tradução livre].[22] A resposta mais óbvia para todos é que os soviéticos tinham melhor educação. O que se seguiu foi uma iniciativa poderosa para melhorar a matemática e a ciência nas escolas americanas por meio da Lei de Educação de Defesa Nacional. (A União Soviética também tinha uma extensa educação infantil, começando aos 3 anos de idade, embora parecesse que aqueles que estavam preocupados com o motivo pelo qual os norte-americanos ficaram para trás não haviam entendido isso.)[23]

Avancemos 25 anos para 1983. Fomos abalados novamente por uma notícia que apresentou outro indiciamento dramático às escolas norte-americanas. Estimulada por preocupações sobre a competitividade da mão de obra da nação, a secretaria de educação encomendou uma força tarefa para avaliar o estado da educação pública. O relatório *A Nation at Risk* [Uma nação em risco, em tradução livre], contou uma história sombria sobre escolas fracassadas que ficaram para trás no cenário mundial. "A proeminência antes incontestável dos Estados Unidos no comércio, indústria, ciência e inovação tecnológica está sendo ultrapassada por oponentes do mundo todo", dizia o relatório. "Se uma potência estrangeira hostil tivesse tentado impor nos EUA a performance educacional medíocre que temos hoje, poderíamos muito bem ter visto isso como um ato de guerra." Olhando em retrospecto, alguns acreditam que o relatório não foi totalmente justo. Mas o resultado era claro: mais um esforço para melhorar a educação K-12.[24]

Durante as últimas décadas, os Estados Unidos gastaram bilhões em grandes estratégias de reformas educacionais, uma atrás da outra: a Lei Nenhuma Criança Deixada para Trás, Common Core State Standards, Race to the Top, Every Student Succeeds Act e mais. Aumentaram o financiamento federal. Introduziram novas formas de testes e métricas de prestação de contas para os professores. Expandiram programas extracurriculares e diminuíram o tamanho das salas de aula. Foram pressionados a aumentar a qualidade dos professores. Estabilizaram escolas autônomas e cheques escolares. Mudaram a forma como o dia escolar é programado. Foram pressionados a elevar os padrões.

Quando começaram a perceber que todos esses esforços não estavam movendo o ponteiro, expandiram o alcance da luz do poste de rua ao incentivar a pré-escola para todos, na esperança de que, eventualmente, toda criança começasse a estudar no máximo aos 4 anos de idade. A pré-escola universal essencialmente adiciona uma nota extra no sistema de educação pública e, a partir de 2021, pré-escola para todos é algo muito provável de existir em nove estados e várias cidades, incluindo San Antonio, Nova York e Portland, Oregon. Será essa a pílula mágica que esperávamos? Concordo que a pré-escola é algo seriamente importante. E já que a campanha gosta de popularidade bipartidária, decerto é politicamente conveniente focar em ganhar em um ano de pré-escola.

Mas não se enganem. Pré-escola para crianças de 4 anos de idade não remete às necessidades de cada criança e suas famílias nem conserta as disparidades trágicas no desenvolvimento cerebral que aparecem antes dos 3 anos de idade, como vimos no trabalho de Kim Noble.

A educação começa no primeiro dia de vida

Para fechar a lacuna nessas disparidades e para reforçar o desenvolvimento cerebral da primeira infância em todas as crianças, devemos focar agora o que precisa acontecer durantes os três primeiros anos de vida. Essa fase deve ser vista como parte do continuum educacional.

A única atenção que esse período fundamental recebe é no contexto dos esforços de aliviar os efeitos da pobreza e tratar de grandes crises sociais. As primeiras creches organizadas dos Estados Unidos são do fim do século XIX, quando "maternidades diárias" de caridade foram criadas para cuidar de crianças vindas de famílias de baixa renda enquanto seus pais trabalhavam ou buscavam emprego.[25] Durante a Grande Depressão, o governo entrou em cena pela primeira vez para financiar creches a fim de mandar os pais de volta ao trabalho (devido à ampla devastação econômica, um grande subconjunto de famílias estava elegível). Então, quando a Segunda Guerra Mundial forçou as mulheres a trabalharem no lugar dos homens que foram lutar, o governo novamente montou uma rede extensa de creches, a maioria delas de qualidade notavelmente alta, como parte da Lei Lanham. As mães amavam as creches e queriam que continuassem, mas, quando cada crise terminou, o mesmo aconteceu com o financiamento dos cuidados.[26] Um punhado de pessoas reconheceu o erro nisso. Eleanor Roosevelt, uma das primeiras defensoras das mães trabalhadoras e das famílias modernas, escreveu sobre as creches que foram fechadas após a Segunda Guerra Mundial: "Alguns de nós tinham uma suspeita de que elas talvez fossem uma necessidade que sempre tivemos, mas que negligenciamos enfrentar no passado."[27] Mas muitos políticos da época deixaram claro o quanto desaprovavam a investida do governo em cuidados infantis: "A pior mãe é melhor do que a melhor instituição", disse o prefeito da cidade de Nova York, Fiorello La Guardia, em 1943.[28]

No entanto, durante a década de 1960, o conhecimento sobre o desenvolvimento infantil estava crescendo tão rápido quanto os bebês que estavam sendo estudados. A importância de uma parentalidade de alta qualidade aparecia nitidamente na pesquisa sobre teoria do apego do psiquiatra britânico John Bowlby e em uma série de estudos pioneiros que acompanhou famílias durante anos. Depois, vários psicólogos educacionais publicaram trabalhos revolucionários demonstrando que a inteligência pode mudar — e mudou — com a experiência. De repente, era inegável que o ambiente e a experiência importavam para os primeiros dias de vida.[29]

Nascido desse novo conhecimento e da legislação Guerra à Pobreza, do presidente Lyndon Johnson, o programa Head Start foi lançado em 1965 para ajudar a preparar crianças mais pobres para a escola. (O programa de televisão infantil, *Vila Sésamo*, foi criado com as mesmas motivações em 1969.) Embora o Head Start tenha sido assunto de intensos debates políticos ao longo dos anos e havido relatórios mistos sobre sua eficácia, ele manteve o poder — um sinal esperançoso da relutância da sociedade em abandonar as crianças mais desfavorecidas.[30] (Dito isso, em 2018, de acordo com o Children's Defense Fund, o Head Start atendeu apenas metade das crianças entre 3 e 4 anos de idade elegíveis, e o programa Early Start, uma adição posterior para bebês e crianças de 1 a 2 anos de idade, alcançou espantosamente 8% de bebês elegíveis.[31])

Embora o Head Start fosse voltado para crianças pobres, a extensa cobertura da mídia que recebeu e as novas descobertas que estavam sendo feitas sobre o desenvolvimento infantil provocaram um interesse em programas de primeira infância para todas as crianças. Pais de classe média entendiam que, se a estimulação cognitiva era boa para crianças pobres, não seria boa para os filhos deles, também?[32] No entanto, não havia fundos disponíveis para apoiar nenhum tipo de sistema público de educação na primeira infância e creches. Em vez disso, uma mistura de opções de creches particulares — algumas de alta qualidade, outras um pouco mais do que uma babá de luxo — surgiram para aqueles que podiam pagar.

Enquanto isso, mais e mais mulheres estavam se unindo à mão de obra. Entre 1950 e 2000, a taxa de participação das mulheres na força de trabalho nos Estados Unidos quase dobrou, avançando de 34% para 60%. Em 2020, era mais de 70%.[33] (Mundialmente, embora 70% das mulheres relatam querer trabalho remunerado, as taxas de participação delas na força de trabalho sempre foi mais baixa e pairava por volta de 47% antes da pandemia. Em alguns lugares, como na Índia e na maioria dos países do Oriente Médio, é muito mais baixo do que isso.)[34] Onde quer que mais mulheres participassem da força de trabalho remunerada, a mudança forçava um debate mais profundo na questão de quem cuidaria das crianças pequenas. A inação em relação aos cuidados infantis nos Estados Unidos entrou em conflito com a realidade de mães (e pais) trabalhadoras, que não seriam capazes de fazer tudo o que era necessário para criar seus filhos enquanto mantinham seus empregos. Eles precisavam de cuidados e programas de educação de alta qualidade para complementar seu amor e cuidado.

Esse imperativo só se aprofundou à medida que nosso conhecimento em desenvolvimento cerebral na primeira infância continuou a se expandir. Com cada década subsequente, aprendemos mais e mais sobre a importância crucial da estimulação cerebral durante os primeiros anos. Na década de 1990, proclamada a Década do Cérebro pelo congresso e pelo presidente dos Estados Unidos por conta da explosão de conhecimento neurocientífico, a ideia de que a primeira infância era importante permeou pelas águas subterrâneas da sociedade. Entendia-se agora que as crianças que estão prontas para a escola estão prontas para a vida. Acrescente a isso o trabalho do economista James Heckman no começo dos anos 2000 mostrando o retorno do investimento que programas de qualidade para a primeira infância traziam para a sociedade, e havia uma ampla pilha de evidência deixando claro que programas de qualidade não só beneficiavam as crianças, mas também a sociedade como um todo.

Outros países estão lidando com esse trabalho crítico de preparação escolar muito melhor do que os Estados Unidos. Em 2020, a Organização para a Cooperação e Desenvolvimento Econômico, que administra o programa internacional de testes de leitura e matemática para adolescentes de 15 anos de idade, publicou um estudo piloto para crianças mais jovens. Testaram crianças de 5 anos quanto à preparação escolar nos Estados Unidos, na Inglaterra e na Estônia. As crianças norte-americanas pontuaram em último lugar tanto nas habilidades de leitura emergentes quanto na matemática emergente.[35]

Depois de ler sobre esse estudo de aprendizagem inicial, fiquei curiosa sobre como alguns dos países que regularmente ficam no topo da pontuação dos testes internacionais lidam com a primeira infância. A Finlândia é um exemplo impressionante. Embora as pontuações tenham caído ligeiramente nos anos recentes, o sistema educacional faz inveja em muitos outros países e é objeto de muitas análises acadêmicas e relatos jornalísticos brilhantes sobre sua história de sucesso. A maioria dos estudantes finlandeses aprendem bem e o sistema é notavelmente igualitário.

Nem sempre foi dessa forma. Em 1950, as escolas da Finlândia eram medíocres e somente pessoas que moravam em cidades grandes tinham acesso ao ensino fundamental ou médio. A maioria dos jovens deixou a escola depois de apenas seis ou sete anos de educação formal. As taxas de alfabetização eram baixas. Até mesmo a educação profissional e técnica era limitada. O que mudou? Começando na década de 1970, finlandeses de todas as posições políticas se uniram em torno da ideia de ter uma ótima escola pública para cada criança e nunca vacilaram. Eles a apelidaram de o Sonho Finlandês. Entre outras coisas, decidiram que um dos melhores jeitos de alcançar esse sonho seria construindo uma força docente de alta qualidade — uma que fosse bem treinada, bem remunerada e bem respeitada. Ao longo das duas décadas necessárias para transformar as escolas da Finlândia, os professores ganharam não apenas respeito, mas autoridade.[36]

A Finlândia não mudou apenas sua abordagem à escola, como também sua abordagem à primeira infância. Na verdade, fiquei surpresa ao descobrir que as crianças finlandesas não começam a educação formal até os 7 anos. Alguns argumentam que fatos sugerem que o que acontece antes dessa idade não é tão importante. Mas a verdade é o oposto. Quando as crianças finlandesas chegam à escola, a maioria passou anos no que é conhecido como Early Childhood Education and Care (Educação e Cuidados na Primeira Infância, ECEC), um sistema de creches acessível e de alta qualidade. Pelo menos um ano de um programa ECEC é obrigatório para ter certeza de que todas as crianças estão prontas para a escola.[37]

Mesmo antes disso, a Finlândia ajuda os pais a estabelecer a base para o desenvolvimento cerebral de seus filhos. Pais finlandeses possuem uma generosa licença parental remunerada que cobre muito do primeiro ano de vida de uma criança. Então, quando os bebês estão com 9 ou 10 meses de idade, os pais podem escolher entre programas ECEC públicos ou particulares, ou podem optar por ficar em casa com seus filhos, e caso optem, recebem uma bolsa que ajuda a prover o suporte para essa escolha até o filho mais novo completar 3 anos de idade.

Se tivesse que adivinhar, diria que o segredo do sucesso finlandês — uma parte dele, pelo menos — está escondido à vista de todos. Está bem no nome do programa da primeira infância: *Educação* e *Cuidados* na Primeira Infância. Em muitas partes do mundo, e certamente nos Estados Unidos, há uma ideia antiga de que cuidado é babá e educação é escola, e que os dois nunca se encontrarão. Em outras palavras, há uma sólida diferença entre educação e cuidado formal e informal. Mas os finlandeses não diferenciam entre "educação" e "cuidado". Na verdade, o apelido deles para o programa integrado é *"educare"* ["educuidado", em tradução livre], que também foi adotado por grupos como a organização Start Early nos Estados Unidos e acerta em cheio sobre o que é apropriado para o desenvolvimento.

Pense nisso. Quando meus filhos eram crianças e eu os levava para passear no carrinho, apontava rotineiramente para os pássaros que via, os ônibus que passavam e para o grande cachorro amarelo que nosso vizinho

58 NAÇÃO DOS PAIS

levava para passear. Tenho certeza de que a maioria dos pais faz coisas parecidas — pelo menos se tiverem tempo. É cuidado ou educação? Os dois.

Olhando além do poste de luz

Se a família Sewall pudesse viajar no tempo, o que achariam do *"educare"*? Acho que confiariam que qualquer criança que pudesse se aproveitar disso estaria bem preparada para a escola-gramática e ficariam felizes de mandar seus filhos para tal programa.

Quanto a Mariah, quando lhe descrevi o sistema finlandês, ela disse enfaticamente: "Deveríamos nos mudar para a Finlândia." Felizmente, ela não precisou porque encontrou um emprego melhor em outra creche. Depois de passar um ano lutando para balancear a tentativa de sustentar seus meninos sozinha e trabalhando naquela primeira creche, a mãe de Mariah viu o quanto a filha estava infeliz e o quanto estava trabalhando para não se afundar financeiramente. Então, ela comprou uma casa em um bairro residencial e incentivou Mariah a se mudar com os meninos. Na nova casa, Mariah teve espaço para respirar, recomeçar, curtir seus filhos e focar em encontrar um emprego mais bem remunerado na área que ama.

Ela descobriu uma creche que abriu recentemente no novo bairro. Foi fundada por uma ex-policial chamada Felicia que estava cansada da aposentadoria. Felicia contratou Mariah como assistente, e ela amou o novo emprego. Felicia era organizada, mantinha seus funcionários em alto padrão, pagava bem e oferecia benefícios, incluindo seguro. Exigente e prática, ela também cuidava deles e os ajudava a descobrir como avançar em suas carreiras. Como Mariah conta, Felicia dizia: "Se você não quer ser assistente, tudo bem. O que você quer ser? Professora? Vou mostrar o que você precisa fazer. Quer ter um salário maior? Vou mostrar o que você precisa fazer para consegui-lo." O novo emprego era uma experiência radicalmente diferente para Mariah, e uma que ela valorizava. "Tenho uma chefe que me enxerga e enxerga meu potencial", afirma ela.

A forma como Felicia administra seu negócio destaca o que é possível. Mas dado que existem poucas Felicias no mundo, não podemos contar com elas e a sociedade deve intervir para ajudar com a educação dos nossos cidadãos mais jovens. A sociedade paga pelo que valoriza. Se valorizamos o futuro das nossas crianças, devemos tratar os professores de creche do mesmo jeito que tratamos outros educadores essenciais e funcionários públicos, não os forçar a sobreviver de sobras como Mariah fazia.

Se realmente quisermos encontrar o segredo que mudará os destinos educacionais, econômicos e profissionais dos nossos filhos, devemos olhar atentamente nas sombras além do brilho do poste de luz na educação K-12. O que veremos lá revelará que o aprendizado começa no primeiro dia de vida, que o que acontece antes do jardim de infância importa tanto quanto o que acontece depois e que se não focarmos nossos esforços nesses primeiros anos, nunca chegaremos aonde queremos chegar.

Tem sido difícil para muitos enxergarem esse fato, porque o que acontece entre adultos e crianças durante os primeiros anos não é nada parecido com "escola". Não *deveria* ser como escola. Bebês e crianças pequenas não devem ficar presas a carteiras, fazendo exercícios. É claro que não. Não estão prontos física nem cognitivamente para esse tipo de coisa. Mas estão prontos para conversas educativas e estimulantes. Estão prontos para interagir com o mundo e devem ter oportunidades constantes para isso.

Se nosso objetivo é realmente preparar nossas crianças para vidas que lhes permitam crescer em seu potencial máximo, então devemos fazer o desenvolvimento cerebral durante os primeiros anos ser nossa nova Estrela Guia. Esse é a verdadeira chave que estamos nos agachando para procurar.

Quando o desenvolvimento cerebral saudável é nosso objetivo, nossas perspectivas mudam. De repente, o que acontece entre o nascimento e os 3 anos de idade parece uma parte natural do continuum educacional. Quando o desenvolvimento cerebral saudável é nosso objetivo, nós desmanchamos as falsas demarcações entre cuidado e educação, entendendo que eles são inseparáveis durante os anos essenciais, quando a arquitetura do cérebro está sendo construída. E quando o desenvolvimento cerebral saudável é nosso objetivo, reconhecemos todos os adultos — pais, parentes ou amigos, babás e funcionários de creches — como arquitetos do cérebro durante os três primeiros anos das vidas das crianças. E como sociedade nos dedicaremos a apoiar esses primeiros arquitetos do cérebro.

Como Estrela Guia, a Estrela Polar não é a mais brilhante no céu. Essa honra pertence à Sirius. A Estrela Polar aparece em 48º lugar. Contudo, ela tem sido a guia dos viajantes por séculos. Às vezes você precisa olhar além da luz mais brilhante para enxergar o caminho certo.

QUATRO

OS ARQUITETOS DO CÉREBRO

"Se uma comunidade valoriza suas crianças, ela deve prezar por seus pais."

— John Bowlby[1]

Meu falecido marido, Don, tinha uma cabeça muito grande. Literalmente. Eu costumava dizer que ele precisava de um crânio excepcionalmente largo para conter seu cérebro grande. (Ele *era* brilhante). E tínhamos uma piada recorrente de que qualquer filho dele sem dúvidas herdaria aquele cabeção. Então, quando eu estava grávida do nosso filho, Asher, e nossa obstetra disse que parecia que eu teria que fazer uma cesariana, Don e eu olhamos um para o outro e explodimos em risadas. *Nós sabíamos! A cabeça dele não passaria pelo canal de parto!*

Ironicamente, o tamanho da cabeça de Asher acabou não sendo o problema. Ele estava em posição transversal. Teimoso desde então, Asher estava virado do lado errado no meu útero e recusando-se a mover. Fiz a cesariana e deu tudo certo.

Mesmo que a cabeça de Asher não tenha sido o problema na minha gravidez, o tamanho dela é um fator significativo na história evolutiva de bebês humanos. Um potro de cavalo ou zebra pode ficar em pé minutos depois do nascimento e andar dentro de duas horas. Bebês chimpanzés podem se agarrar às mães enquanto elas pulam de galho em galho. E, no primeiro dia, tartarugas marinhas que acabaram de sair do ovo sabem como encontrar o caminho da areia onde nascem até o mar. Mas bebês humanos vêm ao mundo um pouco mal preparados. Tanto que os pediatras chamam os primeiros três meses de vida de um bebê de o "quarto trimestre". Recém-nascidos não conseguem levantar a cabeça por meses. Leva cerca de ano para andarem e comerem sozinhos.

A principal explicação para esse aparente atraso no desenvolvimento é que a natureza precisou se comprometer. Quando os humanos começaram a andar retos sobre duas pernas, as pélvis das fêmeas se estreitaram. Cerca de quarenta semanas de gravidez produzem um bebê que está no limite máximo do que uma mulher pode passar por seu canal de parto, mas o cérebro de um bebê de quarenta semanas ainda precisa de muito crescimento.[2]

Muito desse crescimento cerebral ocorrerá nos primeiros dois anos de vida. Com um mês, o tamanho total do cérebro de um bebê é de apenas um terço do cérebro adulto, que então aumenta dramaticamente para 72% de um cérebro adulto em um ano e 83% em dois anos. A maioria dos outros animais nascem com cérebros mais próximos do tamanho adulto.[3] É por isso que aquelas tartarugas marinhas, cavalos e chimpanzés podem fazer muito mais do que crianças humanas ao nascerem.

O fato de entrarmos no mundo com um cérebro relativamente subdesenvolvido e vivenciarmos esse período prolongado de desenvolvimento é um dos maiores presentes evolutivos. Oferece uma oportunidade imensa para estimulação cerebral durante o período em que o cérebro está em seu estágio mais formativo. Esse período está no centro da inigualável inteligência, criatividade e produtividade humana.[4]

O alto custo (de energia) da construção cerebral

Toda essa construção cerebral requer uma energia extraordinária. Mesmo para adultos, raciocínio e atividade cerebral requer um pouco de energia. Até descansar requer energia! Se você for como eu, provavelmente não passa muito do seu dia descansando. Qual pai ou mãe tem tempo para isso? Mas se temos sorte o bastante de encontrar um tempo para parar e descansar, nossos cérebros *ainda* usarão de 20% a 25% da energia total do nosso corpo. Isso significa em torno de 350 a 450 calorias por dia para mulheres e homens, respectivamente. Uma vez que começamos a trabalhar ou pensar em alguma coisa desafiadora, esse uso de energia aumenta. Os grandes mestres do xadrez, que não são exatamente conhecidos por proeza física, queimam por volta de 6 mil calorias por dia apenas contemplando seus próximos movimentos durante uma competição. (Queridos, vamos fazer um treinamento de xadrez!)[5]

Mas nada se compara aos custos de energia de um cérebro infantil no processo de construção, nem mesmo os esforços dos grandes mestres de xadrez. Faz sentido quando percebemos que o cérebro deve dobrar de tamanho em apenas dois a três anos. Quando tenta imaginar a atividade elétrica zunindo no cérebro de um bebê enquanto 1 milhão de conexões são formadas a cada segundo... zzzpt, uma nova conexão... zapt, lá vai outra... você quase consegue sentir a energia sendo gasta. O cérebro de uma criança de 4 anos está usando cerca de 40% do gasto de energia do corpo.[6] É por isso que os corpos humanos, em oposto aos outros mamíferos, levam tantos anos para chegar no tamanho adulto. Em crianças, a maior parte da energia está sendo direcionada para a construção do cérebro em vez do corpo.

Então, de onde vem toda essa energia? Embora o leite alimente o corpo, são os estímulos da linguagem e da educação que alimentam o cérebro. Em outras palavras, essa estratégia evolutiva de desenvolvimento cerebral depende dos pais (e de outros cuidadores) para fechar a lacuna e ajudar os bebês a irem de indefesos a brilhantes.

Como diz o ditado, com grandes recompensas vêm grandes riscos. No cérebro, o que é melhorado por esses estímulos também é vulnerável. Inerente na grande aposta evolutiva humana estava um entendimento de que alguém sempre estaria por perto para cuidar dos nossos jovens. Por bebês serem completamente indefesos, o potencial de seus cérebros em desenvolvimento é absolutamente dependente dos estímulos fortificantes. Sem eles, a taxa de crescimento neuronal desacelera consideravelmente. Se as conexões não são feitas, esses neurônios que não estão sendo usados são cortados e algumas oportunidades são perdidas para sempre. O desenvolvimento do cérebro, ou falta dele, é um resultado sobre qual nenhum bebê indefeso tem controle. Assim como nossa impotência prolongada é um presente evolutivo que nos permite ser a mais brilhante das espécies, o mesmo vale para o papel dos pais e de cuidadores carinhosos. Permite que eles sejam os arquitetos dos cérebros desses seres indefesos, dando a eles a oportunidade de fazer o tipo de diferença na vida de seus filhos que todos desejamos.

Mas a sociedade parece desperdiçar este incrível presente evolutivo.

Decisões impossíveis

Eu conheço muito bem a tristeza de crianças que perdem um dos pais. Meus filhos pagaram um preço gigante pela perda do pai. Mas há formas menos dramáticas, tristes por si só, por meio das quais separamos rotineiramente pais dos filhos bem quando eles mais precisam um do outro.

Kimberly Montez sabe disso tão bem quanto eu. Como pediatra, ela dedicou a carreira à saúde de crianças, especialmente àquelas que estão em uma situação desfavorável. Ela mesma era uma dessas crianças. Nascida com um defeito no septo ventricular, basicamente um buraco em seu coração, Kimberly cresceu em um bairro mexicano-americano de baixa renda fora de Houston e passou a infância entrando e saindo de hospitais e de consultórios médicos. A família dela tinha dificuldades com o custo esmagador de seu tratamento. A mãe de Kimberly era assistente administrativa do governo estadual e o pai não conseguia manter um emprego. Eles sobreviviam com o programa de saúde social, clínicas gratuitas e até mesmo doações de uma instituição de caridade para cobrir o custo da cirurgia para reparar o buraco no coração dela. Alguns dos pediatras e cardiologistas que Kimberly conheceu eram atenciosos e cuidadosos, outros nem tanto. Ela decidiu cedo que seria uma das boas, uma médica afetuosa que se dedicaria a cuidar de pessoas com poucos recursos. "Isso era o que me dava mais paixão e alegria", diz ela. Com diplomas de Yale, Stanford e Harvard, Kimberly se tornou pediatra em San Diego, Boston e, por fim, na Carolina do Norte, especializando-se em atender comunidades como aquela em que cresceu.

Dentro da medicina, Kimberly é uma das principais vozes que defendem a importância da licença parental e médica remunerada. Como já mencionei, até 2020, os Estados Unidos são um dos poucos países do mundo a não exigir licença remunerada. Mas, embora tenham sido as experiências da infância de Kimberly que a levaram a dedicar a vida para cuidar de outros com necessidades, foi o choque de se encontrar lutando por sua própria filha que a levou a se tornar defensora das políticas sociais. Seu ativismo foi aceso quando Kimberly viveu o pesadelo de todo pai.

Quando Kimberly e o marido, Jamie, decidiram que queriam começar a tentar a ter um bebê, ela estava trabalhando em uma clínica comunitária de baixa renda em Boston. Como muitas médicas (inclusive eu), todo o treinamento que Kimberly havia feito significava que ela chegara atrasada à maternidade, aos 30 e poucos anos, ou, como os obstetras chamam, "idade materna avançada". Isso colocava Kimberly em alto risco de complicações. Oscilando entre júbilo e angústia, Kimberly engravidou, e então abortou. Quando engravidou novamente, ela e Jamie estavam cautelosamente animados, mas ansiosos. Seus medos chegaram a um ponto crítico algumas horas depois de uma consulta, quando Kimberly fez um ultrassom na 18ª semana. Durante um jantar naquela noite com o marido, ela ouviu o telefone tocar. Os resultados chegaram. Eles esperavam uma menina. "Eu estava radiante", conta ela, "estava pronta para dançar em torno da mesa." Mas sua felicidade logo desapareceu. Os testes mostraram algumas possíveis anormalidades. Mais medo. Mais perguntas. Mais testes. Tudo o que ela podia fazer era continuar a respirar e esperar, respirar e esperar. Duas semanas depois, agora com vinte semanas de gravidez, ela recebeu boas e más notícias. "Não há nada de errado com o bebê", disse o doutor, "o problema está em *você*."

O coração de Kimberly ficou pesado e seu estômago embrulhado quando ouviu o diagnóstico. Seu colo uterino, a extremidade externa do útero, estava aberto. A condição, chamada de insuficiência istmocervical, ocorre em cerca de 1% a 2% de todas as gestações e pode levar ao parto prematuro, ou pior, ao aborto.[7] Somente na metade da gravidez, ela foi informada que poderia entrar em trabalho de parto a qualquer dia. Bebês nascidos neste ponto de uma gestação quase nunca sobrevivem. Seus cérebros, pulmões e corações estão subdesenvolvidos demais para funcionar fora do útero. A 24ª semana é geralmente considerada o ponto-final para a viabilidade fetal, ou seja, o ponto em que um bebê pode sobreviver por si próprio, fora do útero. Cada dia que a bebê passava dentro do útero, suas chances de sobrevivência aumentavam.

Como médica treinada, Kimberly entendia as chances. E não eram boas. Ela tentou ficar calma enquanto explicava para Jamie o que estava acontecendo. Kimberly recebeu progesterona, uma medicação destinada a impedir contrações. Por ordens médicas, ela continuou a viver de forma relativamente normal por algumas semanas: indo trabalhar e atendendo seus pacientes (embora não pudesse mais pegar as crianças no colo para abraçar, como ela amava fazer).

Na 25ª semana, aos 6 meses de gestação, Kimberly deu entrada no hospital e foi colocada em repouso. Naquele momento, os vasos sanguíneos dos pulmõezinhos de sua bebê ainda estavam em desenvolvimento, ainda não estavam fortes o bastante para bombear por conta própria. Duas semanas depois, na 27ª semana, 7 após o diagnóstico, a bebê decidiu que era hora de vir ao mundo. Penelope, uma doce menininha pesando apenas 1,04 quilo, chegou chorando, e Kimberly chorou com ela. "Ela tinha esse lindo rosa ensebado e brilhoso de bebê e um rosto lindo... Sou totalmente suspeita, mas ela era maravilhosa."

O neonatologista rapidamente tirou Penelope dos braços da obstetra e colocou em uma incubadora, uma cúpula de plástico parecida com um berço que regula a temperatura, umidade, luz e som no que se torna a primeira casa da pequena bebê prematura. Kimberly, que conseguiu segurar Penelope brevemente antes de ela ser levada, chorou incontrolavelmente, suas emoções oscilando entre gratidão e alegria que sua filha estava viva e relativamente saudável para ansiedade e medo. Para sobreviver, sua bebê teria que passar a primeira parte fundamental de sua vida na unidade de terapia intensiva neonatal, conhecida como UTIN.

Penelope ficou na UTIN por 109 dias (três meses e meio) recebendo ajuda para respirar de um aparelho CPAP e oxigênio suplementar e ajuda para comer de um tubo de alimentação. Kimberly reconheceu desde o começo que a presença dela e do marido seria crucial. Mas os sonhos de acompanhar a filha rapidamente desmoronaram. Ela não tinha licença parental remunerada. Quando Penelope nasceu, em 2017, Massachusetts não a oferecia. A Lei Federal de Licença Familiar e Médica oferecia licença não remunerada, de até doze semanas, com base no tempo de trabalho. Kimberly cumpria o requisito de duração, mas, para ela, assim como para muitos pais, sobreviver sem renda por três meses era impossível. Ela esteve na faculdade e em treinamento por mais de uma década. Ela não tinha nenhuma economia, apenas dívidas, a maioria na forma de empréstimos estudantis consideráveis. Esses empréstimos pesavam muito sobre ela. Na infância, Kimberly tinha visto como a instabilidade financeira poderia causar estragos na vida de uma família. Mesmo com seu leque impressionante de diplomas e status como doutora, a situação financeira precária de sua infância ainda a afetava. A ansiedade que ela espalhou permaneceu com Kimberly. "Nada parecia seguro", diz ela. "Me deixava aterrorizada." Além do mais, como a única profissional que falava espanhol na clínica em que trabalhava, ela sentia uma responsabilidade tremenda em relação aos seus pacientes e não queria deixá-los.

E então, duas semanas depois de dar à luz, Kimberly voltou a trabalhar (assim como 25% das mães nos Estados Unidos). Ela sabia que Penelope provavelmente ficaria no hospital por um longo tempo, então planejou acumular dias de folga por doença e qualquer outra folga remunerada para que quando sua bebê voltasse para casa, ela tivesse tempo remunerado sem culpa para passar com ela.

Kimberly está longe de ser uma anormalidade. A falta de licença familiar remunerada força muitos pais a um cálculo desesperado e invencível. Todos os bebês precisam dos pais, mas talvez especialmente aqueles na UTIN. Estudos *mostraram* que bebês prematuros cujos pais passaram mais tempo com eles no hospital melhoraram o desenvolvimento cerebral e linguístico. Eles compensam pelo tempo perdido no útero quando são segurados pelo corpo quente de um dos pais.[8] E, em 2021, resultados preliminares de um estudo intrigante mostraram que, quando os pais possuem três meses de licença remunerada em vez de não remunerada, os cérebros de seus bebês mostraram perfis diferentes nos EEGs, "possivelmente refletindo padrões mais maduros de atividade cerebral".[9]

Kimberly foi forçada a tomar a mesma decisão que muitos outros e continuar a trabalhar por razões financeiras em vez de cuidar de sua frágil bebê recém-nascida, muito embora, como pediatra, ela soubesse *exatamente* do que Penelope precisava melhor do que a maioria. "Ela precisava de mim pele a pele. Precisava que eu lesse para ela, que eu cantasse para ela. Precisava de mim no hospital para defendê-la", disse Kimberly. Em vez disso, quando a filha mais precisava, Kimberly precisou cuidar dos filhos de outras pessoas. Ela e Jamie passaram o maior tempo possível na UTIN. O trabalho de Jamie oferecia duas semanas de licença familiar remunerada, a qual ele aceitou. Depois dessas duas semanas, ele ainda passou todo fim de tarde na UTIN, sentado por 1h30 com Penelope em seu peito. Kimberly estava lá todas as noites depois do trabalho.

Estar com a própria filha na UTIN foi um divisor de águas para Kimberly. Até Penelope nascer, Kimberly só havia experimentado a unidade do lado médico da equação. "Nunca entendi o trauma associado a ser uma mãe na UTIN", compartilha ela. Mas agora, ela sente algo equivalente a um TSPT sobre seus meses na unidade de tratamento intensivo neonatal. A experiência também levou Kimberly a repensar algumas de suas suposições. Como prestadores de serviços médicos, nós consideramos procedimento de rotina os pais estarem envolvidos nos cuidados das crianças. É fácil julgar aqueles que não visitam ou não podem visitar os filhos na UTIN. Kimberly nunca considerou que algumas famílias podem ser mais privilegiadas do que outras neste ponto, até que experimentou por conta própria. E ela ficou com raiva, porque isso, a falta da presença dos pais com seus bebês na UTIN, parecia um problema com uma solução clara: licença remunerada.

Profundamente frustrada com a desconexão entre o que sabia ser medicamente necessário e o que ela e outros pais recebiam rotineiramente, Kimberly sentiu uma fagulha inflamar dentro dela. O fogo do ativismo foi aceso. Nesta altura, quando Penelope tinha 10 meses de idade, ela e Jamie se mudaram para a Carolina do Norte. Depois de conhecer ativistas lá, ela colaborou com outros para escrever um artigo de opinião que combinava sua história com um pedido por ação. Seu status como pediatra e sua dor como mãe infundiram sua voz com autoridade e autenticidade. Logo, ela estava recebendo ligações de jornalistas para falar sobre sua experiência e suas propostas políticas.

Em seguida, ela levou o problema para a Academia Americana de Pediatria, uma organização nacional de defesa profissional dedicada a aumentar os padrões dos cuidados de saúde pediátricos. Todos os anos a AAP aceita sugestões de membros sobre resoluções que gostariam de ver adotadas. Kimberly apresentou um argumento de que o grupo deveria apoiar a legislação para oferecer licença médica familiar remunerada para todos os pais.[10] É um problema claramente ligado ao desenvolvimento saudável das crianças, o princípio motriz da AAP. "Isso é óbvio", observa ela. "Por que não seríamos [a favor]? É o que fazemos. Cuidamos de crianças e famílias." Quando um membro apresenta uma resolução, os líderes da academia votam nas sugestões principais e então membros do conselho precisam fazer um plano estratégico para abordar os dez primeiros problemas. O de Kimberly ficou em oitavo lugar. Enquanto escrevo, ela está ajudando a AAP a elaborar uma declaração política sobre o problema para ajudar a informar os políticos. E ela também está lutando a nível estadual na Carolina do Norte.[11]

Felizmente, Penelope, que estava com 3 anos quando conversei com Kimberly, se saiu bem. Aos 9 meses de vida, ela já não precisava mais de oxigênio suplementar e, por volta dos 2 anos de idade, ela finalmente pôde parar de usar o tubo de alimentação. Tirando um pouco de asma, ela é saudável. Embora tenha tido um começo de vida assustador, Penelope parece estar crescendo bem. Seu cérebro em crescimento — lembre-se, ele já mais que dobrou de tamanho — está dando suporte a tudo o que ela pode fazer, as habilidades que conquistou e aquelas nas quais ainda está trabalhando. "Ela é... ela é uma criança muito teimosa", observa Kimberly com uma risada. Uma característica não muito diferente da mãe.

A faísca essencial

Eu não tive a oportunidade de conhecer Penelope, mas consigo facilmente imaginá-la aos 3 anos de idade, contando para a mãe tudo sobre os amigos que fez na pré-escola, cantando o ABC ou insistindo em ajudar a mãe a mexer a massa do bolo. Esses são os tipos de comportamentos que se desenvolvem naqueles três primeiros anos mágicos e fundamentais. Quem deu suporte para o desenvolvimento cerebral que tornou essas habilidades — e *são* habilidades — possíveis? Kimberly e Jamie... e os outros cuidadores carinhosos que ajudaram ao longo do caminho.

O circuito nos cérebros das crianças se desenvolve baseado nos estímulos que recebe. E de onde se originam? Dos pais e, em algumas situações, dos irmãos mais velhos, babás, avós, amigos da família e professores de creches. Eles são os arquitetos do cérebro. Como discuti anteriormente, a faísca essencial que abastece essas trilhões de conexões neurais que se formam no cérebro infantil é a interação responsiva, a conversa de vai e vem que ocorre entre um cuidador e uma criança. A neurociência nos diz que essas interações, que parecem um bate-papo muito simples entre um adulto e uma criança, oferecem nutrição neural fundamental para o cérebro em desenvolvimento.[12] Iniciado no primeiro dia de vida, quando os pais fazem carinho nos bebês pela primeira vez e continuado até a pré-escola, essa interação verbal essencial nutre e estimula o cérebro durante esse período excepcionalmente fértil e fornece a chance de alcançar seu potencial máximo.

68 NAÇÃO DOS PAIS

Essas ideias fundamentais me inspiraram quando comecei a organização que se tornou o TMW Center for Early Learning + Public Health. Desde o começo, meus pensamentos e os da minha equipe foram estimulados por pesquisas que mostraram uma variação significativa na quantidade e qualidade de palavras que crianças individuais ouviam e nas subsequentes diferenças profundas em linguagem e resultados acadêmicos. Queríamos aplicar essas pesquisas para nivelar o jogo. E sabíamos, porque foi demonstrado cientificamente de forma clara, que bebês não nascem inteligentes, mas se *tornam* inteligentes. A inteligência pode ser, e é, moldada pela experiência e pelo ambiente. É maleável. Já que são os pais que fazem essa moldagem através da interação responsiva, tudo o que planejamos fazer no TMW Center seria focado nos pais, testado nos pais e dirigido aos pais. A primeira questão importante que queríamos abordar era como ajudar os pais a alcançar um ambiente de linguagem idealmente rico para seus filhos. Como poderíamos fazer a interação responsiva ser uma parte natural e sem complicações da rotina diária da família?

Nossa resposta foi os 3Ts: Tune In, Talk More and Take Turns. Essa se tornou nossa estratégia principal. Tune in, ou sintonizar, incentiva os pais a fazerem um esforço consciente de notar no que o bebê ou criança está focado e então conversar com ele sobre o que quer que aquilo seja. Talk more, ou *falar mais*, adiciona palavras ao cofrinho no cérebro de uma criança — um cofrinho que rende juros compostos. Quanto mais palavras são colocadas no cofrinho, mais conexões neurais a criança constrói e maior se torna seu vocabulário. Take turns, ou *revezar*, é sobre o intercâmbio conversacional e a participação ativa. Torna-se um tipo de dança social. No início, antes que as crianças possam falar, quando os pais dão a oportunidade para os filhos se envolver, cada cochicho, palma e sorriso maroto é um revezamento. Pode não parecer uma conversa, mas a ciência mostra que cada interação é um bloco de construção chave para construir o cofrinho do cérebro infantil.[13]

Lembra-se da história de Mariah brincando com o filho, Liam? Eram os 3Ts em ação e algo que ela, como muitos pais, sabia instintivamente como fazer, mas que foi impulsionado ao trabalhar conosco. Quando ela começou a ler o livro sobre Chomp, o leão, e Liam tirou o livro dela, querendo estar no comendo, ela o deixou liderar porque estava *sintonizada* no que Liam queria fazer. Quando ela pegou outro livro, *Ten Little Fingers and Ten Little Toes*, isso lhe deu uma chance de *falar mais*. "Havia um bebezinho que nasceu nas colinas e outro que sofria de espirros e frio na barriga," leu ela. "E, como todos sabiam, os dois bebês tinham dez dedinhos nos pezinhos e dez dedinhos nas mãozinhas." Quando ela pegou os dedos das mãos e dos pés de Liam, isso o ajudou a fazer a conexão entre as palavras que ela disse e seu próprio corpo. Mariah também se certificou de *revezar* na "conversa" que estavam tendo. No fim, quando ele passou por todas as páginas do livro que estava segurando, ela disse: "Bom trabalho!" Quando ecoou suas palavras ("Trabalho!"), Liam estava assumindo sua vez.

Os 3Ts são cativantes e fáceis de serem entendidos. Eles também mostram exatamente o que os pais e cuidadores podem fazer para ajudar os cérebros jovens a fazerem novas conexões. Eles traduzem a ciência complexa de exposição linguística e desenvolvimento cerebral em um programa acessível e facilmente adotável que aumenta as interações diárias entre pais e filhos. E oferecem para todos — pais e cuidadores, avós e babás, sem levar em conta a formação acadêmica, renda e emprego — as estratégias essenciais para construir o cérebro de uma criança de maneira ideal. A melhor parte? Simplesmente falar, sintonizar e revezar com seu filho ajuda a garantir a capacidade dele de alcançar a promessa de seu potencial inato.

Durante a década em que estive fazendo esse trabalho, no entanto, a ciência não ficou parada. Nunca fica. Agora sabemos muito mais sobre como e por que, quando tudo dá certo, um ambiente linguístico rico faz mágica. Porém, mais importante ainda, entendemos com maior clareza o que não está acontecendo no cérebro das crianças cujos ambientes fornecem menos palavras, menos conversa e menos envolvimento. A ciência mais recente apenas reforça o pensamento por trás de por que os 3Ts funcionam e fortalece o papel crucial dos pais.

Até recentemente, os neurocientistas só podiam estudar um cérebro por vez.[14] Eles podiam analisar a atividade cerebral de uma mãe enquanto ela via fotografias de seu bebê, por exemplo, e observar as partes emocionais do cérebro se iluminarem (é claro que se iluminam!). Ou podiam colocar um capacete EEG em um bebê e medir a velocidade com que suas ondas cerebrais respondiam ao ouvir uma história. Mas eles não podiam fazer os dois ao mesmo tempo — não podiam capturar e comparar a atividade cerebral da mãe enquanto ela lia *The Runaway Bunny* [O coelho fujão, em tradução livre] com a atividade do bebê enquanto ouvia. Agora podem, graças a uma tecnologia de ponta chamada hyperscanning, que mede a atividade em dois (ou mais) cérebros enquanto interagem. Quando um grupo de pessoas vai a um show do Rolling Stones, por exemplo, dançando e cantando juntos (*I Can't Get No) Satisfaction*, suas ondas cerebrais se alinham.[15] Esse fenômeno é conhecido como sincronia neuronal e significa que, quando indivíduos prestam atenção na mesma coisa, os padrões de atividade elétrica no cérebro se tornam mais e mais similares. E quando os neurocientistas tinham uma pessoa contando uma história e outra ouvindo, o nível de compreensão do ouvinte era muito maior quando o cérebro dos dois mostrava sincronia neuronal.[16]

70 NAÇÃO DOS PAIS

Essas descobertas foram especialmente intrigantes para cientistas que estudam como os bebês adquirem linguagem. Poderiam eles observar a aprendizagem de linguagem em ação na interação entre um adulto e uma criança? Como seria a sincronia neuronal entre uma mãe e um bebê? O que significaria? Agora, deixe-me dizer, é muito difícil estudar o cérebro dos bebês. Eles se contorcem, tiram os capacetes de monitoramento e ficam agitados quando estão cansados. Mas os neurocientistas no Laboratório de Bebês de Princeton são muito bons em convencer os bebês a cooperarem. Em um experimento recente que destacava a importância da *sintonização*, eles mediram o grau de sincronia neuronal entre bebês e um adulto brincalhão.[17] Dezoito bebês entre 9 e 15 meses de idade foram até o laboratório. Em cada sessão, tanto o bebê quanto a pesquisadora usavam capacetes cravejados de monitores que medem o nível de oxigenação no sangue, um jeito indireto de avaliar a atividade cerebral, porque a atividade metabólica exige mais oxigênio. (A tecnologia é chamada de Espectroscopia Funcional em Infravermelho Próximo, ou fNIRS.)

Em uma parte do experimento, na condição "juntos", cada bebê se sentava no colo de um dos pais e brincava com a pesquisadora enquanto ela trazia brinquedos, cantava canções infantis e lia *Boa noite, Lua*. A pesquisadora era sorridente, divertida e falava em um tom de voz cantado direcionado para crianças ou "conversa de bebê", que sabemos que os agrada. Em outro momento, na condição "separados", o bebê sentava-se no mesmo lugar, mas a pesquisadora contava histórias em tons adultos para outro colega na sala. O bebê ouvia o que ela dizia, mas a conversa não era direcionada a ele. Basicamente, era uma conversa entreouvida. Os resultados foram simultaneamente previsíveis e profundos. As ondas cerebrais do bebê e da pesquisadora estavam em maior sincronia quando os dois estavam interagindo diretamente do que quando a conversa adulta estava direcionada para outro lugar. Além do mais, as partes do cérebro envolvidas em entendimento mútuo mostraram maior atividade quando o adulto e o bebê estavam olhando um para o outro e quando a criança estava sorrindo.

A sintonia coloca os cuidadores e os bebês na mesma onda, literalmente. "Enquanto estão se comunicando, o adulto e a criança parecem formar um ciclo de feedback", disse Elise Piazza, a neurocientista do Laboratório de Bebês de Princeton que liderou a pesquisa. "Isto é, o cérebro adulto parecia prever quando as crianças iriam sorrir, os cérebros infantis previam quando o adulto usaria mais 'conversa de bebê' e ambos os cérebros acompanhavam o contato visual e a atenção conjunta aos brinquedos. Então, quando um bebê e um adulto brincam juntos, seus cérebros influenciam um ao outro de formas dinâmicas."[18] A sincronia neuronal pode ser, um dia, algo que poderemos usar como um indicador de coordenação bem-sucedida em conversas entre mães e filhos. Isso explica por que a conversa de bebê faz bem para eles! Outros estudos mostraram que a sincronia neuronal estimula o aprendizado social, habilidades de resolução de problemas e a capacidade de aprender um novo vocabulário. A sintonização feita por um adulto é um primeiro passo fundamental que prepara o cérebro de um bebê para o aprendizado que está por vir.

Também há novas evidências animadoras do porquê o *revezamento* é uma parte tão essencial da linguagem inicial e do desenvolvimento cerebral. Essa evidência vem do trabalho de Rachel Romeo. Na época em que nós, no TMW Center, estávamos desenvolvendo os 3Ts, Rachel estava na pós-graduação, trabalhando em um doutorado como fonoaudióloga e neurocientista. Quando a conheci em uma conferência, sua inteligência e paixão eram claras e imaginei de primeira que ela teria grandes conquistas.

Assim como eu, Rachel queria entender — e, principalmente, tomar uma atitude no que se refere a — os resultados discrepantes que parecem andar juntos com status socioeconômico. Também como eu, ela foi inspirada pelas primeiras pesquisas sobre os efeitos significativos da exposição inicial à linguagem. Mas Rachel queria ir mais fundo do que pesquisas já existentes e entender exatamente o que a exposição à linguagem estava fazendo no cérebro que tinha o poder de mudar a trajetória de uma criança. "Tenho certeza de que é preocupante", disse ela.

Em um estudo pioneiro publicado em 2018, Rachel e seus colegas de Harvard e do MIT (ela está agora na Universidade de Maryland) colocaram 36 crianças entre 4 e 6 anos de idade em um scanner cerebral para observar a estrutura e funcionamento do cérebro enquanto elas escutavam histórias.[19] Depois, ela mandou as crianças para casa com gravadores de áudio e pediu para os pais gravarem tudo o que a criança ouvia por dois dias, desde o momento em que acordavam de manhã até irem para cama de noite. Quando as gravações retornaram, ela analisou os números e comparou os dados linguísticos com as neuroimagens. Os benefícios aos cérebros das crianças que experimentaram mais revezamento de conversa eram óbvios e, além disso, foram registrados como mais importantes do que a simples quantidade de palavras ouvidas. Isso significava que a qualidade da língua, a que era dirigida à criança e parte de uma interação responsiva animada, era mais importante do que a quantidade de palavras ouvidas.

As diferenças nas crianças que fizeram o maior revezamento de conversa eram evidentes de duas formas importantes. Quando escutaram histórias enquanto estavam no tomógrafo, houve mais ativação em áreas linguísticas importantes do cérebro — elas "acenderam" mais. E houve conexões mais fortes *entre* áreas linguísticas que controlam a percepção e produção de fala, o que você escuta e o que diz. "As crianças que tiveram mais revezamento de conversa tinham conectividade mais robusta naquelas áreas", observou Rachel. "Seus cérebros parecem estar amadurecendo um pouco mais rápido." Em outras palavras, crianças que tiveram mais oportunidade de conversar com os pais tiveram uma verdadeira vantagem na eficiência de seus cérebros. Isso é o que significa aumentar a conectividade, você está construindo circuitos cerebrais fisicamente mais fortes e simplificados. Quando ela foi mais fundo e fez uma análise estatística de desenvolvimento de linguagem, Rachel descobriu que as mesmas crianças estavam progredindo mais rápido tanto em vocabulário quanto em gramática.

O mais impressionante é: as crianças no estudo de Rachel representaram todas as partes do espectro socioeconômico. E ela descobriu que não importava de que tipo de família elas vinham, a quantidade de revezamento de conversa que vivenciaram importava mais do que o nível de renda. Foi o previsor principal das mudanças na estrutura e funcionamento cerebral e do desenvolvimento mais forte da linguagem. "Mesmo quando está cercado por dificuldades no exterior, se possui um ambiente doméstico estimulante, você consegue amortecer muitos desses efeitos adversos no cérebro", afirma Rachel. Em teoria, isso é algo que todos os pais podem controlar. Na prática, circunstâncias externas geralmente atrapalham, particularmente se simplesmente não há tempo livre para esse tipo de troca de conversa.

O estudo de Rachel tem implicações importantes. Ele mostra a verdade do que sabemos sobre o poder e a possibilidade do engajamento entre adultos e crianças nos primeiros anos de vida. Mas o que há no revezamento que dá suporte a um desenvolvimento tão fundamental no cérebro? Ela e os colegas ainda estão tentando descobrir. Ela suspeita que a conexão pessoal que é forjada entre um adulto e uma criança tenha muito a ver. "Conversa é uma via de mão dupla", observa Rachel. "Vocês estão envolvidos. Estão vivenciando a linguagem, mas também estão produzindo. Gosto de pensar que criamos um ciclo de feedback." (Não é por acaso que Rachel usa a mesma expressão, ciclo de feedback, que Elise Piazza usou. Ela está na essência da interação que pais e filhos precisam estabelecer.) Envolver-se na conversa também possui outras vantagens. Permite que os pais acessem o nível de linguagem dos filhos e apresentem suas próprias conversas, onde terão certeza de que os filhos receberão. "Nós chamamos isso de zona de desenvolvimento proximal, que é realmente aquele ponto ideal em que você está falando exatamente no nível de desenvolvimento atual deles", diz Rachel.

Finalmente, Rachel testou essas descobertas em uma intervenção de nove semanas destinada a aumentar o revezamento de conversa. As crianças que participaram, novamente entre 4 e 6 anos de idade, mostraram mudanças positivas nas medidas de função verbal, não verbal e executivas (como as de seguir direções e mostrar flexibilidade cognitiva), bem como mudanças estruturais no cérebro que dão suporte à linguagem e ao processamento social. Como o colega de Rachel no MIT, John Gabrieli, coloca: "É quase mágico como a conversa com os pais parece influenciar o crescimento biológico do cérebro."[20] Também conseguimos observar isso. No início do TMW, desenvolvemos currículos destinados a levar os 3Ts para as famílias em suas casas, educar os pais sobre a importância da sintonização, de falar mais e do revezamento. Nosso objetivo? Ajudar os pais a incorporar os 3Ts em suas interações diárias com seus filhos. Quando testamos a eficácia do programa contra uma intervenção de comparação (envolvia instrução sobre boa nutrição), vimos que, durante algumas semanas, os filhos de pais que aprenderam os 3Ts mostraram melhora no desenvolvimento linguístico.[21]

Mas os 3Ts fariam diferença em longo prazo? O quanto os 3Ts poderiam mudar na trajetória das crianças? Para descobrir, embarcamos em um ambicioso estudo longitudinal.[22] Temos acompanhado crianças e seus pais — falantes de inglês e espanhol — que participaram do nosso programa de visitação durante anos, desde quando as crianças tinham por volta de 15 meses de idade até o jardim de infância. (Começamos a acompanhar os falantes de espanhol quando aprenderam a andar.) Estamos acompanhando o progresso nas crianças e mudanças no estilo parental de suas mães e pais. Família após família, lar após lar, pudemos conhecer os pais e os filhos desde os primeiros passos até o jardim de infância. Repetidamente, fiquei impressionada com a determinação pura dos pais de dar uma vida melhor para seus filhos. Não importa quanto minha equipe e eu trabalhávamos, os pais trabalhavam mais.

A visita domiciliar foi tão educacional para nós como acho que foi para eles. Deu-nos uma abertura para a vida dessas famílias. O que vimos de forma mais clara foi o comprometimento deles para usar os 3Ts diariamente, apesar de — ou, talvez, por conta de — o que devem ter parecido probabilidades insuperáveis. Eu comecei a ver que os 3Ts precisavam fazer parte de algo maior, de um dia a dia em que os pais não apenas tivessem o conhecimento, como também o espaço e tempo — possibilitados por políticas razoáveis e acesso a cuidados infantis de alta qualidade — para aproveitar ao máximo o presente que a evolução lhes deu.

Uma vida interrompida, uma criança traída

De todas as famílias que conhecemos no TMW, talvez nenhuma tenha enfrentado piores chances do que Michael e Keyonna. Eles estavam juntos há dois anos quando ela engravidou. Ambos ficaram entusiasmados. Michael sonhava em criar uma vida e uma família com a mulher confiante e animada por quem se apaixonou muito antes de tomar coragem para contar a ela como se sentia. E Keyonna sabia que Michael, que era quieto, firme e de fala mansa, seu gigante gentil, seria um pai espetacular. Já com dois filhos de um relacionamento anterior de Keyonna, Cash e DiaMonte, ele era uma figura paterna amorosa e comprometida. Michael ajudou a ensinar as cores para Cash colorindo com giz de cera e ensinou-lhe o alfabeto. Ele também regularmente levava o menino para a pré-escola, apenas uma rua depois do apartamento em que moravam.

No meio de maio, com dois meses de gravidez, Michael levou Cash para a escola, como costume. Ele deixou Cash na escola e pegou as lições de casa na salinha do menino. *Vou ajudá-lo hoje à noite*, pensou. Ele tinha acabado de deixar a escola, lição de casa na mão, quando a vida da jovem família virou de cabeça para baixo. Uma grande SUV parou de repente na frente de Michael, bloqueando sua passagem. Três policiais de Chicago estavam dentro. "Entre", ordenaram. Michael estava assustado, mas não queria tornar as coisas ainda piores. Ele foi respeitoso, mas então outras duas SUVs estacionaram. Os policiais saíram e pelo menos um deles puxou a arma. Eles colocaram Michael no carro e o levaram para a delegacia. Ele lembra que uma música do Aerosmith estava tocando no rádio e que um dos policiais disse: "Ouça e aproveite. É a última música que você vai ouvir."

Enquanto isso, visto que Michael não voltou para casa, uma preocupada Keyonna, que estava fazendo café da manhã para eles, começou a ligar para parentes e amigos, mas ninguém havia o visto. Ela foi até a escola e viu que Michael tinha deixado Cash. Finalmente, ela começou a ligar para delegacias. Na terceira tentativa, disseram a ela que Michael estava detido por assassinato.

Seis anos antes, um funcionário de uma loja de conveniência levou um tiro durante um assalto no antigo bairro de Michael. Os policiais identificaram Michael, que é negro, como o principal suspeito baseado em duas identificações questionáveis de testemunhas. (Uma das testemunhas descreveu o criminoso com 1,75 metro de altura, mesmo que Michael tenha quase 1,93 metro. A outra testemunha reconsiderou a identificação de Michael e não conseguiu identificá-lo no tribunal.) A polícia também disse que tinha DNA da cena do crime que corresponderia ao de Michael. Ele ficou apavorado. Mas sabia que não havia feito nada e acreditava que seu caso de identidade equivocada logo se tornaria óbvio.

Ele estava certo sobre a parte óbvia. Quando Michael chegou ao tribunal, o júri rapidamente o declarou inocente. Mas aquele dia no tribunal não chegou cinco horas, cinco dias ou até cinco meses depois. Chegou cinco anos depois. Apesar do direito de Michael na Sexta Emenda de um julgamento rápido, demorou quatro anos para marcarem a data do julgamento, depois a defensora pública de Michael precisou adiar, primeiro por conta de problemas com cuidados infantis e depois pela morte de sua filha. Então, a própria advogada faleceu e outro profissional precisou assumir a defesa dele.

O direito de pagar fiança foi negado a Michael, e ele passou aqueles cinco anos na prisão. (Taxas de prisão preventiva aumentaram dramaticamente durante os últimos vinte anos, embora o sistema dos Estados Unidos suponha inocência até que alguém seja provado culpado.)[23] O filho de Michael e Keyonna, Mikeyon, nasceu seis meses depois do suplício. Durante os próximos quatro anos e meio, Keyonna levou Mikeyon até a prisão para visitas, mas Michael não pôde segurar seu filho nem uma vez. Ele mal conseguiu falar com Mikeyon.

Conheci Keyonna depois que ela se inscreveu para o programa do TMW de visitação domiciliar para linguagem inicial e se tornou parte do nosso estudo longitudinal. Apesar do estresse enorme de educar três crianças e se preocupar com Michael, ela estava determinada a fazer tudo o que podia para dar o melhor começo de vida para Mikeyon. Mas o que ela não podia fazer era mudar o fato de que por sessenta meses, antes de Michael finalmente conseguir um julgamento e ser rapidamente exonerado, Mikeyon foi privado de metade de suas interações parentais. Interações que subestimamos, como o oxigênio que respiramos, até que são de repente arrancadas de nós.

O que aconteceu com Michael foi injusto de todas as formas. Mas também foi injusto com Mikeyon. Ele pagou um preço que raramente calculamos quando consideramos as repercussões do sistema de justiça criminal.

Talvez a história de Michael e Keyonna pareça extrema, uma reviravolta dramática e assustadora, e uma que não é provável de acontecer com muitos pais. Mas os Estados Unidos possuem um histórico de separar crianças de seus pais, uma prática que demonstra um descaso cruel pelos laços intensos entre um pai e um filho, pelo poder que sustenta os cuidados amorosos e pelo papel dos pais como arquitetos do cérebro. Vejo a história deles como um lembrete marcante das barreiras — de todos os tamanhos — que são jogadas na frente dos pais carinhosos.

Um experimento mental

Enquanto pensava nas muitas famílias com as quais trabalhei, me encontrei imaginando um experimento mental. Um "e se" para pais modernos. É baseado em um exercício similar ao sugerido pelo filósofo político John Rawls. Suas instruções para seus estudantes foram: crie uma sociedade futura em que gostariam de viver. A pegadinha é que você não faz ideia de onde se encaixará nessa sociedade. Você pode ser rico ou pobre, abençoado com grande inteligência ou não e assim por diante. Você deve criar por trás do que Rawls chamava de "véu da ignorância".[24] Isso muda as coisas. Uma vez li um artigo emocionante feito pela escritora Michelle Alexander que pedia para que imaginássemos, assim como Rawls, que todos havíamos reencarnado. Alexander colocou bem as implicações: "Se nascemos novamente ao acaso, não podemos nos acalmar com fantasias de que voltaremos como um dos poucos preciosos do planeta que vivem de forma confortável... Que tipo de sistema político, social e econômico eu iria querer — e por qual lutaria — se soubesse que voltaria em algum lugar do mundo, mas não soubesse onde e quem eu seria?"[25] O exercício torna muito difícil não reconhecer tanto a loteria da vida quanto a extensão em que o destino de qualquer humano está ligado ao de todos os outros.

Na minha versão do experimento mental, a pergunta não é se você reencarnasse como alguém muito diferente no futuro, mas em vez disso, e se você desse à luz a uma criança, mas soubesse que uma outra pessoa a criaria? Não estou tentando explorar os horrores misóginos de *O conto da aia* aqui. Ou dizendo para você acreditar em reencarnação. Em vez disso, quero forçar a todos nós a pensar profundamente sobre o que é necessário para criar bem uma criança, porque eu sei que a maioria dos pais fará qualquer coisa para garantir que nossas crianças estejam bem, mesmo em um experimento mental. Coloque-se naquela margem de rio com uma fila de pais ao seu lado e reconheça que qualquer um deles pode ser a pessoa que terá que guiá-los pela correnteza furiosa. Nesse cenário imaginário, você não tem controle nenhum sobre quem cuida do seu filho, ou seja, aquele que está navegando. Por outro lado, você *pode* planejar os apoios e redes de proteção que a sociedade futura fornecerá — em outras palavras, o barco. O que você gostaria que cada pai tivesse para ter certeza de que, não importa quem acabe educando seu filho, a criança será criada e educada de forma adequada? Como isso mudaria suas prioridades se qualquer conforto que você aproveita agora e pode dar para seu filho não fosse mais uma certeza? Como você se certificaria de que todas as crianças possuirão o que precisam para ter um começo sólido com o desenvolvimento cerebral ideal e que todo pai possuirá o necessário para ajudar nessa tarefa? E, enquanto estou no assunto, o que seria necessário para educar essa criança por duas décadas e para lançá-la na vida adulta como um cidadão completo e produtivo?

É um chamado à realidade. Você começa a ver como tudo, desde licença parental remunerada a um sistema criminal de justiça mais justo (e rápido) seria importante. Do que Charlotte e Hazim precisariam? Para começar, toda aquela fonoaudiologia para Charlotte. Acesso a boas escolas em seu próprio bairro para Hazim seria essencial. O que Mariah desejaria? Um sistema de creches de alta qualidade para seus filhos e uma para que ela possa trabalhar por um salário justo e com chances de desenvolvimento e avanço profissional. E meus três filhos, quando perderam o pai? Há algumas tragédias que não podemos consertar. Mas eu não poderia tê-los criado sem o apoio considerável de familiares e amigos que entraram em cena depois da morte de Don, bem como dos cuidadores pagos que pude contratar. (Nossa babá, Lola, foi como uma segunda mãe.)

Você não precisa acreditar em reencarnação para imaginar o mundo em que gostaria que seu filho nascesse, sem importar o local ou por quem seriam criados. Precisa lutar por esse mundo. Precisa reconhecer a importância crítica dos pais e cuidadores carinhosos, que estão fazendo o trabalho essencial de construir jovens cérebros. E eu sei que o mundo que imagino seria muito mais fácil de conquistar se todos pudéssemos concordar que o desenvolvimento cerebral saudável é nossa prioridade e que os pais são o meio de alcançá-lo.

PARTE DOIS

A DESCONEXÃO

CINCO

TUDO COMEÇA COM CRENÇAS

"Não basta falar sobre paz. É preciso acreditar nela.

E não basta acreditar. É preciso trabalhar para alcançá-la."

— Eleanor Roosevelt[1]

Não nascemos médicos, professores, motoristas ou engenheiros. Para seguir qualquer uma dessas profissões, devemos ir para a escola para estudar e aprender. Também não nascemos pais. Mas não há nenhuma escola para nos ensinar habilidades parentais. Somos deixados sozinhos para entender o que fazer nesta tarefa importante.

Em 1999, quando me tornei mãe pela primeira vez, provavelmente li uma dúzia de livros para pais, rabiscando fervorosamente nas margens como se estivesse me preparando para provas. Meu falecido marido, Don, e eu fomos para aulas, compramos um assento de carro de primeira linha e nos certificamos de que nosso bebê tivesse tudo do melhor e mais seguro. Éramos cirurgiões em constante contato com crianças — ele era um cirurgião pediátrico, trabalhando com crianças todos os dias, e eu uma cirurgiã pediátrica de implante coclear, trabalhando a apenas milímetros dos cérebros das crianças. Fomos treinados para nos planejar para qualquer eventualidade.

Tudo, ao que parece, menos para a única coisa que mais precisávamos saber — ou seja, como pais. Não sabíamos nada sobre o desenvolvimento saudável do cérebro.

É claro, sabíamos que o ambiente em que o bebê estava fazia diferença. Que deveríamos amar e cuidar do nosso bebê. Mas, de alguma forma, não conectei os pontos entre tudo o que estava lendo e o cérebro que minha menininha, minha doce Genevieve, desenvolveria. Acho que é porque nunca foi deixado claro que a maneira como eu interagia com a minha bebê, a forma como falava com ela, formaria as conexões que ela precisava em seu cérebro. Não na faculdade de medicina. Não pela minha obstetra. Não no consultório do nosso pediatra. Até recentemente, os pais nunca foram informados que possuem em si a habilidade de construir o cérebro infantil.

Na década de 1990, quando o conhecimento neurocientífico explodiu, os livros para pais falavam sobre construir as habilidades intelectuais e linguísticas das crianças, mas raramente ligavam essas ideias diretamente ao desenvolvimento fundamental do cérebro. Como dizem os jornalistas, eles esconderam a informação ao não apontar o quanto a conversa entre pais e filhos contribuía para as ligações dos circuitos neurais das crianças. Tínhamos tendência a concluir que produtos educacionais, como aqueles vídeos do Bebê Mozart, eram a resposta para o desenvolvimento do cérebro de nossos filhos. A verdade é que, o tempo todo, a resposta estava dentro de todos nós. Estava na minha capacidade de apenas sintonizar com Genevieve, falar com meu bebê e mostrar para ela desde o primeiro dia o que é conversa e interação.

Nos vinte anos desde que tive Genevieve, tudo — e nada — mudou. Como sociedade, sabemos muito mais sobre o desenvolvimento cerebral. A ciência que já descrevi deixa isso claro. Contudo, agimos como se os pais nascessem com essa informação. Nós ainda não conectamos os pontos para eles e falhamos em dar informação explícita sobre como o cérebro se desenvolve ou quais ferramentas eles podem usar para estimular e melhorar o processo. Deixamos que eles descubram o que fazer por conta própria. O resultado é um país cheio de pais ansiosos e uma indústria parental frenética, repleta de desinformação e recomendações contraditórias. Porém, o que os pais sabem e acreditam é fundamental. Eles precisam acreditar que podem construir os cérebros dos filhos. Porque podem!

Então, para ser clara, o impulso de cuidar e proteger nossas crianças, que está no núcleo do que é exigido, está inserido profundamente no nosso DNA e circuito cerebral. Tornar-se pai é muito parecido com se apaixonar — e é dessa forma nos nossos neurônios, porque as mudanças neurais que ocorrem quando estamos recentemente apaixonados por um parceiro romântico são similares àquelas que ocorrem nos primeiros meses de parentalidade.[2] Apaixonar-nos por nossos filhos é a forma da natureza de garantir o cuidado dos recém-nascidos indefesos que, como expliquei anteriormente, chegam "mal preparados". A paixão nos motiva a aproveitar ao máximo este presente evolutivo maravilhoso do desenvolvimento cerebral estendido.

"Espere até se tornar mãe", costumava dizer minha mãe quando eu reclamava que ela era protetora demais, como se tudo fosse ser diferente quando eu tivesse filhos. E é. Agora digo o mesmo para os meus filhos porque há uma verdade fundamental nessas palavras (assim como universalmente os filhos acharem que os pais estão errados). O cérebro das mulheres muda de estrutura quando dão à luz. A área cinzenta rica em neurônios fica mais concentrada. Regiões que contribuem para empatia, ansiedade e interação social se tornam mais ativas. Essas mudanças, estimuladas por uma inundação de hormônios durante a gravidez e depois do parto, ajudam a ligar uma mãe a seu bebê. Múltiplos estudos mostraram que apenas olhar para o bebê é o suficiente para acender os centros de recompensa no cérebro de uma mãe. E o cérebro dela responde de forma diferente a fotos de seu próprio bebê sorridente em comparação com outros bebês.[3] Pais também passam por mudanças hormonais, um reflexo biológico de uma mudança de objetivos — de se reproduzir a criar os filhos.[4]

Mas se nosso desejo primordial de amar, proteger e levar nossos filhos até o outro lado do rio, para lançá-los na idade adulta com sucesso, é incorporada de forma tão profunda em nós, por que precisamos de instruções mais detalhadas? Porque o significado de ser um bom pai mudou durante os milênios. Por milhares de anos, a definição de sucesso para um pai — o que significava cruzar a correnteza e chegar do outro lado do rio — era simplesmente manter seu filho vivo. Era literalmente um mundo de matar ou morrer. Biólogos evolucionários acreditam que a necessidade de proteger os jovens levou a uma habilidade de "protecionismo" entre as fêmeas em particular, porque cuidar e receber apoio de outros era a maneira de salvar nossas crianças dos leões reais de milhares de anos atrás e dos leões figurativos de hoje em dia.[5] Com o tempo, os riscos vieram menos de animais perigosos e mais de doenças perigosas. Os Sewall, a família puritana que conhecemos anteriormente, perderam sete de quatorze filhos — um nível devastador de perda que era horrivelmente comum naquela época. No início do século XX, as doenças contagiosas eram o assassino predominante do mundo, contabilizando em torno de um terço de todas as mortes, dentre as quais um pouco acima de 30% ocorreram entre crianças com menos de 5 anos de idade.[6] Concordemente, instruções aos pais focavam higiene, nutrição e saúde física. Na década de 1930, era raro pediatras apresentarem bebês como "seres pensantes, em aprendizado e curiosos", escreveu a historiadora Julia Wrigley. Vários especialistas chegaram a recomendar aos pais que evitassem a estimulação por completo temendo que o cérebro em crescimento do bebê seria prejudicado.[7] John B. Watson, o presidente da Associação Americana de Psicologia, incluiu um capítulo chamado "Os perigos de muito amor materno" em um livro best-seller sobre cuidados infantis de 1928.[8]

Uma vez que vacinas, antibióticos e melhorias de higiene e saneamento vieram, as mortes por doença contagiosa — e particularmente mortes entre crianças — caíram dramaticamente. Em 1997, menos de 5% das mortes nos Estados Unidos eram causadas por grandes doenças contagiosas (pneumonia, gripe e HIV, naquele momento), e crianças pequenas representavam menos de 2% de todas as mortes, incluindo aquelas por doenças contagiosas.[9] Consequentemente, os pais puderam dar atenção aos resultados em longo prazo e estabilizar prioridades diferentes: eles podiam ter a boa saúde como algo certo e pensar sobre como estimular o crescimento intelectual de seus filhos.

Na segunda metade do século XX, a importância do desenvolvimento cognitivo dos bebês havia se tornado conhecimento popular, mesmo que muitos de nós (culpada!) não compreendessem totalmente o quadro geral. O interesse pelo desenvolvimento cognitivo decolou pela primeira vez na década de 1960. Entendia-se cada vez mais que os bebês precisavam de cuidados, estimulação apropriada e que aprendiam a cada toque, palavra, som e cheiro. Além disso, os pais em muitos países se educaram nitidamente melhor enquanto o século XX progredia e se tornou mais comum terminar o ensino médio. Quanto mais educados os pais, maior será a probabilidade de eles se envolverem com o desenvolvimento cognitivo, social e emocional dos filhos.

Outra coisa também mudou: nossas ideias sobre o que é ser um bom pai. Por décadas, pais de classe média tenderam a buscar uma abordagem que a socióloga Annette Lareau descreveu como "cultivo orquestrado". Como o nome sugere, é um estilo parental focado na criança, ativo e comprometido. Também é conhecido como "parentalidade intensiva" (ou, quando está sendo ridicularizado ou criticado, como "parentalidade helicóptero"). Por outro lado, no passado, a classe trabalhadora e pais menos educados pareciam favorecer um estilo mais relaxado de supervisão, chamado de "crescimento natural".[10] Mas pesquisas mais recentes revelam que a história de diferenças de classes e preferências parentais é mais sutil do que isso de duas maneiras importantes. Em primeiro lugar, algumas dessas diferenças de classe registradas previamente sobre a criação dos filhos provavelmente refletiram diferenças em recursos mais do que em ideias do que constitui uma boa parentalidade. A parentalidade intensiva leva tempo e dinheiro. (Cultura, raça e etnia provavelmente também tiveram um papel importante.) Em segundo lugar, onde antes havia diferenças consideráveis de classe nas visões parentais, elas parecem ter desaparecido amplamente. Segundo Patrick Ishizuka,

84 NAÇÃO DOS PAIS

um sociólogo da Universidade de Washington, pais em todo o espectro socioeconômico agora adotam ideias surpreendentemente similares sobre o que é ser um bom pai. Todos eles se inclinam para a parentalidade intensiva.

Liguei para Patrick para saber mais sobre o estudo fascinante que ele conduziu.[11] (Fiquei maravilhada que, como pai de uma criança de 2 anos de idade e gêmeos de 5 meses de vida, ele encontrou tempo para falar comigo!) Ele pediu para que mais de 3.600 pais de todas as classes socioeconômicas lessem descrições de parentalidade em situações comuns envolvendo crianças de 8 a 10 anos de idade. Como os pais deveriam lidar com uma criança que diz estar entediada? Como devem responder a uma criança que está fazendo pirraça? E o quanto devem se envolver com um professor que dá notas ruins? Em cada caso, a resposta dos pais poderia ser classificada como "cultivação orquestrada" ou "crescimento natural".

Em todas as situações parentais criadas por Patrick, não importava o gênero do pai ou da criança, cerca de 75% dos pais — com e sem diploma universitário — acharam as respostas da cultivação orquestrada excelente ou muito boas, enquanto apenas um pouco mais de um terço classificou o crescimento natural dessa forma. Não que os pais achassem o crescimento natural ruim ou que se igualava a uma criação ruim. Muitos pensaram que era "boa" ou "OK". Mas Patrick me disse: "Ambos os pais mais e menos educados viram a parentalidade intensiva como ideal."

Assim como os pais de outras partes do mundo. Em um estudo de 2016 sobre nações desenvolvidas, pesquisadores concluíram que os pais estavam passando mais tempo com os filhos do que em 1965 — uma hora extra para as mães e cerca de 45 minutos a mais para os pais. Em países da Europa conhecidos por terem a parentalidade mais despreocupada, como a Holanda, a mídia notou uma mudança definitiva em direção a mais atividades para crianças e mais ansiedade entre os pais.[12]

Na realidade, as circunstâncias de poucas pessoas as permitem alcançar completamente o "ideal" que Patrick descreveu. Para algumas, é praticamente impossível até mesmo começar. Contudo, isso não impediu a parentalidade intensiva de se tornar o padrão que muitos pais almejam. Eles a veem como a melhor maneira — talvez a única — de garantir que seus filhos tenham sucesso na escola e, portanto, na vida. A parentalidade intensiva é a resposta lógica para um mundo infestado por desigualdades sociais e de renda. Embora gostemos de pensar que os Estados Unidos são um país em que qualquer pessoa pode ser bem-sucedida, uma criança nascida na pobreza provavelmente continuará nela. Agora que é mais difícil viver confortavelmente com um trabalho de colarinho azul, a educação é considerada a maneira principal de escapar. E o retorno sobre o investimento na educação está quase certamente impulsionando a visão dos pais sobre a melhor forma de criar os filhos porque as apostas são mais altas do que costumavam ser.

É claro, pais de classe média e alta são motivados por algumas das mesmas razões, o que explica parcialmente as atrocidades dos pais ricos que estão dispostos a infringir a lei para levar seus filhos até universidades seletas (como no caso da Operação Varsity Blues).[13] Tais ações só intensificam as enormes desigualdades que já existem. Não importa o que queiramos para nossos filhos, a sociedade tornou extremamente difícil de alcançá-lo e isso faz a parentalidade intensiva parecer a única resposta.

O que os pais sabem e no que acreditam

Eu não questionei minha parentalidade nos primeiros dias dos meus filhos — embora brinque que queria ter sabido na época o que sei agora. Na época em que comecei minha jornada fora da sala operatória, no entanto, passei a me perguntar como os poderosos arquitetos do cérebro, os pais, sabem que são capazes de construir um cérebro quando é bastante óbvio que filhos não vêm com instruções. Com o tempo, através do nosso trabalho no TMW, entendi que, antes de fazermos qualquer outra coisa, os pais precisam acreditar nas ideias essenciais que inspiram nosso trabalho: que cérebros fortes são construídos, ninguém nasce com eles; que os pais e cuidadores são os arquitetos que constroem os cérebros. São eles que nos levarão até a Estrela Guia.

Os pais e outros adultos carinhosos na vida das crianças devem não só saber disso, mas acreditar. Qual a diferença? O conhecimento é consciência, entendimento e reconhecimento de fatos. Crenças representam convicção de que o que você sabe é verdade; crença coloca a verdade no conhecimento e a aceita em um nível mais profundo. Eu *sei* que dois mais dois é igual a quatro. Eu sei e *acredito* que a forma que os pais falam sobre números e padrões molda as habilidades de raciocínio espacial de uma criança. O conhecimento e a crença são o manual de instrução de um arquiteto do cérebro. São as coordenadas cartesianas que levam à Estrela Guia do desenvolvimento cerebral saudável.

Juntos, o conhecimento e as crenças moldam o comportamento de um pai. Se os pais acreditam que a inteligência é estabelecida no nascimento, provavelmente farão escolhas sobre como "investir" o tempo que são diferentes das que fariam se acreditassem que o que fazem afeta o potencial de seus filhos. Por exemplo, se um pai não percebe que se agachar no chão, rosto a rosto com seu bebê, imitar, introduzir sons e obter respostas — em outras palavras, envolver-se na interação responsiva — exercerá um forte impacto no crescimento intelectual de seu filho, ele talvez não faça esforços nesse sentido. Se uma mãe acha que passar aqueles dez minutos extras brincando de montar blocos com seu filho de 6 meses não é tão bom para ele quanto um rápido beijo na bochecha durante a passagem para tirar a roupa da secadora, esse será um investimento que ela provavelmente não fará. Mas quando aquela mãe *sabe e acredita* que esses dez minutos extras fazem diferença, poderia apostar qualquer coisa que, mesmo que não possa deixar completamente de lavar a roupa, ela encontrará formas de falar e cantar para seu pequeno enquanto dobra as blusas. E o pai provavelmente estará de bruços no chão fazendo barulhos engraçados para o filho. (O mesmo acontece quando os pais sabem que crianças muito novas aprendem com pessoas e não com telas.)

O que me dá tanta certeza? Os estudos do TMW encontraram uma relação direta entre o conhecimento e crenças dos pais sobre desenvolvimento cerebral com o quanto interagem com os filhos desde o primeiro dia.[14] Vemos todos os dias como a informação e a compreensão podem transformar as interações parentais de maneira que faz uma enorme diferença no desenvolvimento cerebral.

No início, eu não entendi completamente o quanto as crenças eram importantes. Suponho que pensava que elas vinham junto, mais ou menos de forma natural, com a informação que ofereceríamos em nossos programas. Mas quanto mais falávamos com os pais e seguíamos o progresso de seus filhos, mais percebia que eu precisava permanecer nesse meio-termo de conhecimento e crenças. Você não pode apenas compartilhar informações com os pais sobre como conversar com os filhos. Precisa dedicar tempo e energia para ajudá-los a enxergar que a conversa possui o poder de construir um cérebro.

Também descobri que não há nenhuma avaliação confiável sobre o que os pais sabem e acreditam. Fazer perguntas não é tão simples quanto parece. Você precisa se certificar de que a pergunta está formulada de uma maneira que obtenha o tipo de informação que procura. Por isso pesquisadores usam conjuntos de perguntas validadas e padronizadas — ferramentas de medida que são cuidadosamente projetadas e testadas. Mas havia poucas ferramentas que abordavam as perguntas em que eu estava interessada: os pais entendem como os cérebros infantis se desenvolvem? Que não é uma questão de natureza *ou* cuidado, mas que a natureza deve ser cuidada? Eles entendem todas as formas que os estímulos iniciais aumentam a capacidade do cérebro para tudo, desde autocontrole e empatia até raciocínio matemático e leitura? O que os pais sabem sobre como os primeiros anos preveem a trajetória de vida?

Para descobrir, minha talentosa equipe e eu criamos o Scale of Parent/ Provider Expectations and Knowledge (Escala das Expectativas e Conhecimento do Pai/Provisor) ou SPEAK. A SPEAK inclui perguntas que lidam com todos os diferentes aspectos de um cérebro infantil que um pai pode impactar: capacidade cognitiva, alfabetização, aprendizado matemático e espacial, habilidades sociais e emocionais, funções executivas e mais. Construir a SPEAK tem sido um grande empreendimento e ainda não acabamos. Enquanto escrevo, estamos desenvolvendo uma versão adaptada para computador mais sofisticada da pesquisa que reduz o número de perguntas que os participantes devem responder enquanto aumentamos a precisão.

A escala faz perguntas do tipo:

- **A TV educacional é boa para aprender línguas?**
- **Existe desenvolvimento linguístico nos primeiros seis meses de vida?**
- **Ser bilíngue confundirá uma criança?**
- **O bebê nasce com o cérebro pronto ou ele é construído?**

Descobrimos que a forma como os pais respondem a última pergunta é especialmente influente.[15] Alguns pais acreditam que a inteligência de uma criança é estabelecida no nascimento e permanece praticamente imutável por um pai ou cuidador. Outros acreditam na maleabilidade intelectual de uma criança, isto é, que o cérebro de uma criança é construído e que *eles*, os pais ou outros adultos carinhosos, são fatores essenciais para garantir seu desenvolvimento completo. A diferença é tudo.

A SPEAK nos permite revelar o que as pessoas sabem e acreditam. Permitiu-nos ver a parentalidade pelos olhos deles. Por exemplo, fomos até uma grande maternidade e nos encontramos com centenas de mães de todas as origens — ricas e pobres, negras e brancas, falantes de inglês e espanhol — um dia depois de darem à luz. É verdade que elas estavam um pouco sonolentas, mas descobrimos que muitos pais subestimam consistentemente o quão cedo as crianças podem ser afetadas por experiências críticas. Na verdade, há um primeiro ano "faltando". Muitas estão incertas sobre o valor do discurso direcionado às crianças desde o nascimento, do compartilhamento de livros e sobre a maneira que suas próprias interações com seus bebês construirão o desenvolvimento linguístico. Mais da metade pensava que crianças podem aprender línguas com a televisão e telas (não podem). O incrível para mim foi que não achamos que houve muito aprendizado na prática: houve, surpreendentemente, poucas diferenças entre o conhecimento de pais de primeira viagem e o de veteranos.

Outros pesquisadores estão fazendo perguntas similares e recebendo respostas similares. Em uma grande pesquisa de 2015 com mais de 2 mil pais norte-americanos, metade erroneamente acreditava que a qualidade do cuidado parental possuía um impacto de longo prazo apenas depois que os bebês têm 6 meses de vida ou mais. A maioria não acreditava que bebês possuíssem a capacidade de sentir tristeza ou medo até os 6 meses de idade, quando, na verdade, isso acontece aos 3 meses de vida. Quase metade disse que ler para crianças começa a beneficiar o desenvolvimento linguístico em longo prazo por volta de 1 ano e meio depois (2 anos, no máximo) do que realmente acontece (por volta dos 6 meses). E a maioria dos pais não reconhece que os benefícios de falar com os bebês começa no nascimento.[16]

Nosso trabalho também pintou uma imagem consistente e cativante: embora quase todos os pais valorizem a parentalidade intensiva, dinheiro e educação fazem diferença. Pais com ambos sabiam mais sobre como seus próprios investimentos de tempo e energia afetavam o desenvolvimento dos filhos. E toda escolaridade extra aumentou o efeito para que os resultados seguissem um claro gradiente. Pais que não terminaram o ensino médio sabiam menos, seguido por aqueles com apenas o diploma do ensino médio, depois aqueles com pouco da faculdade e, finalmente, aqueles com um diploma universitário ou mais, que eram os mais informados.[17] É importante enfatizar que essas são as médias e que havia uma enorme variação individual em todos os níveis de renda e de educação, significando que alguns pais de baixa renda que não terminaram o ensino médio sabiam mais e alguns pais afluentes que tinham diplomas universitários sabiam menos que seus pares.

Para nos aprofundar nestas diferenças, nos encontramos com famílias de origens de baixa renda e, novamente, observamos uma variação dramática. Mas nós não apenas confirmamos a grande variedade em níveis de conhecimento, também começamos a demonstrar a maneira como o conhecimento parental mapeia as interações entre pais e filhos. Seguimos quase duzentas famílias durante o primeiro ano de vida de seus bebês. Descobrimos que, como esperado, o que os pais sabem já na primeira semana da vida de seus filhos prevê o que farão com eles durante o crescimento. Também descobrimos que os pais que sabiam mais, interagiam com seus bebês mais cedo e com mais frequência. Especificamente, pais com renda mais baixa que sabiam mais sobre desenvolvimento linguístico e cognitivo nas primeiras semanas eram mais prováveis de responder de forma sensível aos bebês e de se envolverem com eles do que os outros pais, e, portanto, mais prováveis de estimular o crescimento cognitivo, social e emocional dos filhos. Isso nos sugeriu que, se pudéssemos aumentar o conhecimento — e crenças — dos pais sobre o desenvolvimento cerebral e linguístico de seus filhos, poderíamos ter um efeito positivo nas habilidades deles como pais, independentemente do nível de educação.

Para descobrir se isso era verdade, lançamos dois estudos relacionados projetados para avaliar se aumentar o conhecimento dos pais mudaria suas ações.[18] Em um, falamos com mais de quatrocentos pais enquanto visitavam a clínica para quatro consultas pediátricas de rotina (durante o 1º, 2º, 4º e 6º mês). Cada vez, nós mostramos um vídeo de dez minutos explicando o que significava sintonizar, falar mais e revezar com um bebê. Os vídeos estavam repletos de exemplos de mães e pais usando os 3Ts enquanto abraçavam, trocavam fraldas, liam livros e assim por diante.

Em um vídeo, um pai abraçando seu recém-nascido diz: "O basquete está no seu sangue. Vou mostrar para você o arremesso exclusivo."

Ou uma mãe conversando com seu bebê durante o dia enquanto o amamenta: "Você está com fome, não é? Depois disso, tomaremos um banho, vestiremos roupinhas novas..."

Em um segundo experimento mais intensivo, 91 pais (todos falantes de espanhol) concordaram em nos receber em suas casas para visitas mensais de 24 horas durante o terceiro ano de vida de seus filhos. Metade serviu como um grupo de comparação e recebia informações sobre alimentação saudável e nutrição em vez de informações sobre o desenvolvimento cerebral. Para a outra metade, cada visita incluía um educador que compartilhava a ciência de um tópico de desenvolvimento específico, como dar incentivo ou incorporar conversas sobre matemática em rotinas diárias e, em seguida, dava recomendações sobre como implementar tais estratégias. O educador conduziu os pais e as crianças em atividades que colocava a ciência sobre a qual haviam acabado de falar em prática. Os pais se agacharam no chão com seus filhos e sintonizaram, falaram mais e revezaram. Nossos visitantes também ofereceram feedback aos pais e os ajudaram a traçar objetivos.

Os pais absorveram a ciência por trás do desenvolvimento do cérebro dos filhos. Ambos os nossos estudos mostraram que nossas intervenções afetaram fortemente as crenças dos pais e aumentaram suas interações com seus filhos, resultando em mais da preciosa troca de interação responsiva que é tão essencial para o desenvolvimento cerebral dos bebês. Sem surpresa, o programa intensivo de visitas domiciliares foi mais efetivo do que os vídeos para recém-nascidos porque foi individual e não apenas forneceu conhecimento e estratégias para o desenvolvimento cerebral, mas também mostrou como colocar as estratégias em ação. No programa de visitação domiciliar, houve melhora no vocabulário das crianças, nas habilidades matemáticas e nas habilidades socioemocionais. A ligação mais forte foi nas habilidades linguísticas, o que também não é surpreendente, dado o quanto enfatizamos

90 NAÇÃO DOS PAIS

o papel da conversa parental. Colocando de forma simples: saber mais afeta o comportamento dos pais com seus filhos e mudar o comportamento parental muda os resultados das crianças.

Acreditando em papo matemático

Com que frequência você já ouviu alguém dizer: "Não sou muito de matemática"? Até demais, imagino. Como falamos sobre matemática e nossas crenças no assunto tem recebido muita atenção recentemente. Meninas e mulheres são particularmente suscetíveis à crença de que não são boas em matemática, e tais crenças sobre a habilidade matemática são refletidas no desempenho.[19] A crença pode se tornar uma profecia autorrealizável.

Foi através do pensamento sobre papo matemático e o que poderíamos fazer para melhorar a SPEAK que conheci Talia Berkowitz. Talia havia sido uma estudante de graduação em psicologia e em seguida trabalhou como pós-doutoranda no laboratório da minha amiga e colega Susan Levine, a mesma pesquisadora que acompanhou o progresso de Charlotte, a menina que nasceu com metade de um cérebro.

Eu precisava da perícia de Talia para me ajudar a construir o domínio matemático na SPEAK. Tinha certeza de que poderia nos ajudar porque ela havia mergulhado de cabeça nas complexidades da matemática e do desenvolvimento espacial enquanto trabalhou com Susan em uma avaliação de um programa digital chamado Bedtime Math. Bedtime Math é um aplicativo projetado especificamente para pais usarem com seus filhos como parte da rotina noturna de historinhas para dormir. Os pais nem sempre percebem que conversar sobre padrões, categorias e comparações se relaciona à matemática e habilidades espaciais e ajuda a construir o cérebro de seus filhos. As histórias ricas em matemática do Bedtime Math tornam isso fácil. Por exemplo, um conto sobre um polvo tirando uma foto com uma câmera a prova d'água é seguida por perguntas sobre os oito braços do polvo, começando com "Quem tem mais braços, você ou o polvo?" para as crianças mais novas e dificultando em seguida. Mas para ter certeza de que o Bedtime Math estava funcionando como pretendido, seus fundadores pediram para Susan e Talia investigarem. O aplicativo tinha impacto no aprendizado das crianças?

Elas projetaram um estudo rigoroso em que pais de quase seiscentos alunos da primeira série usavam o aplicativo durante o ano escolar. Suas descobertas foram publicadas no *Science*, um dos jornais acadêmicos mais prestigiados.[20] Com certeza, Susan, Talia e a equipe encontraram uma melhora significativa nas habilidades matemáticas das crianças que usavam o Bedtime Math regularmente com os pais, comparadas às crianças que usavam um aplicativo de leitura sem contexto matemático. De forma intrigante, o crescimento foi mais notável em crianças cujos pais estavam ansiosos com a matemática no começo. Esses pais frequentemente possuíam memórias e sentimentos negativos sobre o assunto. Quanto mais ansiedade tinham, maior era o aumento do desempenho matemático dos filhos.

O estudo deixou claro que os pais precisam saber como falar sobre conceitos matemáticos com crianças pequenas e precisam acreditar tanto em suas próprias habilidades para isso — sem levar em conta suas histórias com a matemática — quanto no potencial de seus filhos para dominar o assunto. "Mudamos as expectativas e valores deles sobre matemática para seus filhos", disse Talia. Em vez de projetar suas próprias ansiedades matemáticas nos filhos, os pais saíram com um senso mais realista das capacidades das crianças. Fornecer a eles uma maneira fácil de falar sobre matemática foi como dar a eles um mapa com vários pontos medianos levando-os até a Estrela Guia.

Crenças declaradas versus crenças reais

Ao me aproximar dos conhecimentos e crenças no TMW, vi a importância crítica do que pais individuais conhecem e acreditam. Mas conhecer os pais com quem trabalhamos me mostrou outra coisa: ajudou a me afastar e enxergar que nossos conhecimentos e crenças como sociedade são igualmente importantes.

Dizemos que os pais são os primeiros professores das crianças, mas falhamos em lhes dizer como ensinar.

Dizemos que crianças são o nosso futuro, mas investimos menos nos primeiros anos delas do que qualquer outro país desenvolvido.

Dizemos que acreditamos no sonho americano, o que abraça o crescimento e o progresso, mas construímos uma sociedade tão desigual que o sonho se tornou quase impossível de alcançar para muitos.

E dizemos, em nome do individualismo americano, que a escolha dos pais é sagrada, porém a escolha é somente uma possibilidade se existirem opções realistas e a maioria dos pais na nossa sociedade não possuem nenhuma.

A desconexão entre o que acreditamos e o que fazemos, entre nossas crenças declaradas e nossas crenças reais ou reveladas, possuem consequências diretas e algumas vezes extremas para os pais. O que cada mãe e pai sabe e acredita sobre seus papéis e as possibilidades de seus filhos está entrelaçado com o que a sociedade acredita.

Com muita frequência, falhamos em reconhecer como a vida diária dos pais molda as centenas de escolhas que enfrentam enquanto educam um filho, desde as relativamente mundanas, como o que servir no café da manhã, às mais complexas, como de que modo pagar pela faculdade ou até mesmo se é uma possibilidade para o filho pensar em ir para a faculdade. Uma das escolhas mais óbvias é a questão de se uma mãe (e mais recentemente, um pai) fica em casa com os filhos pequenos ou trabalha fora. É uma questão particularmente relevante nos primeiros dias de vida de uma criança. Alguns de nós pensa que ficar em casa é essencial, outros acreditam que é essencial para as mulheres permanecerem na mão de obra. Não estou fazendo um julgamento de valor aqui. Eu trabalhei durante os primeiros anos dos meus filhos, mas alguns dos meus amigos mais próximos e colegas ficaram em casa. Seja qual for sua opinião, e qualquer que seja o ideal, quando olhei as estatísticas, descobri que a maioria das mães (cerca de 70%) trabalham fora de casa. Em 2016, apenas 28% das mães (e 7% dos pais) ficavam em casa com as crianças, de acordo com o Pew Research Center.[21] Mergulhando mais fundo nos números, fiquei impressionada com o fato de que pressão financeira funciona em ambas as direções: dificulta para alguns ficarem em casa e mais ainda para outros ficarem na mão de obra. Somente uma minoria dos pais realmente pode escolher.[22] (A pandemia também mostrou para muitos que estavam acostumados a trabalhar fora de casa o quanto é trabalhoso cuidar de crianças em tempo integral.)

As escolhas não fazem sentido

Considere duas mães. Talia, a doutora que estava estudando sobre como os pais falam sobre matemática, agora passa seus dias em casa com seus dois filhos pequenos por conta do custo exorbitante das creches. Jade, por outro lado, passou doze anos, durante a infância de seus filhos, como barista na Starbucks porque sua família precisava do salário e dos benefícios. Uma queria trabalhar e não tinha condições. A outra queria ficar em casa e não tinha condições. Não importa suas crenças, as escolhas não fazem sentido.

Talia estudou em Barnard e, em seguida, trabalhou como assistente de pesquisa em um laboratório de desenvolvimento infantil na Universidade Wesleyan em Connecticut. Ela escolheu fazer seu trabalho de pós-graduação com Susan na Universidade de Chicago, atraída pela forte comunidade judaica na cidade e pelo espírito do lugar, apesar do clima. "Estamos com frio, mas estamos felizes", disseram seus futuros colegas. À medida que Talia foi ganhando mais confiança em si mesma como estudante e pesquisadora, ela se apaixonou. Seu marido, Justin, começou a faculdade de medicina um ano depois do casamento deles. E ela engravidou pela primeira vez enquanto ainda era estudante de pós-graduação e Justin ainda estava na faculdade de medicina.

Ter um novo bebê enquanto fazia um doutorado abriu os olhos de Talia para as muitas maneiras, grandes e pequenas, que os locais de trabalho não estão organizados para apoiar jovens mães. Ela tinha sorte de ter o próprio escritório, o que lhe deu um local para bombear o leite materno. Mas ela tinha que manter seus suprimentos de bombeamento na geladeira, que era na sala de reunião principal do departamento. "Eu teria que interromper sempre", conta ela. Uma vez que sua filha começou a ir para a pré-escola, Talia tinha que sair do trabalho às 15h30 para buscá-la. Seu local de trabalho era flexível, mas ela sabe que nem todos os empregadores são tão gentis.

Talia se formou na pós-graduação enquanto o marido estava no último ano da faculdade de medicina. Ela decidiu continuar a trabalhar com Susan como bolsista de pós-doutorado, um passo que muitos doutores dão em suas jornadas para se tornarem pesquisadores. Logo, Talia e Justin descobriram que estavam grávidos novamente. Eles ficaram animados, mas agora também teriam que considerar os custos de deixar dois filhos na creche. "Nossos salários mensais juntos não eram o bastante para cobrir a creche, o aluguel, a comida e outras necessidades básicas para a nossa família", observa Talia. Para pagar a creche, eles teriam que extrair suas economias e era o que planejavam fazer.

Talia deu à luz a um menino em fevereiro de 2020 e pegou três meses de licença maternidade. Quando ela voltou a trabalhar, a pandemia havia mudado tudo. Creches para o bebê estavam fechadas, assim como a pré-escola de sua filha, então ambos os filhos estavam agora em casa o dia inteiro. Ela rapidamente ficou sobrecarregada. Justin estava trabalhando longas horas como residente de medicina interna no hospital enquanto ela tentava balancear amamentação e hora da soneca entre reuniões no Zoom. Embora os pais de Justin morassem próximos, eles não podiam ajudar porque o trabalho de Justin o colocava — e todos ao seu redor — em alto risco de COVID-19.

"Para conseguir fazer o meu trabalho, eu teria que trabalhar de noite, mas meu filho tinha apenas 3 meses de idade na época. Ele ainda não dormia a noite inteira", diz Talia, soando exausta de apenas pensar no que passou. Se ela trabalhasse até tarde, só dormiria quatro horas. Ela sentia um profundo senso de responsabilidade com o trabalho. Mesmo em um ambiente muito compassivo, Talia reconhecia que o trabalho precisava ser feito. "Eu não podia ficar chateada com a Susan por me pedir para deixar alguns dados prontos para a próxima reunião", admite ela. "Não é justo dizer: 'Continue me pagando, mas não estou fazendo o meu trabalho.'"

Talia e Justin pensaram que a situação talvez melhorasse quando a filha voltasse para a escola assim que reabrisse. Mas quando analisaram os números, não fazia mais sentido para ela trabalhar. "Acabaria sendo mais caro para mim trabalhar e mantê-la na escola." Eles perceberam que se Talia ficassem em casa, a filha deles podia ir para a escola em meio período em vez de tempo integral e não haveria custos de creche para o filho. Tudo ficaria muito mais barato. Então, depois de um bacharelado em humanas, um mestrado e um doutorado em psicologia, depois do sucesso profissional que outros (e eu) apenas sonhavam em ter (um artigo no *Science*!), Talia tomou a difícil decisão de ficar em casa. Em vez de impossíveis US$1.000 no vermelho todo mês, eles teriam US$700 extras para gastar em comida e outras necessidades. "Era óbvio dizer que eu deveria ficar em casa", conclui Talia. "Se a creche não custasse mais do que meu salário inteiro, eu poderia trabalhar." (Paradoxalmente, o fato de ela ter pedido demissão foi o que me permitiu contratá-la como consultora durante algumas horas da semana para me ajudar a desenvolver a SPEAK. Era a quantidade de tempo viável para ela e eu podia me dar o luxo de ser flexível quando ela fez o trabalho.)

Com os números em sua frente, Talia sabia o que precisava fazer. Mas, psicologicamente, era difícil aceitar a decisão. Para começar, o laboratório já estava com poucos funcionários. Ela não queria deixar Susan, sua chefe e mentora acadêmica, na mão. "Ela é parte da minha família. Conheço Susan há mais tempo do que conheço meu marido." Mas, de uma forma mais profunda, ficar em casa não se encaixava na visão de Talia sobre o que queria para ela e para a família. "Não é onde eu pretendia estar", confessa ela. "Eu desisti de qualquer esperança de seguir a carreira que eu quero por essa família que amo. De repente, me tornei a mulher que se sacrificou para apoiar a carreira do marido. Agora é meu papel não ter nada meu, o que não é o que quero para mim ou dar de exemplo para meus filhos."

Mas não importava. "Para mim, trabalhar era um luxo que nós não podíamos ter."

Jade tinha o problema oposto. Ela sempre quis ser uma mãe que fica em casa. Sua própria mãe trabalhou meio período e, eventualmente, parou de trabalhar por completo. Em sua devota família cristã, as tias também ficaram em casa e, antes delas, as avós. "É como fui criada", conta ela. "Era o certo a fazer."

Jade tem um comportamento direto e prático que herdou de sua mãe. Um de seus maiores valores é ser uma boa cristã ou "mostrar o amor de Deus para todos". (Ela admite que esse desejo ocasionalmente entra em conflito com seu instinto de colocar as coisas em pratos limpos.) Sua religião também gera o desejo de ficar em casa com os filhos — não por conta de nada doutrinário, mas por conta da cultura. "Muitas mulheres na igreja ficam em casa e podem fazer todas essas coisas extras durante o dia para ajudar os filhos", observa ela. "Elas podem ser voluntárias e se disponibilizam nos domingos." Jade ressalta que, se você trabalha em lojas, talvez tenha que trabalhar aos domingos.

Quando era uma jovem mulher, Jade imaginou todas as coisas que poderia fazer por seus próprios filhos ficando em casa. Acima de tudo, ela só queria estar presente e garantir que todas as necessidades deles fossem atendidas sem ter que balancear a vida do lar com o estresse e demandas de um emprego. E pelos primeiros dois anos da vida do filho, ela ficou em casa. Para isso acontecer, Jade e o marido, Brian, moraram com os pais dela enquanto ele trabalhava durante o dia e ia para a faculdade durante a noite para conseguir o diploma de professor. Mas quando Brian precisou começar a ensinar, ele teve que largar o trabalho antigo e o plano de saúde que este oferecia. Isso significava que Jade precisava de um trabalho com salário e plano de saúde decentes. Ela encontrou a Starbucks. As horas eram flexíveis — ela poderia trabalhar de manhã ou de noite, então não perdia muito do valioso tempo com o bebê Nathan — e se trabalhasse pelo menos 24h por semana, sua família poderia ter plano de saúde.

Por um tempo, a nova vida deles era assim: Jade trabalhava no primeiro turno da Starbucks, das 5h30 às 13h30, e Brian ficava em casa com Nathan. Jade chegava em casa no meio da tarde e assumia o controle enquanto o marido ia trabalhar. Se os turnos dos dois coincidisse, membros da família davam conta do recado. Funcionava, mas muito mal. Jade e Brian quase não se viam.

Enquanto trabalhava operando a máquina de expresso e bombeando xarope de avelã em cafés com leite, Jade não conseguia parar de se preocupar com o que estava acontecendo em casa: *O que será que ele está fazendo? O meu bebê está bem? Ele está sentindo minha falta? Se ele arrumar problemas, será que vão discipliná-lo da mesma forma que eu?* Ela sentia que sua mãe sempre foi um pouco rígida demais nas punições — e Jade esperava que ela não fosse tão rígida com Nathan. Emocional e fisicamente exausta, algumas vezes Jade não conseguia impedir que as lágrimas caíssem.

Depois de alguns anos, Jade teve esperança. Ela levou animadamente sua jovem família para Flórida para trabalhar com um parente enquanto Brian conseguiu um emprego de professor em uma escola particular. De início, o novo trabalho de Jade se encaixava perfeitamente. Como era a única no escritório, ela geralmente levava Nathan, agora com 4 anos, já que eles ainda não conseguiam pagar por uma creche decente e ela tinha a liberdade de terminar o trabalho em casa durante a tarde.

Mas o plano de saúde ainda era um problema. O novo emprego não podia fornecer e a escola do marido oferecia um plano que estava fora do orçamento deles. Então, durante a tarde e nos fins de semana, Jade voltava para a Starbucks, algumas vezes trabalhando 50 horas semanais nos dois empregos combinados... além de criar Nathan.

Então Jade engravidou de novo. O plano era que Nathan começasse a pré-escola e ela levaria o novo bebê para o escritório. "Recém-nascidos... eles dormem muito! E eu descobri que podia fazer muita coisa nas minhas quatro horas de escritório", disse ela. Mas quando seu chefe se recusou a deixá-la levar o bebê para o escritório (suponho que ele tenha pensado que um bebê seria muito desordeiro), Jade ficou devastada. "Ele não me apoiava muito como mãe trabalhadora", explica ela. "Me senti esnobada porque eu trabalhava muito. Me mudei com minha família inteira para lá. E, é claro, eu ia trabalhar! Nunca deixei de trabalhar." Ela tentou argumentar, mas ele não estava aberto para debate. Jade pediu demissão. A experiência foi tão frustrante que ela lacrimejou apenas ao me contar sobre isso, mais de dez anos depois.

Ainda bem que existe a Starbucks. Jade aumentou suas horas e aproveitou os muitos benefícios que a empresa oferecia para famílias trabalhadoras: doze semanas de licença maternidade, um plano de saúde generoso e um espaço privado na cafeteria em que ela podia bombear leite. "Mesmo sendo apenas uma barista, me senti ouvida como mãe." Ela desejou não precisar continuar trabalhando, mas, já que precisava, ao menos era um lugar solidário. Eventualmente, a família voltou para Illinois, mas Jade continuou a trabalhar na Starbucks por doze anos no total.

Jade se considera uma mãe um tanto tradicional, mas vê os limites das escolhas que a sociedade atualmente permite. Ela imagina um mundo em que empregadores reconheçam como é difícil balancear o trabalho e a família, inclusive durante revisões. Ela adoraria ver salários mais altos e creches com preços razoáveis. Jade afirma resolutamente que não quer "dinheiro de graça". Não quer esmola ou se passar como preguiçosa. Ela encoraja os filhos a rezarem e pedirem a Deus por ajuda, mas não pediria para mais ninguém. Contudo, Jade sabe como é se sentir totalmente sozinha em um momento quando você mais precisa de apoio.

Uma maneira de nutrir um cérebro...

Existem muitas maneiras de educar com sucesso uma criança.

Existe apenas uma maneira de nutrir um cérebro.

A comediante e atriz Michelle Buteau escreveu um artigo hilário (para mim, de qualquer forma) no *The New York Times* sobre o choque de descobrir que ela e o marido holandês tinham ideias completamente opostas sobre como guiar de forma segura seus gêmeos durante a infância.[23] Suas abordagens refletiam suas origens culturais. Buteau foi criada em Nova Jersey por pais jamaicanos e haitianos, que ela descreve como superprotetores. Em um restaurante, a mãe mantinha Michelle no colo. ("Foi estranho na adolescência.") Mas ,na Holanda, o marido dela cresceu em uma cultura em que pais deixavam os bebês cochilando nos carrinhos nas calçadas dos restaurantes enquanto os pais faziam a refeição lá dentro. "Para o meu marido, não sou apenas uma mãe helicóptero. Sou uma mãe drone em cima de um limpador de neve", afirma ela. Embora a mensagem dela para o marido casual e relaxado é: "A hora de brincar não é um show do Jimmy Buffett!"

Buteau termina o artigo perguntando: quem está certo?

A resposta é que não há uma única maneira de educar bem uma criança. Ficar em casa é ótimo. Confiar os filhos a creches, se forem de alta qualidade, ou a amorosos cuidadores infantis também é ótimo. Mas qualquer que seja a abordagem escolhida por um pai, quem quer que esteja cuidando das crianças, há somente um jeito de nutrir seus cérebros: interações responsivas. E segue o que sabemos muito bem sobre como *não* nutrir um cérebro. *Não* se desligue. *Não* fique calado. *Não* ignore a criança (exceto, talvez, quando estão cochilando em segurança do lado de fora do restaurante).

E do que os pais precisam? Precisam saber como um cérebro saudável é construído. Saber que adultos amorosos são arquitetos do cérebro. Acreditar que o que acontece nos primeiros anos de vida planta a semente do sucesso para o futuro da criança. Ter uma sociedade que sabe a importância do desenvolvimento cerebral saudável. Ter uma sociedade que apoia os pais e cuidadores em seus papéis fundamentais como arquitetos do cérebro. E ter uma sociedade que acredita que o desenvolvimento cerebral é a nossa Estrela Guia.

Sabemos as coordenadas que nos levam até esta Estrela Guia. Se as seguirmos, acredito que chegaremos lá. Mas, é claro, conhecimento e crenças não são ações. O que fazemos importa mais do que qualquer coisa.

SEIS

CONSTRUINDO BASES E BARCOS RESISTENTES

"Escassez em uma camada social significa que temos menos atenção, menos pensamento, no resto da sociedade."

— Sendhil Mullainathan e Eldar Shafir[1]

Quando fundei o TMW Center, se você me perguntasse o que eu esperava, teria dito que era alguém como Randy. Ele era um pai que se inscreveu no nosso estudo longitudinal. Depois de trabalhar com Randy e sua família por alguns anos, minha equipe e eu conseguimos conhecê-lo bem. Observá-lo interagindo com os filhos é um exemplo perfeito de como podemos levar a ciência da Torre de Marfim para o mundo real e mostrar aos pais como usar os 3Ts para otimizar momentos rotineiros e construir o vocabulário, capacidade de leitura, habilidades matemáticas e espaciais de uma criança.

Em troca, Randy nos mostrou muito, como o quanto os pais podem ser criativos. Entre as visitas, as famílias no nosso estudo usavam um dispositivo de gravação chamado LENA. Como um Fitbit para conversas, ele encaixa no bolso da blusa da criança e captura o quanto ela está ouvindo e falando. Para conseguir que o filho, Julian, cooperasse, Randy disse: "O fiz pensar que era um coração do Homem de Ferro." Julian, que tinha 2 anos de idade na época, acreditou no pai. O menininho sentia-se mais forte e resistente sempre que colocava o dispositivo. Passamos o truque do Homem de Ferro também para outros pais. Funciona!

Mas Randy nos mostrou algo ainda mais importante. Depois de participar no nosso estudo, Randy sabia exatamente como se envolver com o filho e por que importava. Ele acreditou plenamente em seu poder como arquiteto do cérebro. O problema é que o conhecimento e a crença só o levaram até certa parte. Havia limites frustrantes no que ele e a família podiam fazer sozinhos, dadas as realidades econômicas que enfrentavam. Para mim, Randy representou um duro lembrete sobre as restrições sociais que nos impedem de focar a Estrela Guia do desenvolvimento cerebral.

Randy viu nossos anúncios pela primeira vez enquanto estava no ônibus na Chicago Avenue. Fico surpresa que tenha notado o pôster, porque ele estava no meio de um dia muito longo e cansativo. A picape dele estava no mecânico — por isso estava de ônibus. Depois de passar horas em um emprego, ele estava no caminho para o segundo, onde trabalharia por mais muitas horas. Randy tinha talento em uma variedade de trabalhos de construção: reforma, pintura, encanamento, demolição. Na maior parte do ano, no entanto, ele fazia manutenção de estacionamentos. Quebrava asfaltos velhos e assentava novos, selava rachaduras e pintava linhas para marcar as vagas de deficientes.

Randy trabalhava seis dias por semana, saindo de casa às 7h e trabalhando por doze horas ou mais. Algumas vezes, ele trabalhava durante a noite para que os estacionamentos estivessem secos pela manhã. O trabalho o deixava fisicamente esgotado. Se era em um dia com 32°C (não é uma ocorrência tão rara em Chicago como você deve imaginar, dado nossos invernos rigorosos), trabalhar por horas no asfalto preto escaldante era como trabalhar em um forno.

No ônibus, por mais cansado que estivesse, Randy olhou para cima e viu o pôster em um azul brilhante anunciando que estávamos procurando por famílias com crianças de 13 meses ou mais para participar em um programa para pais. *Aprenda os 3Ts*, dizia o anúncio. *Sintonize, fale mais e reveze. Criado para pais assim como você que querem aprender novas formas simples de dar o melhor começo de vida para seu filho.* Randy sentiu como se tivessem lido sua mente. O filho, Julian, tinha a idade exata, e dar para ele e para a irmã, Jaylani, que era um ano mais velha, o melhor começo de vida era exatamente o que Randy queria fazer.

Randy sonhava com seus filhos indo para a faculdade. A visão do que estava do outro lado do rio para eles era um pouco turva. O que ele sabia com clareza era que queria mais para os filhos do que almejou para si mesmo. "Não quero que eles trabalhem no meu emprego", compartilhou Randy. "Quero que se sentem em uma mesa em uma sala agradável com ar-condicionado. Quero que os cérebros deles trabalhem, não as mãos."

No entanto, Randy já estava preocupado. Jaylani, faladora e carinhosa, estava se desenvolvendo na pré-escola — todos os dias, ela chegava em casa com novas palavras e havia relatos regulares sobre o progresso que ela estava fazendo. Mas Julian, embora adorasse a irmã e absorvesse tudo o que ela dizia, passava muito de seu tempo em um ambiente diferente. Enquanto Randy e a esposa, Mayra, estavam no trabalho, Julian estava em um programa de creche domiciliar cinco, e algumas vezes seis, dias por semana. As pessoas no comando eram gentis e Randy pensava que provavelmente estavam fazendo o melhor que podiam. Mas ele temia que Julian estivesse perdendo atenção, atividades... ele não tinha total certeza do que, mas alguma coisa. Com frequência, quando buscava o filho na creche, ele encontrava a criança plantada na frente de uma televisão estridente enquanto as cuidadoras preocupadas cuidavam de bebês chorando. Randy sabia que existiam lugares melhores, mas isso era o que eles podiam pagar.

Quando ele viu o pôster do TMW no ônibus, Randy pegou o telefone. Aqui, pelo menos, era algo que ele conseguia dar um jeito.

Pronto para a escola, pronto para o futuro

Randy viu a ligação entre os primeiros anos de seus filhos e seus futuros mesmo não entendendo ainda a ciência por trás disso. Para estarem prontos para a faculdade, Julian e Jaylani tinham que estar prontos para o jardim de infância. Para estarem prontos para o jardim de infância, as duas crianças precisavam ter bases cerebrais fortes. E essas bases seriam construídas pelos arquitetos do cérebro — nesse caso, o próprio Randy, Mayra e os outros cuidadores das crianças. O processo de construção de cérebros fortes começou no primeiro dia de vida deles. Não estava esperando pelo primeiro dia de escola.

No entanto, esse primeiro dia de escola é importante. É um limiar, marcando a entrada da criança em um novo mundo. O primeiro dia de escola pode ser emocionante ou assustador, cheio de sorrisos e lágrimas, ou ambos. Lembro-me do primeiro dia de pré-escola da minha filha, Amelie, de forma especialmente vívida. Ela tinha apenas 3 anos. Depois de assistir aos irmãos mais velhos irem para a escola, Amelie mal podia esperar para ter sua chance de estar com as "crianças grandes". Escolhemos uma roupa nova — uma blusa verde menta com uma estampa da Hello Kitty vestida de pirata, leggings rosa e tênis com brilho. Enquanto caminhávamos pelos poucos

CONSTRUINDO BASES E BARCOS RESISTENTES

quarteirões até a escola, estávamos cheias de animação e entusiasmo. A sala de aula era clara e acolhedora. A professora, a Srta. Abella, recebeu Amelie de forma calorosa. Encontramos o espaço no armário com o nome dela. Muitas das outras crianças eram irmãos mais novos dos colegas de classe de Genevieve e Asher, então Amelie já tinha amigos. Rindo e explorando, ela me puxou para a estante de livros e para a mesa de massinha.

Minha bebê parecia estar completamente em seu elemento. Ela era minha terceira filha e pensei que já tinha passado por isso, então eu não estava preparada para o que aconteceu depois. Quando chegou a hora de eu ir, Amelie começou a chorar e se agarrar em mim. Embora não suportasse deixá-la naquele estado, a professora me disse firmemente para ir (e, mais tarde, que Amelie se acalmou depois que fui embora). O segundo dia não foi melhor. Durante a primeira a semana, cada nova separação era apenas um pouco menos angustiante do que a anterior, até que finalmente, em algum momento da segunda semana, ela me deixou ir sem chorar. (A professora sugeriu que Amelie talvez tivesse futuro no teatro.)

A escola exige que crianças pequenas façam muitas coisas novas: sentar-se em silêncio em um círculo, fazer fila, prestar atenção. As crianças encontram letras, números e dias da semana, novas ideias e muitas novas pessoas. Em termos emocionais, comportamentais e acadêmicos, algumas crianças estão prontas para essa nova experiência, outras não. No mais holístico, e deveria ser holístico, o conceito de "prontidão escolar" abrange as habilidades e conhecimentos completos que uma criança precisa para funcionar prosperamente na escola. É um conceito que ficou mais forte ao redor do mundo como uma estratégia de fechar as lacunas de oportunidade e desenvolver o potencial de todas as crianças.[2] Geralmente, é medido em quatro campos. Um é acadêmico — habilidades linguísticas, literárias e matemáticas e desenvolvimento cognitivo geral. O segundo e terceiro campos são funções executivas e desenvolvimento social/emocional, o que dá para as crianças a capacidade de esperar pela vez delas, usar palavras para expressar sentimentos e de persistir quando estiverem frustradas. O último campo é a saúde física.[3] Os três primeiros estão conectados firmemente ao desenvolvimento cerebral básico. Essas são as habilidades que são desenvolvidas com fortes estímulos de conversação.

A ideia de prontidão escolar levanta a questão de avaliar se as crianças deveriam estar prontas para a escola ou se as escolas deveriam estar prontas para as crianças. Idealmente, ambos. Como a Academia Americana de Pediatria diz em suas políticas sobre prontidão: "É responsabilidade da escola atender às necessidades de todas as crianças em todos os níveis de prontidão."[4] Mas diferenças na prontidão escolar também são um reflexo das disparidades iniciais que já se instalaram. Não há uma forma de suavizar o fato sombrio de que a maioria das crianças estadunidenses não estão prontas para esse importante primeiro dia de escola, pelo menos de acordo com medidas padrões. De acordo com um relatório de 2020 da Child Trends, uma organização de pesquisa nacional, mais da metade não está "nos trilhos" em pelo menos uma área importante de desenvolvimento que dará suporte para o sucesso futuro. E crianças de lares menos favorecidos são menos propensas a estarem prontas para a escola do que seus iguais mais favorecidos.[5] Em Illinois, por exemplo, apenas um quarto das crianças no estado estão realmente prontas nos quatro campos, e quase 40% não está pronta em nenhum.[6]

Essas crianças precisam correr para ficarem em dia antes mesmo de começarem. A verdade é que é difícil ficar em dia se você começa muito tarde. A terceira série, ou aos 8 anos de idade, parece ser um momento crítico. Se as crianças chegam na terceira série nos trilhos, a maioria dos distritos escolares consegue mantê-las assim, mas poucas podem pegar um grupo de crianças que estão um ano atrasadas e deixá-las em dia até o fim do ensino médio, de acordo com Elliot Regenstein, especialista em políticas educacionais.[7] Essas estatísticas deixam claro que, se quisermos melhorar as perspectivas de todos os alunos, temos que começar *antes* do primeiro dia de escola.

Evidências crescentes mostram que a constelação de habilidades que formam a prontidão escolar prevê o sucesso posterior. Por exemplo, em um grande estudo de mais de 2 mil famílias etnicamente diversas e de baixa renda, o ambiente inicial de aprendizado de uma criança (incluindo a qualidade de interações entre pais e filhos) previu as habilidades acadêmicas na quinta série.[8] Outra pesquisa mostra que crianças de 5 anos que já estão prontas para a escola são menos prováveis de abandonar o ensino médio na adolescência.[9] O efeito repercute na vida adulta. As crianças que estavam prontas para a escola aos 5 anos possuem melhores chances de alcançar a classe média aos 40 anos.[10] Elas também são propensas a terem taxas mais baixas de doenças crônicas, abuso de substâncias e de melhor saúde em geral.[11] A razão? As habilidades desenvolvem outras habilidades, multiplicando em força e firmeza à medida que avançam. Crianças cujo ambiente as ajuda a construir boas bases cerebrais aprendem de forma mais eficiente conforme envelhecem e encontram mais vocabulário, mais ideias e mais conceitos sofisticados de matemática.

De todas as habilidades cognitivas que podemos ajudar as crianças a desenvolver no início da vida, há uma que se destaca como um indicador forte do que está por vir: a linguagem.[12] Como a nascente de um rio, um sólido começo na linguagem prevê uma cascata de habilidades que fluem a partir dele. Isso significa que, se um pai ou cuidador fornece um ambiente rico em linguagem e repleto de interações responsivas nos primeiros anos de vida de uma criança, ela provavelmente desenvolverá um vocabulário maior e habilidades de comunicação mais fortes do que uma criança que não possui o mesmo tipo de envolvimento. E essas habilidades iniciais verbais e de vocabulário, por sua vez, preveem uma variedade impressionante de conquistas, atributos e outras habilidades que se manifestarão aos 8 anos de idade: velocidade de processamento cerebral, tamanho de vocabulário, conquistas literárias, desenvolvimento gramatical, conhecimento fonológico, memória de trabalho e QI. Colocando de outra forma, construir conexões cerebrais fortes nos primeiros anos de vida é como criar um disco rígido de um computador. Com uma boa velocidade de processamento interno e capacidade de memória, você poderá adicionar atualizações de software infinitamente.

Diversos estudos apoiam esses argumentos, mas há um em particular que vale a pena destacar. Em 2018, um grupo de pesquisadores da organização sem fins lucrativos LENA mostraram o longo alcance de exposição linguística nos primeiros anos de vida usando o gravador e software de processamento que desenvolveram.[13] Eles acompanharam um grupo de centenas de crianças e famílias por mais de 10 anos. O que destacou esse estudo é que, quando as crianças eram bebês, as famílias gravavam tudo o que era dito ao redor de cada uma todos os dias durante 6 meses, dias completos todos os meses. Realmente tudo. Esses pesquisadores não gravavam apenas 1h de conversa por dia e concluíam o total de exposição linguística, como cientistas anteriores fizeram. Graças à nova tecnologia, o mesmo dispositivo LENA que usamos, eles conseguiram gravar absolutamente tudo o que a criança ouvia. Um estudo anterior mostrou que, embora o volume total de língua — o número absoluto de palavras — que as crianças ouviam fosse importante, a quantidade de conversa revezada entre um adulto e uma criança era ainda mais importante para o desenvolvimento inicial de linguagem.[14] (Para deixar claro, o estudo não prova que uma coisa causa a outra, mas sugere que estão relacionadas e que as descobertas se alinham de forma exata com o trabalho de pesquisadores como Rachel Romeo — a fonoaudióloga e neurocientista que estudou os cérebros das crianças enquanto estavam em um tomógrafo.)

Mas o estudo que veio em seguida é o que acho mais marcante. Na época em que as crianças estavam terminando o ensino fundamental, ficou claro que a exposição linguística inicial previu ambas as habilidades cognitivas e linguísticas dez anos depois. Em testes de linguagem e QI, as crianças que se envolveram em mais interações coloquiais com seus pais quando eram pequenas tiveram uma pontuação consideravelmente mais alta. Um período de seis meses na vida inicial das crianças provou-se particularmente importante: a época entre 18 e 24 meses de idade, quando a linguagem realmente decola e muitas crianças aprendem várias palavras novas a cada dia, estava ligada de forma clara aos resultados linguísticos e cognitivos posteriores e pareceram ser uma janela de oportunidade fundamental.

Isso é o que está em jogo para pais como Randy e crianças como Julian. Por isso, o que os pais fazem em casa durante esse período crítico refletirá de forma tão ampla ao longo da vida de seus filhos — e por toda a sociedade em geral. A conversa e interação dos pais e cuidadores é o segredo para construir fortes capacidades cognitivas. É por isso que essa é a força motriz de tudo o que fazemos no TMW. Quando os pais se envolvem, prestando atenção nos interesses e emoções de seus filhos, estão construindo suas habilidades cognitivas e prontidão escolar. Quando compartilham livros com seus filhos todos os dias, se envolvem em conversas coloquiais e provocam respostas a palavras e ações, eles estão construindo habilidades cognitivas e prontidão escolar. Quanto mais tempo as crianças passam fazendo esse tipo de coisa com os pais, mais fortes ficam seus crescimentos cognitivos. Esses estudos de longo prazo são provas adicionais de que não importa qual histórico os adultos levam para a parentalidade, eles podem impulsionar o desenvolvimento cerebral de uma criança ao se envolver, falar mais e revezar.

O tempo é essencial

Randy revelou-se natural nos 3Ts. Ele e Julian se encontraram com Michelle Saenz, uma de nossas incríveis visitantes domiciliares. Usando seu sempre presente boné preto do time de basquete Chicago Bulls sobre sua cabeça raspada, Randy abraçou os 3Ts com felicidade e regularmente se agachava no chão para brincar com o filho. Isso não era algo que os homens da família dele faziam tradicionalmente. Nem mesmo o que chamamos de sintonização. Criando quatro meninos, os pais de Randy eram rígidos e conservadores. "Não falávamos sobre nossos pensamentos, sentimentos ou nada disso", contou-nos ele. Randy cresceu pensando que o aprendizado acontece na escola e nunca ocorreu a ele que algo poderia ser feito para construir os cérebros dos bebês nos anos iniciais. "Sempre pensei da outra forma, que crianças nasciam inteligentes", afirmou. Mas ele ficou animado ao descobrir que podia ajudar a construir o cérebro de Julian.

Você poderia dizer que Randy se tornou um verdadeiro crente. Em uma reunião de família na casa da mãe dele depois de estar no TMW há um tempo, um dos seus irmãos o encontrou brincando com Julian. "Cara, o que você está fazendo no chão?", perguntou o irmão. Como um evangelista dos 3Ts, Randy fez um monólogo sobre os benefícios de agachar ao nível de seu filho e prestar atenção na brincadeira dele. "Cada coisinha conta, tudo!", disse ele.

Durante suas primeiras sessões no TMW, Randy se acomodava no tapete cinza aveludado de sua sala de estar e pegava Julian de modo divertido com um braço para colocá-lo no colo, fazendo carinho no cabelo preto do filho e gentilmente fazendo cócegas na barriga macia dele. Falando com Julian, Randy facilmente alternava entre espanhol e inglês, uma reflexão de sua herança mexicana e irlandesa. Quando Julian pegou os blocos do alfabeto, Randy lentamente o ajudou a empilhar os blocos de forma contínua, contando enquanto montavam ("um... dois... três... quatro... cinco..."), até que formaram uma torre alta e instável na frente do menininho.

"Derrube, derrube." Randy cutucou Julian, o incentivando a tombar a torre. Julian olhou para o pai, seus olhos brilhando de alegria enquanto Randy adicionava mais e mais blocos. Quando a pilha, e a contagem, chegou no dezesseis, a torre desabou.

"Bum!"

Randy especialmente amava usar sua paixão pelos times esportivos de Chicago — os Bears, os Bulls e os Cubs (nunca os White Sox!) — para ajudar no crescimento do cérebro do filho através do papo matemático. Sempre que assistiam a um jogo de beisebol, Randy contava os strikes e as corridas para as bases, mantinha a pontuação e até mesmo apontava os números na camisa de cada jogador, e foi asso, que Julian eventualmente passou a identificar os jogadores. Se o menininho identificasse o interbases Javier Báez, ele gritava: "Nove!"

Randy estava aproveitando ao máximo seu tempo com o filho. Sem dúvidas, ele estava mandando a bola para fora do campo (trocadilho intencional). Ele aceitou nossa orientação e colocou em prática. Randy sabia que precisava sintonizar, falar mais e revezar. Acreditou em seu poder como arquiteto do cérebro. Mas, mesmo que Randy estivesse usando o programa perfeitamente, não conseguimos oferecer a coisa que ele mais precisava: tempo.

Os esforços de Randy no desenvolvimento cerebral saudável entravam em conflito com sua realidade econômica. Sempre que podia, Randy tentava chegar em casa à noite a tempo de passar pelo menos trinta minutos com seus filhos antes da hora de dormir. Mas, para sustentar a família, ele precisava pegar qualquer trabalho extra que conseguisse. Além do trabalho regular contratado e do emprego de Mayra em um consultório odontológico, Randy fazia trabalhos paralelos — mais estacionamentos, garagens particulares, drywall — depois do expediente ou em seus dias de folga para complementar a renda.

Randy sempre foi um trabalhador empenhado. Era um valor que seus pais enfatizavam e, desde os 14 anos de idade, ele nunca ficou sem emprego, algumas vezes tendo mais de um. Ele ensacava compras, limpava mesas, ajudava a demolir casas em uma equipe de construção. Assim que terminou o ensino médio, ingressou na Marinha e passou seis anos em serviço, como cozinheiro na maior parte.

Apesar de sua forte ética de trabalho, a falta de ensino superior o deixou atolado em um mercado de trabalho que não oferecia benefícios, um salário digno ou horas justas. Ele não queria nada além de imitar seus pais, que mantiveram empregos fixos com benefícios durante a vida inteira. O pai, um veterano militar, trabalhou na mesma loja de ferragens por mais de três décadas. A mãe dedicou quase o mesmo tempo no vestiário de um country club em um dos bairros chiques no norte de Chicago. Mas quando Randy e Mayra estavam começando sua família, empregos com benefícios e salários dignos eram difíceis de encontrar. Em vez disso, ele amontoava o máximo de trabalho possível. Mesmo que ele e Mayra mantivessem um orçamento cuidadosamente calibrado, o poder aquisitivo limitado deles significava que o dinheiro nunca parecia ser o bastante.

Mais importante, as demandas do trabalho de Randy significavam desistir de passar tempo com a família. Meia hora por dia com seus filhos era pouco. Com muita frequência, ele perdia até esse tempo porque sentia que precisava pegar qualquer trabalho que aparecesse, mesmo se significasse trabalhar até tarde da noite. Em um sábado, Randy preferia ficar em casa assistindo a um jogo de beisebol e usando o papo matemático com Julian e Jaylani do que colocando asfalto quente. A perda do tempo de Randy com os filhos foi agravada pelo fato de que o programa de creche que eles podiam pagar para Julian não era de qualidade alta o bastante para complementar o que Randy e Mayra estavam fazendo em casa. O estresse financeiro e exaustão do trabalho estavam alcançando Randy. A área em que moravam também o preocupava. Ele cresceu no mesmo bairro, e sua casa foi herança de um tio. Do lado de fora, lotes estavam vagos. Embrulhos de fast-food abarrotavam o chão e barulhos de tiros regularmente perfuravam o silêncio da noite. Dois irmãos de Randy foram baleados quando eram mais jovens. "Digo para as crianças que são fogos de artifício", explicou, "mas logo vão perceber que não é." Ele tenta fazer a diferença sendo voluntário no Urban Warriors, um programa de prevenção de segurança e violência juvenil administrado pela ACM/YMCA. Mas, durante a noite, ele costuma ficar acordado sentindo-se culpado e em seguida preocupado por se preocupar. Seu estado mental afetaria os filhos?

Um barco firme

Pais como Randy não querem nada além de fazer o trabalho para ajudar seus filhos a prosperarem. Mas sem tempo, disponibilidade e dinheiro, é como se Randy estivesse tentando transportar os filhos pela infância em um barco a remo furado. Ele estava remando o mais forte possível, educando-os da melhor forma, mas o barco continuava a encher de água. Era uma batalha constante só para continuar flutuando. Criar uma família nos Estados Unidos é caro. Para levar uma criança até o ensino médio, espera-se que uma família gaste mais de US$200.000, ou quase US$13.000 por ano.[15] Os pais precisam de barcos firmes se desejam levar seus filhos até o outro lado do rio prontos para a faculdade ou qualquer outro tipo de oportunidade que esteja na costa distante. Se puder levar a metáfora um pouco mais longe, diria que não precisa ser um iate, apenas um barco navegável, um que possa suportar as tempestades da vida sem afundar. Esse barco seria construído por salários apropriados para as famílias, horas de trabalho justas e creches acessíveis de alta qualidade. Em outras palavras, apoio confiável que realmente... apoia.

No entanto, durante os últimos 50 anos, as possibilidades econômicas para alguém como Randy apenas diminuíram. Alguém que fazia trabalho físico costumava ganhar o suficiente para criar uma família confortavelmente. Esse já não é mais o caso. Oportunidades de trabalho e salários estão aumentando principalmente em empregos que exigem maiores habilidades sociais ou analíticas e que precisam de maior grau de escolaridade ou treinamento. Oportunidades de emprego na área de fabricação diminuíram um terço desde a década de 1990, enquanto nos setores de conhecimento intensivo e terciário dobraram. (Por isso o senso crescente de que "parentalidade intensiva" é o único jeito de ajudar as crianças a ir aonde precisam chegar.) Os salários estão, em maioria, estagnados desde a década de 1970. Os aumentos que existiram foram principalmente para os trabalhadores de salários mais altos. Como resultado, a desigualdade de renda se expandiu de forma alarmante.[16] E embora seja verdade que a desigualdade aumentou de forma mais brusca nos Estados Unidos, também está aumentando na maioria das nações desenvolvidas (por muitas das mesmas razões) e em algumas economias emergentes. China, Rússia, África do Sul e Índia já experienciaram aumentos notáveis.[17]

Esses fatos e números podem parecer familiares. Ouvimos sobre desigualdade de renda há anos. Mas aqui está o que significa na prática. Mesmo trabalhadores como Talia, com empregos que podem ser chamados de bons (com salário, benefícios e horas justas), possuem dificuldades se estão no fim da escala salarial. Um estudo de 2020 que focava tais trabalhadores em um grande hospital de Pittsburg (eram secretárias, técnicos e similares) descobriu que a maioria tinha que recorrer a estratégias extremas, como empréstimos ou atraso de contas a fim de colocar comida na mesa. Eles dependiam de membros da família para cuidar das crianças e, geralmente, viviam sem alguns essenciais (por exemplo, plano de saúde para adultos, antes da Lei de Assistência Acessível, também conhecida como *ObamaCare*, era visto muitas vezes como um luxo exorbitante).[18]

108 NAÇÃO DOS PAIS

E então, existe a gig economy ou uberização. Amplamente impulsionada pelas mudanças tecnológicas, mais e mais indústrias foram afetadas e a maior parte dos trabalhadores se envolveu em trabalhos de curto prazo ou freelance para toda ou parte de sua renda. Meu avô era motorista de caminhão assalariado para os supermercados Giant Eagle. Ele possuía casa própria e mantinha sua família firme na classe média. Atualmente, esse tipo de emprego é frequentemente parte da uberização. Não é tão fácil medir a taxa de participação na uberização, mas estimativas recentes mostram que mais de um terço dos trabalhadores estadunidenses, como Randy, fazem parte da economia dos "bicos" e que está crescendo globalmente.[19] Para muitos, essa economia significa um trabalho paralelo que proporciona dinheiro extra. Esse certamente é um benefício estridente para alguns pais que ficam em casa. Mas para outros, é a maneira principal de ganhar a vida. As vantagens são a flexibilidade e (algumas vezes) barreiras baixas para entrar. As desvantagens são a falta de benefícios, segurança e controle sobre seu tempo, tudo o que é bem importante se você tem uma família para criar. Contrária à crença popular, a uberização não é composta apenas de motoristas da Uber ou Lyft e de proprietários de Airbnbs, também inclui empreiteiros independentes, trabalhadores plantonistas, trabalhadores sazonais (como aqueles que trabalham para a Amazon durante a correria do fim de ano) e muitos outros. De acordo com um relatório, de 40% a 60% dos trabalhadores de bico (dependendo se o trabalho é de renda primária ou suplementar) dizem que teriam dificuldades de lidar com uma despesa inesperada de US$ 400 — o que significa que estão vivendo perigosamente perto da margem financeira.[20]

Essas mudanças e desafios econômicos dificultam a vida cotidiana de muitas maneiras e, em particular, possuem uma consequência indireta, ou direta, na parentalidade. As realidades do mercado de trabalho atualmente estão em oposição direta com o nosso conhecimento crescente do que os pais e famílias precisam para o desenvolvimento cerebral completo. Pais que sentem estresse financeiro são menos prováveis de se sentirem apoiados, menos prováveis de colocar limites ou satisfazerem-se com sua parentalidade e menos prováveis de se comunicarem bem com seus filhos.[21] A realidade é que estresses econômicos e outros exercem um papel significativo no funcionamento geral das famílias. Mas a ligação entre os problemas de mão de obra e os problemas de desenvolvimento na primeira infância não é algo que recebe muita atenção.

Procurando por competência e conversa

Pais que trabalham fora de casa sabem muito bem o quanto seus empregos e a vida familiar estão emaranhadas. E eles sabem que a creche é a peça que pode dar um jeito em suas vidas. (Foi preciso uma pandemia, que fechou as escolas, creches e deixou os pais ocupando essa posição, para que todos vissem isso.) Assim como os pais são os arquitetos do cérebro de seus filhos, também são os funcionários de creches com quem as crianças passam a maior parte do tempo. Porém, somente 10% das creches nos Estados Unidos são classificadas como de alta qualidade, ou seja, lugares que baseiam o ritmo dos dias, as atividades e os cuidados no que sabemos sobre o fortalecimento do desenvolvimento das nossas crianças. Os outros 90% variam drasticamente e muitas são simplesmente de custódia. Cerca de 20% das nossas crianças estão em "isolamento linguístico", tendo menos de cinco conversas por hora.[22] (Quarenta conversas por hora deveriam ser a referência.) Sei que muitos dos funcionários de creches estão dando o seu melhor, mas como Mariah e as damas da era colonial, que mal conseguiam sobreviver trabalhando em creches, a maioria é mal paga, inexperiente e sobrecarregada.

Uma das coisas que mais sofre em ambientes de cuidados de baixa qualidade é o envolvimento linguístico rico. Os mesmos pesquisadores que registraram grande parte da primeira infância das crianças descobriram que elas conversam muito mais em casa do que nas creches — 73% mais![23] Essa janela importante para os estímulos de linguagem na primeira infância que identificaram entre os 18 e 24 meses? É exatamente quando as interações na creche estavam no nível mais baixo. Notavelmente, resultados preliminares de um estudo com 1.742 crianças de 13 países mostrou que, entre março e setembro de 2020, o vocabulário das crianças que estavam em casa com os pais por conta da pandemia cresceu mais do que seria esperado se não estivessem em casa — o estudo descobriu que essas crianças tinham menos tempo passivo em telas ou seus cuidadores liam mais para elas, o que representa uma das poucas boas notícias que saíram da pandemia.[24] (É claro, isso aconteceu nos primeiros seis meses de pandemia e, quando a crise continuou e os pais ficaram ainda mais apertados, esse efeito positivo pode ter desaparecido.) "Os cuidadores estavam mais cientes do desenvolvimento de seus filhos ou o desenvolvimento de vocabulário se beneficiou da intensa interação entre cuidadores e crianças durante o *lockdown*", concluíram os pesquisadores. Não é tão surpreendente que exista mais conversa em casa do que nas creches. Ninguém está mais interessado ou investido em uma criança do que seus pais. E em casa, há menos crianças disputando por atenção e provavelmente menos interrupções na conversa. Mas a extensão da diferença e do significado da janela de oportunidades para o desenvolvimento cognitivo das crianças destaca a importância fundamental de cuidados de qualidade.

Com os riscos tão altos, pais que sobem e descem a ladeira econômica — a maioria que precisa trabalhar fora de casa — são consumidos pela tentativa de achar uma boa creche e, depois, de pagar por ela. Gabrielle certamente foi uma deles. Uma audiologista e pesquisadora científica em Omaha, Nebraska, Gabby começou a procurar por uma creche assim que descobriu que estava grávida. Na verdade, ela começou a se planejar bem antes disso. Ela precisava. Seu trabalho oferecia uma licença maternidade "bastante deprimente. Você escolhe entre doze semanas sem remuneração ou usa quaisquer férias e dias de folga por doença que tenha acumulado", explicou Gabby.

Para eventualmente conseguir uma licença maternidade, Gabby não tirou férias nos primeiros anos no emprego. Depois de alguns tratamentos de fertilidade caros, ela e a esposa, Kaila, tiveram um menino em 5 de novembro de 2019. "Ele é meu pequeno milagre FIV", conta Gabby. Elas o chamaram de Greyson Kennedy e eu amo o motivo. O primeiro nome do filho delas é inspirado no Monte Greylock, o ponto mais alto das Montanhas Berkshire de Massachusetts, onde as duas cresceram e o lugar em que Kaila pediu Gabby em casamento. Kennedy, o nome do meio, homenageia o ex-juiz da Suprema Corte dos Estados Unidos, Anthony Kennedy, que foi o voto decisivo e autor do parecer majoritário que legalizou o casamento igualitário em junho de 2015. O casal até leu o final do parágrafo do parecer de Kennedy no caso *Obergell v. Hodges* em seu casamento.

O nome de Greyson é poético, mas seu parto foi difícil e ele nasceu com lábio leporino. Gabby lidou bem com esses desafios. "Eu o queria há tanto tempo e dei duro para trazê-lo até aqui", disse ela. "É difícil identificar o que é difícil quando, na maioria dos dias, eu acordo e agradeço por ser mãe dele... É um amor intenso."

Quando Gabby e Kaila começaram a busca por creches, elas tinham histórias de terror em mente. Uma amiga deixou o filho em uma creche da cidade e duas vezes entregaram para ela o bebê *errado* no fim do dia! Um lugar para o qual ligaram disse que preferia não receber visitas de pais em potencial. "Foi um pequeno sinal de atenção para mim." Alguns lugares eram assustadoramente sujos e fediam a fraldas. "Crianças são bagunceiras e não esperávamos uma creche que estivesse brilhando novinha em folha, mas algumas eram muito, muito sujas." Outras eram incrivelmente barulhentas ou tinham televisões em carrinhos. "Odeio criticar mães, mas não acho que tempo de tela forneça algum aprendizado, pelo menos não abaixo de 18 meses ou 2 anos." (Sua visão se encaixa na ciência e nas recomendações da Academia Americana de Pediatria.) Por um tempo, parecia demais esperar que encontrassem um lugar em que Greyson passasse muito tempo de bruços (elas não queriam que ele ficasse em uma cadeira de descanso o dia inteiro) ou onde pudesse construir relacionamentos fortes com seus cuidadores (isto exigiria baixa rotatividade de professores, o que é especialmente difícil de acontecer, dado que estudos estimam as taxas de rotatividade anual entre 26% e 40% em creches licenciadas nos Estados Unidos e, é claro, o fardo da COVID-19 intensificou o problema.)[25]

Mais do que tudo, Gabby e Kaila queriam um lugar em que os cuidadores falassem e se envolvessem com as crianças. Elas sabiam que conversa e interação são fundamentais para o desenvolvimento cognitivo. Queriam um lugar com uma abordagem educacional, que fosse focada no desenvolvimento infantil e acompanhasse conquistas. Já que trabalha com crianças que possuem perda auditiva, Gabby sabe muito sobre a importância de cercá-las de ambientes ricos em linguagem. (Você pode perceber que somos de áreas parecidas). Ela observava os cuidadores intensamente: *Eles estavam falando com as crianças mais novas? Estavam praticando revezamento de conversa?*

Finalmente, em uma visita, Gabby entrou no berçário de uma creche e viu uma professora segurando um bebê com cerca de 5 meses que estava balbuciando. "A professora estava olhando para o bebê com um grande sorriso e com expressões vívidas, um ótimo contato visual e respondendo cada balbucio com: 'Ah, verdade? Me conta mais. Ahh, é mesmo? Mentira! Que incrível.'" Gabby gostou disso. (Se tivéssemos o poder dos neurocientistas de olhar dentro dos cérebros do bebê e da professora naquele momento, tenho certeza de que veríamos as ondas de sincronização trabalhando.) Complementando o atrativo, os administradores da creche contaram para Gabby e Kaila que todos os professores sabiam o básico de sinais de bebês e trabalhariam neles com as crianças. Eles mandavam material para casa para incentivar os pais a praticarem os sinais também. "Isso realmente insinuou que eles entendiam a importância da aprendizagem inicial de linguagem em qualquer forma", observa Gabby. À medida que a visitação continuou, ela viu crianças em salas de aula em círculos para ouvir histórias, fazendo projetos de arte e mais. Os bebês nos berçários raramente choraram e, quando choravam, eram imediatamente atendidos.

Gabby e Kaila estavam convencidas, mas ainda precisavam matricular Greyson. Elas se inscreveram na lista de espera quando Gabby estava grávida de apenas doze semanas, mas não foram aprovadas para uma vaga até a licença maternidade dela acabar. Isso foi quase um ano depois! "Eu liguei de forma obsessiva e, honestamente, acho que ele não teria saído da lista de espera, mas acabaram transformando uma das salas das crianças em um berçário por conta da demanda", explica Gabby. "Então, eles tinham uma vaga no dia que eu estava ligando e sendo irritante. E eu estava em algum lugar certo da lista de espera e tudo deu certo."

Para pagar pela creche de Greyson, Gabby havia aceitado três trabalhos online como professora adjunta em duas universidades juntamente com seu emprego em período integral. "Em uma das turmas, a remuneração depende de quantos estudantes estão inscritos. Então, estou esperando", disse Gabby. Se 32 estudantes se inscreverem, ela recebe o próximo aumento na escala salarial, o que cobre mais um mês de creche. "É literalmente como meu cérebro funciona. Eu penso 'Quanto para mais um mês de creche?' Somos uma família de duas mães com bons empregos. Ainda é revoltante."

Com o emprego extra de Gabby, ela e Kaila podem equilibrar os custos, mas precisam ser mais conscientes com o orçamento do que desejam. Ela e Kaila gostariam de ter mais filhos. "Honestamente, gostaria de três filhos se não fosse tão caro", brincou Gabby. "Nós conversamos sobre expandir nossa família e o fator limitante são as finanças."

O custo exorbitante é ainda mais frustrante para elas porque sabem o quanto os professores recebem mal. Em parte, para compensar, Gabby os presenteia em todas as datas comemorativas, grandes ou pequenas, para mostrar o quanto os valoriza. "São pessoas que basicamente estão criando nosso filho. De algumas maneiras, gostaria que tivéssemos uma babá, porque pelo menos saberia para quem o dinheiro está indo. E eu entendo que é um negócio, existem despesas gerais, precisam pagar pelo prédio. Eu apenas, de algum modo, por mais caro que seja, gostaria de pagar três vezes mais para que os professores pudessem receber um salário melhor porque acho que merecem."

Os presentes de Gabby podem ser um pouco exagerados (Kaila ocasionalmente pensa dessa forma). Mas Gabby sabe que não está apenas tentando ajudar os professores. Há uma motivação mais profunda. Seus pais se divorciaram quando ela tinha 7 anos de idade e o pai faleceu pouco tempo depois. Em seguida, a mãe dela lutou contra doenças mentais e vícios, o que levou Gabby a passar um tempo no orfanato. "Não tive uma mãe que ia na aula falar sobre o trabalho dela ou que me deixava na escola com recadinhos de São Valentim para meus amigos. Então, de certa forma, sinto que estou vivendo este sonho de talvez ter a vida que gostaria de ter tido", conta Gabby. "Estou apenas tentando ser a melhor mãe possível e algumas vezes isso significa que sou um pouco exagerada."

Vidas conectadas

A vida das crianças e dos pais estão interligadas. Esses laços são fortes e amarrados intimamente, estabilizados por amor e através do tempo com a mesma certeza de que a conversa estabiliza conexões duráveis nos cérebros das crianças. As experiências que temos na infância, mediadas por nossos pais, serão refletidas em muito do que acontecerá conosco anos depois. A vida de Gabby foi moldada pelas dificuldades de seus pais. A vida de Greyson será moldada pelas escolhas de Gabby e Kaila. A vida de Randy é moldada pela ética de trabalho dos pais e por seu orgulho em seu serviço militar. E as vidas de Julian e Jaylani serão moldadas pela decisão de Randy de ligar para o TMW.

Mas as maneiras como as vidas das pessoas estão interligadas vão além de relações entre pais e filhos... muito além. Quando penso nos presentes de Gabby ou no nome de Greyson, quando penso no trabalho de Randy com os jovens no Urban Warriors ou na forma como ele falou com o irmão sobre brincar com Julian no chão, sou lembrada de como nós estamos ligados uns aos outros, frequentemente de formas que nunca esperaríamos. E as ligações vão ainda mais fundo. As políticas do país em que vivemos entram em nossas vidas e podem ter consequências imediatas ou em longo prazo. (Considere o laço entre um juiz da Suprema Corte e o pequeno Greyson Kennedy). No entanto, com muita frequência, nosso foco persistente em nós mesmos como indivíduos nos cega sobre como somos independentes e sempre fomos, e nosso foco em nos responsabilizarmos por nós mesmos nos cega sobre como somos dependentes de certos tipos de apoio institucional e social. Afinal, os fundadores do país reconheceram que democracia exigia escolas comuns para criar cidadãos educados o bastante para serem votantes informados. Hoje, precisamos reconhecer que os destinos dos pais e das crianças estão ligados aos destinos das sociedades, das nações.

Em países onde existem mais políticas favoráveis à família, onde há creches públicas, por exemplo, ou licença parental remunerada, há menos desigualdade de linguagem entre crianças ricas e pobres do que nos Estados Unidos, de acordo com o Projeto Wordbank que Michael Frank administra na Universidade Stanford.[26] Uma vez que o desenvolvimento cognitivo nasce de forte desenvolvimento inicial de linguagem, essas menores desigualdades de linguagem beneficiam a sociedade inteira na forma de uma mão de obra mais educada e outros resultados públicos positivos.

Isso significa que os desafios enfrentados pelos pais afetam todos nós. Como esperam que os pais construam os cérebros dos filhos se a sobrevivência exige que raramente estejam em casa durante as horas em que os filhos estão acordados? Muitos pais trabalham duro para manter suas famílias estáveis, frequentemente em mais de um emprego, incluindo aqueles que consideramos "bons", como o de Gabby e Talia, e ainda assim não possuem a capacidade de pagar por creches ou mal conseguem pagar. "Criamos um contexto em que ser pai é praticamente impossível", contou-me Jennifer Glass, socióloga da Universidade do Texas, em Austin. "Ninguém pode arcar com os custos de ter um filho, a não ser que sejam milionários, sem fazer sacrifícios financeiros enormes que irão aumentar com o tempo. Ter dois ou três filhos pode literalmente levar você à falência." Jennifer estuda dinâmicas familiares e parentalidade. Ela sempre se impressionou com nosso ideal romântico de que ser pai é uma alegria imperdível, que sempre é uma bênção ter filhos. Mas, se você olhar mais de perto, descobrirá que a maioria dos pais não está tão feliz quanto você espera. Isso não significa que eles não amem ou encontrem alegria nos filhos. Significa que o barco deles está furado e estão com dificuldades de transportar os filhos até o outro lado do rio para um futuro melhor.

Com os colegas Robin Simon e Matthew Andersson, Jennifer fez um estudo esclarecedor que questionava se isso era um fenômeno estadunidense ou global.[27] Eles observaram a alegria dos pais em vinte países desenvolvidos, principalmente ocidentais (porque seria onde encontrariam os dados comparáveis), e criaram um banco de dados de políticas que auxiliam os pais (coisas como licença familiar, escala de trabalho flexível ou controle de escala, folga por doença e férias remuneradas). Em seguida, compararam a felicidade dos pais em países com políticas favoráveis à família e aqueles sem elas. "Ficamos chocados", diz Jennifer. Em todos os lugares que olhavam, os pais estavam menos felizes do que os que não eram pais. Mas em países com políticas familiares mais generosas, particularmente tempo de folga remunerado e creches financiadas pelo governo, as diferenças em felicidade tendiam a serem menores entre pais e não pais. E, mais importante, nos países em que as políticas favoráveis à família impulsionavam a felicidade dos pais, tais políticas *não* reduziam a felicidade dos que não são pais (por exemplo, ao colocar mais pressão neles no local de trabalho).

Randy certamente era um dos pais estadunidenses infelizes, trabalhando longas horas para sobreviver e acordado à noite cheio de preocupação com o futuro dos filhos. Felizmente, alguns anos depois de conhecê-lo, as coisas para ele mudaram para melhor. Sentindo que não podia passar por outro verão quente trabalhando em estacionamentos, ele começou a procurar online por anúncios de trabalho e encontrou o seu emprego dos sonhos: fazendo manutenção em uma ACM/YMCA em um bairro residencial próximo. O emprego oferecia um salário generoso e benefícios. Para ir à entrevista, Randy tirou um dia de folga, dizendo ao chefe que precisava levar os filhos ao dentista. O chefe descontou US$100 — um hábito para qualquer dia de folga. Randy estava tão nervoso que suou durante a entrevista inteira. Quando descobriu que conseguiu o emprego, ele se encheu de alegria.

Um peso saiu dos ombros de Randy. Ele faria uma viagem de 10 minutos em vez de passar por todos os bairros residenciais de Chicago até Indiana. Em vez de trabalhar no asfalto quente todos os dias, ele estaria em um prédio com ar-condicionado. Depois de um ano no emprego, ele poderá usar os dias de férias (sem perder remuneração) e tem acesso aos planos de poupança de aposentadoria.

Mais importante, o novo emprego deu tempo para Randy passar com a família. Ambos os filhos agora estão na escola em tempo integral, mas normalmente ele está em casa para o jantar. Ele sempre tem os sábados e domingos de folga, então Randy e Mayra podem fazer planos para o fim de semana com as crianças. Nos sábados, quando Mayra precisa trabalhar, eles não precisam mais gastar seus recursos limitados com uma babá. Randy está em casa.

Uma das coisas que Randy está mais ansioso para fazer com o novo salário é levar Jaylani e Julian para o primeiro jogo do Cubs da vida deles. "Quando você vê a grama verde do Wrigley Field, você nunca esquece", afirma ele.

Acho que as crianças são ainda mais propensas de lembrar de todo o tempo que estão passando com o pai durante esses dias e de todas as conversas que estão tendo. De seu novo barco mais firme, a margem distante ficou mais clara para Randy. O que eu vejo são habilidades cognitivas em cascata que fortalecerão os futuros de Julian e Jaylani.

SETE

CRIANDO MAPAS E NAVEGANDO CONTRA A CORRENTE

"Algumas vezes em nossas vidas todos temos dor, todos temos tristeza..."

— Bill Withers[1]

Agora que meus filhos estão crescidos, dependo dos meus amigos para fornecer minha dose de "criança fofa". Uma querida amiga recentemente me enviou um vídeo do filho dela, Jesse, um menino de 4 anos de idade com bochechas rosadas e um tufo suave de cabelo castanho na testa sentado em frente a uma mesa branca. Na mesa, há um marshmallow. Encarando-o, Jesse resmunga algo rapidamente.

"Não entendo o que você está dizendo", diz sua mãe, Katie.

"O marshmallow está ficando mais fino", observa Jesse seriamente enquanto olha para o marshmallow pequeno, "porque está parado por *muito tempo*". É claro, o marshmallow não mudou de tamanho, mas estudar sua forma parece estar ajudando Jesse evitar a devorá-lo. E esse é o objetivo. Katie recriou o famoso experimento do marshmallow com o filho.

No começo da década de 1970, pesquisadores da Universidade Stanford apresentaram um petisco para alunos da pré-escola — um marshmallow ou um pretzel, dependendo da preferência da criança — e disseram que poderiam comer aquele imediatamente ou ter dois se pudessem esperar 15 minutos enquanto os adultos iam para fora da sala.[2] Então, eles saíam e deixavam as câmeras gravando. As crianças tentaram de tudo, desde cantarolar para si mesmas a colocar as mãos nos olhos para evitar cair em tentação. Uma até rezou olhando para o teto. Anos depois, os pesquisadores relataram que as crianças que conseguiram esperar eram mais competentes quando adolescentes do que aquelas que não esperaram. Elas também tiraram notas melhores no vestibular e tinham melhor saúde física.[3] A habilidade de esperar pela gratificação pareceu ser o segredo para o sucesso.

No vídeo da minha amiga, Jesse está tentando bastante esperar. Ele sabe que ganhará um marshmallow extra se apenas puder aguentar. Ele encara o marshmallow por mais alguns segundos até que um alarme toca no celular de Katie. Ele conseguiu. Jesse arqueja e sorri antes de pular para cima e para baixo em sua cadeira, gritando: "SIM!!!!!" Depois, ele faz uma dança da vitória. A mãe irradia orgulho.

Katie está longe de ser a única mãe treinando o filho a esperar pela gratificação. A #patiencechallenge recentemente viralizou no TikTok. Celebridades como Kylie Jenner e Gabrielle Union-Wade filmaram seus filhos resistindo à tentação ou falhando. Kylie colocou uma tigela de M&Ms na frente de sua filha de 3 anos, Stormi, e prometeu três dos docinhos se a menininha conseguisse esperar até Kylie voltar do banheiro. Por 15 segundos, Stormi encarou a tigela. Em um momento, parece que ela não resistirá. Ela tenta alcançar a tigela lentamente. Mas então, começa a cantar uma música assim: "paciência... paciência... paciência". Cada vez que ela repete "paciência", parece que resiste ao impulso do doce. A filha de Gabrielle, Kaavi, não conseguiu resistir. Ela devorou o doce imediatamente. Para ser justa, Kaavi era bem mais nova — ainda nas fraldas — e provavelmente não deveria conseguir esperar.

Com paciência ou sem, é tudo uma fofura. Mas tais vídeos, sejam da minha amiga Katie ou de celebridades, não são apenas divertidos. São um sinal de que a ideia de que os pais podem ajudar os filhos a controlar seus comportamentos ficou completamente popular. O que esses pais estão realmente desenvolvendo em seus filhos é a função executiva, a habilidade empregada quando controlamos nossos impulsos.

Embora inteligente, o estudo original do marshmallow era falho. Entre outros problemas, ele falhou em reconhecer outras diferenças entre as crianças que teriam afetado seus resultados.[4] Mas o estudo chamou a atenção do público — e permaneceu assim — por uma boa e importante razão. A função executiva tem sido repetidamente considerada muito importante na escola e fora dela.[5] De forma intuitiva, os pais entendem que as habilidades que as crianças utilizam para resistir a um marshmallow grudento são as mesmas que precisam para evitar terem um chilique na fila do supermercado ou para se sentarem quietas na escola — habilidades que podem parecer frustrantemente difíceis de alcançar. Com frequência, durante a terceira ou quarta sessão do programa de visitação domiciliar do TMW, um pai diz algo do tipo: "Amo que minhas palavras estejam construindo o cérebro do Jimmy. Também posso usá-las para conseguir que ele finalmente se comporte?"

A resposta curta é sim. Eu não me dei conta disso quando comecei minha jornada fora da sala cirúrgica. Estava focada nos estímulos linguísticos e no desenvolvimento paralelo de linguagem, não na função executiva. Como muitas pessoas, presumi que a função executiva não tinha relação, que era algo inato. À medida que me aprofundei na literatura científica sobre como o cérebro se desenvolve nos primeiros dias de vida, aprendi o oposto. A função executiva é um músculo que os pais podem ajudar os filhos a fortalecer. A mesma interação responsiva quintessencial responsável por construir a capacidade linguística de uma criança também está no centro do desenvolvimento da capacidade da criança de controlar suas emoções e comportamento nos primeiros anos.[6] O que significa que o nosso foco no TMW — estímulos linguísticos nos primeiros 3 anos de vida — era o segredo para estabelecer as bases para uma forte função executiva também. Assim que reconhecemos isso, começamos a adicionar módulos de aula sobre função executiva e comportamento ao repertório que compartilhávamos com pais e professores.

Dito isso, a função executiva demora para se desenvolver. O resultado dos esforços dos pais não aparecerá até que as crianças estejam com mais de 3 anos de idade e continuará a se desenvolver por toda a infância e adolescência. Até mesmo a dos meus filhos, que já estão na faculdade, estão em desenvolvimento! Muitos pais subestimam o tempo que leva. Quando o TMW investigou as crenças dos pais sobre o que as crianças são capazes de fazer entre 0 e 3 anos de vida, mais de 70% pensavam que crianças de 2 anos de idade e mais novas podiam compartilhar e revezar, e mais da metade achava que elas deveriam conseguir controlar suas emoções e impulsos.[7] Nenhuma dessas habilidades surge até os 3 ou 4 anos de idade.

Conhecer uma série de famílias no TMW destacou para mim o fato de que o tempo não é a única consideração. Desenvolver a função executiva requer um ambiente calmo e solidário ou algo próximo. Ansiedade, linguagem de baixo calão e violência prejudicam o importante processo de desenvolvimento do circuito cerebral que corrobora a função executiva. O circuito é delicadamente sensível ao estresse tóxico. O que acontece conosco em momentos específicos das nossas vidas, especialmente nos fundamentais anos iniciais, molda as respostas do nosso corpo ao estresse pelo resto das nossas vidas. É um processo cumulativo de desenvolvimento, mas há consequências vitalícias para disrupções na primeira infância.[8]

O rio da vida carrega desafios para todos nós. Mas a água é mais turbulenta para alguns do que para outros. Para muitas famílias, se torna a correnteza que vi em meu sonho. Essa correnteza, na forma do racismo, pobreza e violência, pode ameaçar nos afogar. E pode carregar (ou causar) desafios internos, como a depressão, abuso de substâncias, doenças, que ameaçam nos puxar como uma poderosa contracorrente. Quando a sociedade está estruturada da forma certa, suas redes de segurança podem nos proteger da tempestade. Mas a sociedade não oferece redes de segurança igualmente eficazes para todos nós. As pessoas mais vulneráveis aos males sociais também são menos propensas a terem um barco firme. Quando ser pai significa atravessar uma correnteza violenta, pode ser difícil escapar dos perigos.

Estabelecendo as bases para a determinação

Um dos pais que me mostrou isso de forma vívida foi Sabrina. A conhecemos como parte do nosso programa de visitação domiciliar. Ela e o filho de 2 anos de idade, Nakai, são fantasticamente parecidos — até os óculos retangulares —, e a admiração de Sabrina por seu filho era óbvia. "Amo observar seu rosto quando ele se anima", contou ela. "Ele é só alegria, realmente." Como muitas outras mães e pais, ela estava tentando convencer o filho a se comportar. Ele conseguia ser travesso. Nakai adorava tirar todos os DVDs de Sabrina da capa e reorganizá-los. (Pelo lado positivo, quando a mãe lhe entregava uma sacola de compras, ele sabia que era um sinal para ajudar a limpar a bagunça.) Outra brincadeira favorita era tentar pular da cama.

"Ele é audacioso!", exclamou Sabrina. "Não tem medo de nada."

Quando Nakai se aprontava para pular, ela dizia: "Bebê, não podemos pular da cama, não." E então explicava que pular da cama provavelmente o deixaria com um grande galo na cabeça ou algo pior.

Sabrina ficou emocionada em saber que seus impulsos parentais, a forma como falava com Nakai nesses casos, não estavam apenas evitando um galo na cabeça, mas também estavam contribuindo para o desenvolvimento saudável do cérebro do filho. Os 3Ts constroem a função executiva basicamente da mesma forma que constroem habilidades acadêmicas mais tradicionais. Explicando os motivos para as regras, Sabrina está fortalecendo as conexões que Nakai faria entre ações e consequências. Recompensar o bom comportamento também é outra boa ideia. Sempre que "pegava" Nakai fazendo algo bom, Sabrina gostava de fazer um "toca aí!", carinhosamente batendo a mãozinha dele com a dela, algo que fazia a criança sorrir de orelha a

120 NAÇÃO DOS PAIS

orelha. O que quer que ele estivesse fazendo certo era um ótimo assunto, um jeito de falar mais.

Ela também estabeleceu de forma consciente algumas rotinas positivas com Nakai e seu irmão mais velho, incluindo ir ao playground todos os dias às 10h, certificar que lavassem as mãos antes de comer e tomar banho regularmente. Coisas pequenas, mas importantes. Um dos objetivos de Sabrina enquanto trabalhava com o TMW era adicionar ainda mais rotina na vida dos filhos. "Isso só faz com que se sintam mais seguros e confortáveis", afirma ela. E está certa. A literatura científica apoia fortemente a importância da estabilidade e das rotinas previsíveis como fatores fundamentais no desenvolvimento das habilidades de autocontrole e socioemocional das crianças.[9] Os 3Ts foram projetados para facilitar tal previsibilidade. Um tom positivo e a capacidade de resposta da sintonização são especialmente importantes. Quando os pais incorporam os 3Ts em rotinas diárias, como na hora de dormir, na hora de brincar e no almoço, a previsibilidade disso é o segredo para sustentar as funções de autocontrole e executivas de uma criança. E pode fazer ainda mais. Pode construir a resiliência dela.

A analogia que usamos no TMW é pensar na parte do cérebro que controla o comportamento como um semáforo com um sinal verde e um sinal vermelho. O verde nos diz para seguir, seguir, seguir e agir em nossas vontades e impulsos. O vermelho nos diz para parar e pensar em controlar esses impulsos. Quando adultos, usamos nossos semáforos o tempo todo para fazer escolhas inteligentes. (Ou tentamos...) Nossos cérebros desenvolvem esse controle com o tempo e os de nossos filhos estão apenas no começo do processo. Quando amadurecer e ficar mais forte, o cérebro da criança desenvolverá o poder de ativar o sinal vermelho, dando para ela a capacidade de controlar suas emoções e comportamento. Até que as crianças possam fazer isso sozinhas, elas precisam de ajuda dos adultos em suas vidas.

A função executiva vai além de permitir que as crianças inibam seus impulsos. Ela as ajuda a mapear o que precisam fazer. Inclui habilidades que precisarão na escola, como a memória de trabalho, que dá a habilidade de atualizar a informação que elas mantêm em mente. (*O professor disse para não organizar os blocos por cor.*) A função executiva permite que as crianças troquem de uma tarefa para a outra, um exemplo da flexibilidade cognitiva. (*Agora ele quer que organizemos os blocos por forma.*) Ajuda-lhes a terminar de guardar os blocos quando solicitados, sem se distrair. (*Agora devo parar de brincar com os blocos e colocá-los de volta na caixa.*)[10] Sem a função executiva ideal, as crianças fazem um grande esforço para se ajustarem à escola, para focar e absorver o que está sendo ensinado. Elas possuem dificuldade de organização e planejamento para projetos em curto prazo e possibilidades em longo prazo. Pior ainda, pesquisas sugerem que problemas emocionais e de comportamento iniciais geralmente persistem e podem aumentar à medida que a criança cresce, enquanto alunos da pré-escola com função executiva avançada possuem melhor entendimento social e passam a ter habilidades acadêmicas superiores e menos problemas comportamentais.

À medida que evidências se acumularam nos últimos vinte anos, começou a parecer que a função executiva (ou seja, de determinação ou habilidades não cognitivas) era a capacidade mais importante de todas para o sucesso acadêmico e vitalício, ainda mais do que as habilidades cognitivas como conhecimento do alfabeto e matemática básica. Livros sobre determinação e resiliência como o segredo para o sucesso se tornaram best-sellers. Professores do jardim de infância escolheram de forma impressionante as habilidades não cognitivas, como a função executiva, como as mais essenciais para a prontidão escolar.[11] Isso porque, em uma sala de aula, o comportamento das crianças afeta tudo: o quanto o grupo consegue conquistar, o quanto conseguem se divertir juntos, e finalmente, o quanto conseguem aprender. É claro, como a pesquisa sobre prontidão escolar deixa claro, as habilidades cognitivas e não cognitivas são ambas essenciais. Aliás, são complementares: quanto mais forte cada uma for, melhor trabalharão juntas para ajudar no aprendizado de uma criança. E o que sabemos agora, como os vídeos da #patiencechallenge nos mostram, é que os pais possuem um poderoso papel em desenvolvê-las.

O termo "determinação" é um lembrete de que habilidades de função executivas são algumas vezes conhecidas como habilidades de caráter. Sempre achei o termo "caráter" forte nesse contexto porque sugere a essência da identidade de alguém, implica um traço inato. Pensar no controle de impulso dessa forma é tão problemático quanto a ideia que crianças deveriam colocar a mão na massa. Como Kim Noble nos lembra, bebês não podem colocar a mão na massa. Eles não nascem com controle de impulso também. A função executiva é o produto de uma dança entre a natureza e a criação. Os genes que os pais entregam oferecem um kit inicial, mas como a habilidade será construída no final depende das experiências que as crianças terão. Como leitura ou subtração, a função executiva é uma habilidade que precisa ser nutrida. É desenvolvida com o tempo em partes específicas do cérebro, principalmente no córtex pré-frontal, a última área do cérebro a amadurecer completamente.

O desafio especial da função executiva é que, durante a jornada até a maturidade, o córtex pré-frontal é fortemente influenciado e reativo ao estresse crônico e ansiedade. O que isso significa? Que o autocontrole das crianças se desenvolve em resposta ao que está acontecendo em suas casas, bairros e escolas.[12] Muitos desses problemas são sistêmicos. Para muitas crianças, essas casas carregam toxinas como tinta à base de chumbo, a vizinhança luta contra a violência como a de Randy e as escolas são superlotadas e com poucos recursos como a do bairro de Hazim Hardeman. Algumas famílias também precisam lidar com gangues, assim como o castigo dos vícios. (Drogas são um problema enorme no interior dos Estados Unidos, que foi duramente atingido pela crise dos opioides.) Fiquei impressionada ao saber que a presença de crianças é um dos maiores fatores de risco para o despejo, de acordo com a pesquisa do sociólogo Matthew Desmond, autor de *Evicted* [Despejados, em tradução livre].[13] A insegurança alimentar é comum entre os pobres. Ações juvenis, como prisão por porte de maconha, são difíceis de apagar e podem limitar opções de moradia e emprego, dependendo da condição socioeconômica da pessoa envolvida. As vidas de Michael e Keyonna, participantes do TMW, foram viradas de cabeça para baixo quando Michael, vítima do racismo policial e de um sistema de justiça glacial, passou anos na prisão por um crime que não cometeu. Tudo isso pode somar ao que os pesquisadores chamam de estresse tóxico.

É claro, você não precisa viver em um bairro violento, sofrer racismo ou ser atingido pela pobreza para enfrentar circunstâncias devastadoras. Depois que Don faleceu, preocupei-me extremamente não só com a saúde física dos meus filhos, mas com a saúde mental deles. Amelie, que tinha apenas 7 anos de idade, ficou obcecada com a morte, temendo que eu também fosse a deixar. Por grande parte do primeiro ano depois da morte do pai, a única maneira que ela conseguia dormir era se eu estivesse deitada com ela na cama, sua mãozinha tocando meu braço ou minhas costas como garantia de que eu ainda estava lá.

Na lista de "experiências adversas na infância", agora referidas pelo acrônimo EAI, perder um dos pais está no topo do impacto negativo. Felizmente, é raro. Mas apenas poucos sortudos navegam pela vida sem serem afetados. Eventualmente, começa uma ventania e ondas se formam no rio quando a tempestade chega. Na verdade, é provável que crianças americanas passem por algum tipo de evento negativo enquanto são jovens, desde dificuldades econômicas ou vivência com divórcio a abuso e negligência ou viver com um adulto que possui alguma doença mental ou vício em drogas ou álcool. De acordo com o Centro de Controle e Prevenção de Doenças, cerca de 60% dos adultos americanos sofreram pelo menos uma EAI quando crianças e um adulto entre seis sofreram quatro ou mais.[14] Até hoje, a maioria das pesquisas sobre EAIs focaram os Estados Unidos, mas um estudo de 2021 sobre 28 países europeus descobriu que as EAIs eram associadas a grandes problemas de saúde e custos financeiros por todo o continente. Por exemplo, no Reino Unido, cada EAI adicional resultava em salários mais baixos e riscos maiores de pobreza e dependência de previdência social.[15] Em países de renda baixa e média, a violência infantil é comum (80% das crianças são disciplinadas fisicamente) e correlaciona com as pesquisas sobre EAI.[16]

Estes não são desafios temporários a serem superados. Eles podem ter efeitos tóxicos vitalícios. As adversidades enfrentadas na infância se entranham no cérebro e, se não abordadas, podem interromper a estabilidade do circuito em construção e, portanto, a estabilidade do futuro da criança. A acumulação dessas experiências negativas é especialmente prejudicial. O trabalho da pediatra Nadine Burke Harris fortemente destacou que ter quatro ou mais experiências adversas quando criança coloca uma pessoa em alto risco de saúde mental e física negativa, como doenças cardíacas e depressão em anos futuros.[17] E os efeitos negativos podem passar de uma geração para a próxima.[18] Se as mães passam por algum estresse durante a gravidez, isso pode afetar quais genes se expressarão nos filhos quando nascerem — em outras palavras, pode mudar toda a programação genética.[19] Quanto mais estressados estão os pais, mais propensas estão as crianças de terem problemas de saúde mental, como ansiedade e depressão. Tudo que descrevi está completamente fora do controle da criança e geralmente fora do controle da família também.

Preso nas corredeiras

Por mais devastadora que seja a perda de um dos pais, meus filhos estavam protegidos de outras formas. Eu ainda tinha um bom emprego como médica e um teto sobre nossas cabeças. Nossa comunidade nos inundou de apoio, nos alimentando por meses e nos segurando quando pensávamos que cairíamos. Quando a vida saiu do controle para Sabrina e para a família dela, eles não tiveram tanta sorte. A rede de segurança que poderia tê-los apanhado falhou. Aquelas sessões do TMW que falamos sobre não pular da cama? Elas aconteciam em um abrigo para sem-teto, um local que Sabrina nunca acreditou que chamaria de "lar".

Apenas dois anos antes, ela estava comemorando uma promoção na Community Care, uma fornecedora de serviços domiciliares para idosos. Começando como cuidadora, Sabrina rapidamente subiu as posições e se tornou administradora no escritório da empresa no centro de Chicago. (Ela também tem uma paixão por escrita e espera publicar um livro um dia.) O marido de Sabrina, Wayne, trabalhava como atendente de lavanderia. Na época, eles tinham apenas um filho, Jason, que tinha 11 anos de idade. Quando Sabrina mudou de remuneração por hora para um salário, significou que a família de três podia finalmente entrar na classe média.

Mas a segurança deles enfraqueceu rapidamente quando Wayne foi diagnosticado com diabetes e passou uma semana no hospital. Sabrina vinha suportando um longo deslocamento — ela acordava às 5h, deixando a casa ainda no escuro, retornando às 20h. Wayne estava trabalhando à noite, acordava Jason para a escola, fazia a comida e mantinha a casa organizada. Mas nas semanas após seu diagnóstico, Wayne teve dificuldade em regular o açúcar em seu sangue e sua saúde fraca limitava a capacidade de cuidar do filho ou de si enquanto Sabrina estava no trabalho. O estresse estava alcançando todos eles e Sabrina pensou que poderia ajudar a saúde de Wayne a estabilizar se ela passasse mais tempo em casa. Primeiro ela pediu para trocar seu horário e depois por licença médica familiar. O chefe negou ambos os pedidos.

Colocando a família em primeiro lugar, Sabrina saiu do emprego. Apenas algumas semanas depois, ela descobriu que estava grávida de Nakai — um choque, já que ela havia desistido há muito tempo do sonho de um segundo filho. Com o custo extra de um novo bebê a ser planejado, somente a renda de Wayne não era o bastante. Logo esgotaram as economias e já não podiam pagar pelo aluguel. Eles passaram alguns meses na casa da mãe de Sabrina, durante a época em que ela deu à luz a Nakai, mas a estadia foi carregada de tensão e eles precisaram ir embora.

Em 2019, a estadia normal em um abrigo para sem-teto em Chicago era de menos de quatro meses e era o que Sabrina esperava.[20] Em vez disso, a família ficou presa lá por dois anos e meio. Nakai completou 1 ano, depois 2, no abrigo. O filho mais velho, Jason, completou 12 e depois 13.

Fora da calma e ordem do quartinho deles, o qual Sabrina e Wayne deixaram um brinco quando chegaram, reinava a sujeira e o caos supremo. Sabrina descreveu a experiência de morar no abrigo para sem-teto a pior de sua vida. Imediatamente, havia avisos sobre criminosos sexuais no prédio. Disseram para ela que as crianças deveriam ser mantidas próximas. Como resultado, a família carregava o pequeno Nakai para todos os lugares. Durante os dois primeiros anos da vida dele, Sabrina se certificou de que seus pés nunca tocassem o chão. E ela nunca deixava Jason e Nakai usarem o banheiro (compartilhado) no fim do corredor sozinhos. Embora soubesse que televisão não era bom para crianças muito pequenas, algumas vezes ela precisava ligar — no volume alto — para abafar as discussões a gritos dos vizinhos de porta.

Apesar da instabilidade e estresse em volta dela, ou talvez por conta deles, Sabrina se inscreveu para ser parte do TMW. Ela queria fazer tudo o que podia para dar a melhor chance para Nakai prosperar. A criação próspera de crianças não é fácil nas melhores circunstâncias. Mas criá-las em ambientes destrutivos pode ser quase impossível.

CRIANDO MAPAS E NAVEGANDO CONTRA A CORRENTE **125**

Uma das coisas que falamos durante as visitas domiciliares do TMW é que não é apenas o número de palavras ou qualidade que importa, é a forma como essas palavras são ditas. O tom e ânimo da língua é crucial porque habilidades não cognitivas são especialmente afetadas pelo estilo parental. Reprimendas e instruções duras podem resolver o problema em curto prazo e podem até adicionar muitas palavras. O que elas não fazem é ajudar a construir a função executiva. Elas a enfraquecem e preparam o terreno para autocontrole e função executiva ruins em longo prazo. Os melhores resultados vêm de apoiar a autonomia das crianças e de uma maneira que combine a disciplina efetiva com o carinho dos pais.

Mas o medo de Sabrina por seus meninos e sua determinação de protegê-los do mundo ao redor era tão forte que se Jason e Nakai estivessem mais de alguns metros de distância dela no abrigo, Sabrina gritava com eles. Seu tom aterrorizado levava-os de volta para seu lado como uma coleira. Depois de aprender sobre a função executiva e como ela se desenvolve, Sabrina queria saber: o que ela deveria estar fazendo?

Para ser honesta, nossa equipe não tinha uma resposta satisfatória. Abordagens perfeitas para criar um filho em um abrigo para sem-teto não existem nos livros e geralmente são deixados de fora de programas educacionais para pais. Como alguém equilibra os fatos de que o cérebro precisa de uma coisa e a vida em um ambiente perigoso precisa de outra? Nossas estratégias funcionam bem para frustrações do dia a dia, como a determinação do filho dela de pular da cama e para aqueles momentos em que um pai vê seu filho correndo atrás de uma bola na rua quando um carro se aproxima perigosamente. O que eles fazem? Gritam, é claro! E deveriam. Mas o que acontece em situações como a de Sabrina, em que emergências são uma ocorrência diária e drama é parte da rotina? Acho que todos concordamos que isso impõe um dilema: devo gritar e manter meu filho em segurança? Ou falar com ele devagar e de forma razoável e esperar que ele escute? Muitos pais escolheriam o grito e a obediência.

Sem surpresa, as crianças que crescem na pobreza, que algumas vezes vivem em ambientes muito estressantes e caóticos, são mais propensas a enfrentar desafios com o autocontrole.[21] Embora a interação cuidadosa de pais e cuidadores possa proteger as crianças das adversidades que a rodeiam, frequentemente, apesar das melhores intenções dos pais de afastá-lo, o estresse enorme pode se infiltrar no cérebro em desenvolvimento delas. Estresse crônico e constante eleva o nível de cortisol em bebês e crianças pequenas, o que é um problema porque, além de desencadear uma série de doenças físicas, o cortisol muda o cérebro a nível celular — possivelmente alterando o crescimento e desenvolvimento do córtex pré-frontal e, portanto, as respostas comportamentais das crianças.[22] Em outras palavras, embora as funções cognitivas e executivas das crianças não sejam *inatas*, crianças *nascem* com muita frequência em um mundo repleto de adversidades, o que terá um efeito negativo nessas habilidades.

Devemos olhar a parentalidade pelas lentes do mundo em que as pessoas vivem, as experiências que elas possuem e as forças concorrentes que enfrentam. A morte de Don afetou o que eu fiz como mãe? Absolutamente. Tornei-me superprotetora. Até hoje, toda vez que olho para o Lago Michigan, esteja ele turbulento como no dia em que Don morreu ou plácido como um espelho, vejo apenas uma ameaça aos meus filhos e à minha capacidade de levá-los ao outro lado do rio até a vida adulta. De forma mais severa, pais que vivem em abrigos para sem-teto e em bairros com alta criminalidade lutam contra medos muito reais todos os dias sobre se é seguro para seus filhos andarem pelo corredor ou irem para a escola. Como os pais do passado, eles ainda precisam pensar sobre sobrevivência básica mesmo que também almejem o tipo de parentalidade intensiva que Patrick Ishizuka estudou, o tipo de parentalidade baseada na função cognitiva que ajudará seus filhos não apenas a sobreviver, mas a florescer no mundo atual, o que geralmente significa ir para a faculdade e trabalhar em direção a uma profissão. Muitos pais de baixa renda estão divididos entre dois mundos de parentalidades diferentes.

O que Sabrina realmente precisava era de um lugar melhor para morar. Mas, repetidamente, sua família era negada moradia. Normalmente, a razão dada era que Wayne tinha uma prisão não violenta em seu registro (por porte de maconha) uma década antes, durante a adolescência (antes que sua função executiva estivesse completamente desenvolvida). Disseram a eles que teriam uma chance melhor se Sabrina se candidatasse por conta própria como mãe solo, o que significaria separar a família ou mentir sobre o status deles. Imagine: um casal criando os dois filhos em matrimônio. Ele tinha um emprego e não se envolvia em problemas há anos. Mas o sistema não encontrava um jeito de ajudá-los a não ser incentivá-los a se separarem. "Não vou fazer isso", insistiu Sabrina.

Em alguns dias, porém, sua determinação desmoronava. Depois de cuidar dos básicos, como alimentar sua família, Sabrina voltava para a cama. Ela admitiu para nós que estava esquecida, lutando para lembrar de compromissos e de dar instruções consistentes aos meninos. Jason a corrigia: "Não, mamãe, não foi o que você disse." Suas articulações doíam, mas ela adiava a ida ao médico. O que realmente estava acontecendo era que Sabrina estava deprimida — bastante comum entre mães que foram despejadas.[23] Ao menos ela reconhecia o problema e sabia que precisava de ajuda. "Não posso continuar adiando", disse ela. "Se não estou bem, como posso cuidar de Nakai?"

A correnteza interior

Centenas de quilômetros ao oeste, Katherine também estava preocupada com a criação do filho. Nas aparências, Sabrina e Katherine eram muito diferentes. Uma era negra, a outra branca. Uma vivia na cidade urbana de Chicago, outra no estado rural de Dakota do Sul. Uma havia matriculado os filhos em escolas públicas, a outra planejava ensinar em casa. Mas a contracorrente da luta com a saúde mental agarrou as duas com força e as consequências possíveis eram igualmente assustadoras. Algumas vezes, a correnteza que precisamos atravessar não é tão óbvia quanto o desabrigo; ela vive dentro de nós. Mas seja a causa do estresse externa ou interna, ela possui um efeito formativo na função executiva e no desenvolvimento cerebral saudável.

As noites após o nascimento do primeiro filho de Katherine eram em claro, mas não pelas razões comuns. Mesmo quando ele estava acomodado e quieto, ela rolava de um lado para o outro. Sua mente estava fixada em um pensamento bizarro: que um carro dirigindo pela estrada em alta velocidade poderia entrar pela janela de seu quarto e matar sua família inteira. Quando Katherine se levantava pela manhã, ela achava quase impossível sair de casa. Ela ficava apavorada de deixar o bebê fora de seu campo de visão. Mesmo quando ia tomar banho, ela colocava a cadeirinha no chão do banheiro onde podia vê-lo. A mãe dela chegava para ajudar e insistia em olhar o bebê enquanto Katherine ia ao mercado. Mas Katherine se sentava na garagem e chorava, sem conseguir dirigir.

Katherine ficou paranoica sobre sair com o filho em público. O marido dela é pastor e havia pessoas em sua congregação que queriam — esperavam, na verdade — conhecer o bebê. Pensar em como ela teria que passar o bebê em um círculo para deixar outros segurá-lo encheu Katherine de pavor. Ela inventava desculpas e dizia para as pessoas que estava exausta. Elas sorriam, concordavam e diziam: "Ah, é porque você tem um bebê novinho." Katherine concordou, mas sabia do contrário, que pensamentos intrusos estavam invadindo seus dias, também.

Ela não estava apenas ansiosa. Katherine sentia uma vergonha imensa. *Por que estou com dificuldades?*, perguntava-se ela. *Eu sou tão boa com os filhos de outras pessoas. Não deveria estar me sentindo assim. O que há de errado comigo?*

Katherine tinha um tipo de depressão pós-parto, mas não percebeu. Nos primeiros dias depois do parto, muitas mães passam pela crise da "tristeza puerperal" — mudança de humor, crise de choro, ansiedade e insônia são comuns e podem durar até duas semanas. São causadas pela mudança extrema nos hormônios desencadeada pelo parto e pela exaustão, emoções poderosas e mudanças drásticas na vida comum que a vinda de um bebê traz. A depressão pós-parto pode parecer com a tristeza puerperal, mas normalmente é mais intensa e pode durar meses, um ano ou até mais. Pode incluir uma grande variedade de sintomas, desde o choro e fatiga até ansiedade severa e ataques de pânico como os que Katherine passou.[24]

Na época em que Katherine deu à luz, ela e o marido, Daniel, estavam vivendo perto de Sioux Falls, Dakota do Sul. Mas eram novos na comunidade. Eles haviam se conhecido em um site de namoro anos antes, quando Daniel estava no seminário e Katherine vivia na Reserva Indígena Pine Ridge, dando aulas para a quarta e quinta série como parte do programa Teach for America e administrando uma fazenda orgânica que distribuía frutas e vegetais de graça para família locais.

Quando descobriu que estava grávida, Katherine esperava ter um parto domiciliar, mas havia poucas parteiras na área, o que tornava o parto no hospital a única opção. O parto demorou doze horas, sem epidural e intervenções médicas, e ela deu à luz a um lindo menino. Seis semanas depois, ela fez um — e apenas um — check-up pós-parto. Foi superficial.

"Como vai?"

"Bem."

"Como está sendo a amamentação?"

"Ótima."

"Quer fazer um exame?"

"Não." Katherine achava que não precisava de um.

Então ela foi para casa.

É verdade que o médico perguntou como ela estava indo, mas Katherine deu a resposta mais fácil e, sem procurar por mais informações, o médico nunca descobriria a verdade. "O único check-up na sexta semana não foi o suficiente para identificar", disse Katherine.

Assim como Katherine, Daniel era pai de primeira viagem, então também não sabia o que era normal. Ele não identificou o quanto o estado mental dela estava fragilizado. Os dois haviam ouvido falar sobre a "tristeza puerperal", mas Katherine não estava chorando o tempo todo, que é como imaginava que ela seria. Katherine também não era incapaz de cuidar do filho, o que era uma consequência comum e perigosa da depressão pós-parto se as mães rejeitarem seus filhos ou sentirem a vontade de machucar os bebês ou a si mesmas.[25] Em vez disso, Katherine tinha pensamentos invasivos e ansiedade severa. Ela também não tinha paciência com ninguém. Mesmo que tudo isso estivesse muito longe de seu comportamento comum, nem ela nem Daniel enxergavam o que era.

Um dos maiores problemas com a doença mental é que, às vezes, ela age como uma contracorrente invisível, escondida por baixo da superfície. E muitas pessoas tentam mantê-la escondida por conta do estigma injusto associado a ela, o medo de que outros a vejam como uma falha pessoal. Embora um a cada cinco adultos norte-americanos lute contra algum problema de saúde mental — e mais durante a pandemia — e 1 a cada 25 viva com uma doença mental grave, como depressão severa, transtorno bipolar e esquizofrenia, mais da metade dos adultos vivendo com uma doença mental não recebem tratamento.[26] Além da relutância em confrontar o problema ou, como no caso de Katherine, a falta de entendimento que o que estão passando *pode* ser tratado, o custo é uma grande razão para não procurar ajuda. A Lei de Assistência Acessível exige que as seguradoras cubram saúde comportamental e mental, mas muitas pessoas ainda não possuem os recursos para pagar por sua parte. Também não há profissionais suficientes da área de saúde mental disponíveis. Um terço dos cidadãos norte-americanos vive em áreas sem um número adequado de profissionais de saúde mental.[27] Áreas rurais, como a de Katherine, geralmente não possuem nenhum profissional de saúde mental e áreas urbanas possuem longas listas de espera. Também existem barreiras raciais para obter tratamento. Pessoas negras, hispânicas e latinas têm mais dificuldade em encontrar serviços e profissionais que se pareçam com elas e possam entender suas experiências culturais. Tal acesso limitado também é comum em outros lugares. Em países de renda baixa e média, cerca de 75% de pessoas com problemas de saúde mental não recebem nenhum tratamento. De acordo com a Organização Mundial de Saúde, há um profissional da área de saúde mental para cada 100 mil habitantes na África.[28]

No caso de Katherine, levou seis meses desde o parto para ela reconhecer que o que estava passando não era normal. E, uma vez que reconheceu, ela não sabia o que fazer. "Nunca pedi ajuda quando devia porque eu não sabia onde pedir", explica Katherine. Assim que ela mesma se diagnosticou, ela mesma se tratou. Katherine trocou sua dieta e exercícios, o que pareceu ajudar. Um ano depois, ela tinha apenas alguns traços de ansiedade e aqueles que são manejáveis. (Embora tenha funcionado para Katherine, é recomendado que qualquer pessoa que suspeite ter depressão pós-parto, ou que algum parente tenha, procure ajuda profissional.)

A depressão pós-parto é apenas um exemplo da correnteza interior. Mas seja qual for o problema, a doença mental não tratada de um pai pode ter consequências reais nos filhos. Viver com um pai com uma doença mental é uma experiência adversa para uma criança e coloca essa criança em maior risco de ter problemas de saúde mental posteriormente. Fortes funções executivas podem ajudar a criança a lidar com a situação, mas também são mais difíceis de serem desenvolvidas quando vivem na incerteza de uma mãe que luta contra a depressão (ou um pai que bebe demais ou enfrenta outros desafios de saúde mental).

Quão diferente aquele ano teria sido se Katherine tivesse entendido mais cedo o que estava acontecendo com ela? "Se as pessoas conhecessem os sintomas da depressão pós-parto, talvez pudéssemos tê-la identificado mais cedo", conclui ela. E se ela soubesse mais, teria sido mais fácil de procurar ajuda. "Auxílio puerperal preencheria um grande vazio para muitas mulheres." Em seu mundo ideal, Katherine prevê a criação de comunidades com intenção parental, espaços que poderiam unir pais adotivos, pais jovens, pais mais velhos e todos os outros.

Colete salva-vidas

Eu amo a visão de Katherine. Seria uma rede de segurança humana em todos os significados. Mas também precisamos de redes de segurança sociais mais fortes. O impacto negativo profundo destes estresses internos e externos devem nos incentivar a ver os problemas sociais que os desencadeiam em um quadro diferente. Com muita frequência falhamos em ver as conexões entre problemas como o desabrigo e o desenvolvimento cerebral saudável ou entre as batalhas dos pais contra doenças psicológicas e o desenvolvimento cerebral de seus filhos, quando na verdade estão intimamente relacionados. Estabelecer as bases para fortes funções linguísticas e executivas requer calma, ambientes estáveis para as crianças crescerem, bem como pais calmos com estabilidade mental.

Aqui, novamente, está a desconexão entre o que sabemos e o que fazemos. Sabemos que a depressão pós-parto e outras doenças mentais são perigosas para mães, pais e filhos, porém muitas partes dos Estados Unidos e do mundo não estão aptas para notar os problemas de saúde mental, muito menos para fazer qualquer coisa para aliviá-los. Sabemos que um abrigo para sem-teto é um lugar terrível para criar um filho, porém pode levar anos para encontrar um lar verdadeiro para uma família. É surpresa que quando uma criança passa por tantos contratempos nos anos iniciais, vemos tais desigualdades marcantes mais tarde? A socióloga Jennifer Glass, a mesma pesquisadora que estuda a felicidade parental, descobriu que países com políticas de auxílio familiar menos potentes são mais propensas a mostrar disparidades na saúde infantil — e essas lacunas iniciais agravam em maiores desigualdades quando adultos.[29] Falando o óbvio, os países que possuem políticas familiares mais potentes reduziram as lacunas de saúde na infância, o que se transforma em lacunas menores na vida adulta.

Nós *sabemos* o que protege as crianças: um relacionamento positivo e solidário com pelo menos um adulto, exposição a estímulos linguísticos ricos e um ambiente seguro e estável. Crianças que possuem um relacionamento forte com um cuidador são mais capazes de controlar suas respostas emocionais em situações estressantes — isso é a função executiva trabalhando. Crianças precisam ser amortecidas. Precisamos dar coletes salva-vidas para que elas não afundem. E isso significa também dar coletes para os adultos nas vidas delas. Quando fazemos isso, coisas boas acontecem.

Quando Katherine deu à luz ao seu segundo filho, ela e Daniel haviam se mudado para uma cidadezinha em Michigan, mais próximos da família. Dessa vez, Katherine sabia como era a depressão pós-parto, mas também se certificou de que teria o apoio que precisava. Ela encontrou uma parteira que também se tornou uma amiga. Durante a gravidez, as duas se encontravam uma vez por mês durante uma hora. Elas faziam todas as checagens pré-natais, como ouvir o batimento cardíaco fetal, checar a posição do bebê e o peso e pressão sanguínea de Katherine. Mas elas também falavam sobre como Katherine estava se sentindo. Em vez de uma checagem rápida como fazia no hospital, Katherine sentia que estava no controle e que tinha tempo. "Realmente gostei. Sabia que tudo o que eu estava fazendo era minha escolha. E, também, tudo era explicado para mim em vez de apenas feito."

O segundo parto foi rápido e tranquilo, de apenas 4 horas. Ela deu à luz a outro menino de 4,5 kg em casa, assim como desejou. Depois, sua parteira limpou tudo e cozinhou na panela elétrica para a nova família de quatro pessoas. Ela voltou no outro dia para checá-los, novamente três dias depois, uma semana, duas semanas e um mês. No total, Katherine teve oito consultas puérperas com sua parteira, comparada a uma com sua obstetra em Dakota do Sul. "Senti que realmente tive apoio."

De fato, depois que seu segundo filho nasceu, Katherine ficou na cama por três semanas, uma prática conhecida como "resguardo" que era comum antigamente. Destina-se a dar tempo para novas mães se recuperarem e a criarem um laço com os novos bebês. Daniel teve seis semanas de licença paternidade desta vez, o que ajudou. "Apenas fiquei na cama, passei um tempo com o bebê e traziam comida para mim", relata Katherine. Não houve depressão pós-parto na segunda vez. "Acho que a grande causa foi a forma como fui tratada antes do parto, durante o parto e depois do parto."

As coisas também melhoraram para Sabrina. Ela voltou para a faculdade para terminar a graduação em escrita criativa e inglês. E mais de dois anos depois que chegaram ao abrigo para sem-teto, Sabrina e a família finalmente foram embora. Depois de serem recusados várias vezes para possíveis moradias, eles conseguiram encontrar uma casa por meio de uma organização sem fins lucrativos afiliada à escola do filho mais velho. Inicialmente, eles estavam na posição 104 em uma lista de famílias em que apenas 100 poderiam receber ajuda. Mas nem todas se qualificaram e, um dia, quando a família estava na biblioteca, o celular de Sabrina tocou. Eles subiram de posição na lista e estavam dentro! Ainda levou meses para encontrar o lugar certo, mas agora Sabrina, Wayne, Jason e Nakai vivem em uma adorável casa em um bairro com muito menos violência. A nova casa é pequena, mas Sabrina colocou suas habilidades domésticas em prática e a transformou em um lar. Os meninos podem ir andando até a escola. Com espaço para explorar e a sensação de segurança, Nakai é uma criança diferente.

"No abrigo, ele era muito cauteloso", recorda Sabrina. "Ele não estava aberto a correr riscos. Nunca falava com ninguém além de nós. Nunca se envolvia. Estar cercado de muitas pessoas o deixava nervoso." Mas agora, Nakai fica na janela da nova casa, esperando que novas pessoas passem. "Ele fala com todo mundo que passa na rua. Ele desabrochou."

Honestamente, treinar crianças para resistir a marshmallows não é a maior diferença que podemos fazer. Podemos ter um impacto maior ao garantir que suas famílias tenham espaços seguros para viver e que as necessidades físicas e psicológicas de todos sejam atendidas. Somente então todas as crianças poderão ter uma chance justa de ganhar dois marshmallows.

PARTE TRÊS

O CAMINHO A SEGUIR

OITO

ELEVANDO NOSSAS VOZES

"O jeito mais comum das pessoas abrirem mão de seus poderes é achar que não possuem nenhum."

— Alice Walker[1]

Os eventos do sábado, dia 6 de abril de 1968, pairam amplamente na tradição da minha família. Na época, meus pais moravam em Baltimore, onde meu pai era residente pediátrico no Johns Hopkins e minha mãe era assistente social. Ela trabalhava em tempo integral administrando um programa comunitário que era parte da Guerra à Pobreza do presidente Lyndon Johnson. Naquele fatídico sábado, o país estava aflito e Baltimore também. Dois dias antes, Martin Luther King Jr. havia sido assassinado em Memphis. O prefeito organizou uma reunião de emergência com líderes comunitários e organizadores tais como minha mãe. A raiva e frustração de longa data que os moradores negros sentiam por conta do racismo e opressão econômica estava fervendo. A primeira vitrine — em uma chapelaria — foi quebrada por volta de 17h30.[2]

Enquanto ainda estava no centro da cidade, minha mãe foi chamada ao telefone. Era meu pai, que estava do outro lado da cidade, no complexo do Centro Médico Johns Hopkins. Nenhum dos dois lembra como ele conseguiu achá-la naquela época, antes dos celulares. Mas já que ele não costumava ligar para mamãe enquanto ela estava trabalhando, ela soube assim que ouviu a voz dele que deveria ser importante.

"Você precisa ir para casa agora", disse ele.

A situação na cidade estava se deteriorando rapidamente. Ele estava assistindo ao jornal. A principal preocupação da minha mãe era a segurança das pessoas com quem trabalhava e para quem trabalhava, mas ela entendeu que sua própria segurança também estava em risco. Ela sabia que meu pai acreditava profundamente nela e em seu trabalho. Pedir para que fosse para casa não era algo que ele faria levianamente.

Ela também estava grávida de nove meses de mim.

Mamãe entrou no carro para ir para casa. Saindo da rua, ela olhou pelo retrovisor. O mundo atrás dela estava envolto em chamas. Baltimore estava queimando. À medida que cruzava a cidade para chegar em casa, os incêndios continuavam a estourar.

Mamãe estava assustada, mas também estava frustrada e magoada. Ela reconheceu uma verdade penetrante: embora pudesse dirigir até um lugar seguro, as pessoas que viviam no bairro em que ela trabalhava e os colegas que também moravam lá não podiam. O bairro deles estava tomado por fumaça.

Ela chegou em casa, teve um jantar ansioso com meu pai, foi para a cama... e entrou em trabalho de parto. Eu nasci no dia seguinte, 7 de abril de 1968.

Os incêndios e protestos duraram mais alguns dias, uma expressão de raiva, luto e frustração que abalou a cidade.

Duas semanas depois, minha mãe voltou ao trabalho, determinada a ajudar nas consequências. Ela me levou junto, algo que seria incomum até mesmo hoje em dia e era completamente incrível em 1968. Ela limpou um quartinho perto de seu escritório e o transformou em um berçário. Em seguida, ela contratou um rapazinho para sentar-se do lado de fora do quarto para que, quando eu chorasse, ele a alertasse. Mamãe me alimentava e ninava, e assim que eu pegava no sono novamente, ela voltava a trabalhar.

Outra mãe quase na mesma época e lugar não teve a opção de levar o filho para o trabalho. Por conta disso, uma tragédia aconteceu. Em 1965, a mãe de Freddy Joyner (seu próprio nome se perdeu na história) estava vivendo em Washington, DC, com seus filhos. Ela era pobre, negra, solteira e não podia pagar por uma creche ou babá. Em vez disso, Freddy, aluno da primeira série da Harrison Elementary School, pegou o almoço grátis da escola e fugiu para casa para cuidar dos dois irmãos mais novos e levar algo para eles comerem. Ninguém notou quando Freddy saiu da escola. A merendeira presumiu que ele estava na sala de aula; a professora presumiu que ele estava no refeitório. Cabia a Freddy garantir a comida e segurança de seus irmãos e ele fazia seu trabalho fielmente... até o dia em que foi esmagado pelas rodas traseiras de um caminhão nas ruas Fourteenth e U enquanto corria para casa. Freddy tinha 6 anos de idade.[3]

Nunca conheci Freddy. Ele morreu antes do meu nascimento. Mas olhando no meu próprio retrovisor, vejo os fios conectando minha mãe e eu e a mãe de Freddy e ele — as necessidades das crianças e das mães, a tensão entre o trabalho e a família e até mesmo o contexto do movimento pelos direitos civis e a luta pela igualdade de gênero. Também vejo o que nos separou — colocando de maneira direta, as circunstâncias que determinam quem pode dirigir para longe e quem será atropelado. Um sistema quebrado afeta a todos, mas especialmente aqueles vivendo em pobreza.

Também vejo nós quatro entrelaçados no contexto mais amplo de uma época muito importante. "Estamos presos em uma rede fatal de reciprocidade, amarrados em um único manto do destino", King escreveu em 1963 em sua *Carta de uma prisão em Birmingham*. "O que afeta uma pessoa diretamente, afeta a todos indiretamente."[4] A população sentiu isso intensamente na década de 1960. O ano em que nasci, 1968, foi chamado de "o ano que abalou o mundo."[5] Trouxe transtornos que mudaram o mundo: protestos antiguerra agitados, revoltas antiautoritárias drásticas na América Latina e Europa Oriental e os assassinatos horríveis de King e posteriormente de Robert Kennedy. Mas também trouxe progresso contínuo nos direitos civis e das mulheres. Nos Estados Unidos, houve um tipo de despertamento nacional. Em homenagem a King, o presidente Johnson pediu a rápida aprovação do Congresso da Lei dos Direitos Civis de 1968, a terceira e última peça importante da legislação de direitos civis passada naquela década. Foi decretada um dia depois do funeral de King.[6] Em 1968, as faíscas do movimento por igualdade de gênero também foram acesas por protestos no concurso Miss América em setembro. Dentro de alguns anos, o Congresso aprovou a Emenda de Direitos Iguais, com apoio dos democratas e dos republicanos e parecia que seria ratificada pelo número necessário de estados.

Pensamos que uma verdadeira mudança estava a caminho para mulheres e pessoas não brancas.

Pensamos que também estava a caminho para crianças.

As necessidades das crianças, das mães e das famílias foram uma parte essencial, mas pouco reconhecida, do movimento das mulheres e pelos direitos civis, intimamente relacionada às preocupações frequentes sobre trabalho, justiça e oportunidade. Por um breve momento, essas necessidades chamaram atenção de forma nacional. Foi a morte de Freddy Joyner que as levou até lá.

"Como isso pôde acontecer nos Estados Unidos?"[7]

Essa foi a pergunta feita pelo ex-senador Walter Mondale enquanto ponderava sobre a tragédia da morte de Freddy. Como a creche pode estar tão longe do alcance de uma mãe? Como ninguém notou que Freddy não estava na escola na hora do almoço? Como uma família pôde ser forçada a confiar em uma criança de 6 anos de idade para servir como uma rede de segurança?

Freddy poderia ter sido esquecido, apenas outra tragédia despercebida da pobreza. Em vez disso, sua história se tornou um catalisador para uma legislação que poderia ter mudado o curso da história americana. A palavra crucial é *poderia*.

O jovem senador Mondale chegou em Washington vindo de Minnesota um ano antes da morte de Freddy. Ele rapidamente se cansou de apenas falar sobre fazer o certo para famílias como a de Freddy. Ele queria agir. No fim da década de 1960, ele pensou que o momento havia chegado. Juntando forças com vários outros políticos, pais e especialistas em desenvolvimento infantil, Mondale começou a pressionar por um projeto de lei que traria mudanças significativas e impediria outra tragédia como a de Freddy. Aquele projeto de lei, a Comprehensive Child Development Act (CCDA) de 1971, declarava em seu preâmbulo que pretendia "oferecer para todas as crianças uma oportunidade justa e completa de alcançarem seu potencial total."[8] Idealizava programas de desenvolvimento da primeira infância amplos e, com o tempo, universalmente acessíveis que lembram o que existe em muitas partes da Europa atualmente — um sistema que atende qualquer família que quisesse participar, independentemente de os pais trabalharem fora de casa. O objetivo era fornecer não só uma creche, mas uma base educacional baseada nas recomendações mais recentes de psicólogos de desenvolvimento, educadores e outros especialistas. Embora o projeto de lei fosse inspirado em um menino cuja família vivia em pobreza, oferecia ajudar *todos* os grupos socioeconômicos em uma escala móvel, reconhecendo que creches de alta qualidade e suporte aos pais devem estar disponíveis para todos.

Uma das partes mais impressionantes dessa história é a quantidade de apoio bipartidário de cair o queixo que o CCDA conquistou. Também atraiu um apoio excepcionalmente amplo por toda a sociedade, incluindo grupos trabalhistas, religiosos, de libertação das mulheres e de interesse público. Em 1971, o projeto de lei CCDA passou por ambas as câmaras do Congresso, sendo aprovada pelo Senado com 63 a 17 votos. Era um projeto de lei perfeito? Não. Todos apoiaram? Não. Mas foi um momento extraordinário de consenso político, algo que parece fora de questão dadas as divisões no Congresso atualmente.

Então, em uma reviravolta impressionante, o presidente Richard Nixon vetou o projeto de lei apesar de ter apoiado no início.

Por quê?

Por causa da política. Apesar do apoio bipartidário do projeto de lei e a aceitação inicial de Nixon, um pequeno grupo de seus assessores achou que o projeto precisava ser interrompido.[9] Eles argumentaram que um sistema de creches apoiado pelo governo federal parecia suspeitosamente com o que existia na União Soviética. O presidente ficou dividido, mas no fim foi convencido que, ao aprovar o projeto, além de suas visitas à União Soviética e à China, arriscava distanciar os eleitores anticomunistas dos "valores familiares". (Lembre-se, quando os soviéticos lançaram o satélite Sputnik em 1957, os Estados Unidos adotaram a abordagem oposta e aumentaram nossa educação em ciências e matemática. Não abandonamos a tentativa completamente.)

O veto por si só foi devastador. Mas Nixon agravou os danos com o discurso em que anunciou sua decisão. Ele usou uma linguagem tão forte que "cravou uma estaca no coração" das ideias do CCDA, quebrando-as em milhões de pedaços, nas palavras de um dos comentaristas.[10] Esses pedaços transformaram-se no caótico emaranhado de disfunção que marca os cuidados infantis nos Estados Unidos atualmente. Apesar do fato de que muitas pessoas queriam o CCDA e teriam se beneficiado dele, Nixon implantou com sucesso a alegoria poderosa de que o apoio governamental às famílias é um ataque direto ao individualismo americano, à santidade das famílias e aos direitos dos pais. É claro, as escolhas dos pais deveriam ser valorizadas e protegidas. Mas, na verdade, o veto do CCDA fechou as portas para o que teria sido uma variedade de opções. Aprová-lo? Isso teria dado verdadeiras escolhas aos pais. Na realidade, o projeto incluía provisões não apenas para pais que trabalhavam fora de casa, mas para mães que queriam ficar em casa com os filhos. (Dada a "escolha", a mãe de Freddy teria escolhido, sem dúvidas, quase qualquer outra coisa em vez de seu filho de 6 anos de idade ter que fugir da escola para ir para casa cuidar de seus irmãos mais novos enquanto ela estava no trabalho.) A versão nixoniana da escolha parental era mais simbólica do que real e impediu o progresso pelas próximas cinco décadas.

Sem resultados por 50 anos

Cinquenta anos se passaram desde a breve vida e dramática morte do CCDA. As famílias naquela época não passaram por mudanças suficientes. A mensagem de Nixon passou como uma névoa fria pelas décadas seguintes, tornando difícil seguir em frente com progresso significativo e obscurecendo os custos reais da inação. Enquanto outras nações desenvolvidas decretaram políticas como licença familiar remunerada, creches universais e visitação doméstica para novos pais, os Estados Unidos se destacaram pelo fracasso em adotar tais políticas ou programas e por gastar menos com a primeira infância do que qualquer outra nação desenvolvida.

Mas o veto do CCDA também cobrou um preço mais traiçoeiro. Enfraqueceu a poderosa promessa e esperança dos movimentos de direitos civis e igualdade de gênero. O futuro das crianças e dos pais é um dos fios que une o "manto do destino". Quando esses fios se desfazem, o tecido da sociedade está gasto.

Se crianças de todas as raças, etnias e gêneros devem se desenvolver e crescer para participar igualmente na economia e na vida cívica de uma nação, a sociedade deve apoiar o que é necessário para o desenvolvimento saudável do cérebro desde o nascimento. É como garantimos às crianças a promessa de seus objetivos inatos. É assim que oferecemos para as pessoas que cuidam dessas crianças, especialmente mães, uma chance de lutar. O desenvolvimento saudável do cérebro é uma condição fundamental para a igualdade — um direito humano básico. Sem isso, nunca poderemos criar uma mudança verdadeira e duradoura.

Podemos ter um vislumbre do tipo de mudança que é possível quando do apoio familiar e infantil está disponível com o famoso projeto pré-escolar Abecedarian, que foi lançado um ano depois que o CCDA foi descartado. O Abecedarian foi um projeto de pesquisa cautelosa envolvendo 111 crianças nascidas na Carolina do Norte entre 1972 e 1977.[11] Todas as crianças e suas famílias receberam plano de saúde, serviços sociais e apoio nutricional desde o nascimento até o jardim de infância. Além disso, cerca de metade das crianças receberam vagas em creches de alta qualidade centradas em linguagem por cinco dias na semana durante um ano ("Todo jogo é um jogo de linguagem", afirmaram os criadores do projeto).

A proposta do Abecedarian era investigar se a educação primária de qualidade poderia melhorar a prontidão escolar para bebês de famílias de baixa renda. E melhorou. Durante os anos escolares, os bebês Abecedarian que foram para a creche, a maioria negros, se saíram melhor em leitura e matemática do que as crianças de famílias que receberam apenas serviços de saúde e sociais. Mas isso não foi tudo.[12] Aos 21 anos de idade, os participantes da creche tinham duas vezes mais chances de estarem matriculados em uma faculdade por quatro anos e menos chances de serem pais adolescentes.[13] Como adultos, eles tinham taxas mais baixas de obesidade e pressão alta e menos probabilidade de se envolverem em comportamentos criminosos. Eles também ganhavam mais dinheiro.[14] Quanto às mães cujos filhos fizeram parte do programa pré-escolar, elas não se beneficiaram apenas indiretamente dos impulsos dados às perspectivas dos filhos. Aquelas que eram adolescentes quando deram os filhos à luz eram mais propensas a terem concluído o ensino médio do que mães com filhos no grupo de comparação. Assim como os filhos, elas também eram mais propensas a prosperarem. Uma análise de custo-benefício de 2007 estimou cautelosamente que elas ganharam cerca de US$3 mil a mais por ano do que ganhariam se seus filhos não tivessem participado.[15]

Meio século depois do veto do CCDA e do início do Abecedarian, é difícil não ver os paralelos entre esse momento e os eventos drásticos do ano em que nasci. Os cidadãos norte-americanos ainda sentem a dor do racismo e da injustiça da desigualdade. Novamente, aconteceram protestos e agitação civil. O trauma da COVID-19 tem sido global e abrangente, mas não afetou a todos no mesmo nível. A contagem — e o por que — de quem sofreu mais oferece provas adicionais e drásticas de como os problemas de direitos civis, igualdade de gênero e necessidades familiares estão de fato misturados.

Para pais de crianças novas — mas especialmente mães — os desafios que a pandemia trouxe para a rotina foram insustentáveis: o fechamento das escolas, a normalização do trabalho remoto e a desintegração de um sistema de creches já frágil. As mães eram mais propensas a arcarem com as responsabilidades adicionais da pandemia. Elas eram mais propensas a perderem seus empregos ou precisarem pedir demissão para cuidar de membros da família. Mães também eram mais propensas a sofrerem uma piora na saúde mental. "A Covid pegou um pé-de-cabra e abriu as lacunas entre os gêneros", aponta Betsey Stevenson, economista da Universidade de Michigan.[16]

A pandemia nos lembrou que, às vezes, pais desesperados precisam deixar seus filhos pequenos sozinhos, assim como a mãe de Freddy Joyner. Ouvi falar sobre um jovem pai e zelador em Oklahoma que precisava levar seus dois filhos — de 6 e 4 anos de idade — com ele para o trabalho todos os dias. As restrições da COVID significavam que as crianças não podiam entrar, então ele as deixava trancadas na caminhonete no estacionamento o dia inteiro, indo checá-las de hora em hora.

É claro, os pais enfrentavam escolhas impossíveis antes mesmo da pandemia. Em um grupo de apoio aos pais organizado pela igreja que um conhecido frequenta, uma mãe de três filhos com menos de 10 anos de idade recém-divorciada (a chamarei de Tatiana) compartilhou sua história. O ex--marido dela deveria ficar com as crianças um fim de semana, então Tatiana se inscreveu para turnos duplos no hotel em que trabalhava como camareira para fazer renda extra. Mas apenas horas depois de pegar as crianças na sexta-feira, o marido as devolveu à sua porta. A de 4 anos estava com dor de estômago. "Não posso lidar com isso," exclamou o pai, "esse é o seu trabalho!" Sem amigos ou parentes disponíveis, Tatiana ligou para o chefe para dizer que não poderia trabalhar, mas o chefe disse que ela perderia o emprego se não aparecesse. Depois de uma noite em claro, Tatiana decidiu que não tinha escolha a não ser deixar as crianças sozinhas. Ela deixou instruções rigorosas para não saírem do apartamento e ligava a cada meia hora enquanto estava fora. "Por favor, não me julguem", pediu ela ao grupo de apoio com lágrimas nos olhos. E eles não julgaram. Em vez disso, vários outros pais, que enfrentavam suas próprias dificuldades e desafios, imediatamente disponibilizaram seus números de telefone.

Embora a pandemia tenha sido difícil para todos os pais, foi especialmente difícil para pais negros, marrons e ameríndios, que enfrentavam a crise nos cuidados infantis e na educação e as dificuldades raciais arraigadas que aumentavam os riscos de doença e morte. Não importa onde moravam ou quantos anos tinham, pessoas não brancas foram desproporcionalmente afetadas pela COVID-19. A população negra, latina e indígena era consideravelmente mais propensa a ser infectada do que seus vizinhos brancos e era mais propensa a morrer, de acordo com o Centro de Controle e Prevenção de Doenças.[17] As taxas relatadas de infecção e morte de pessoas indígenas foram semelhantes, embora as taxas verdadeiras sejam muito mais altas. Muitas das razões para esses riscos elevados — trabalhos na linha de frente, dependência de transporte público, moradia lotada, acesso limitado à saúde, condições baixas de saúde — vêm do histórico dos Estados Unidos com o racismo.

Esse histórico apareceu em maio de 2020, durante uma das piores fases da pandemia, quando o mundo testemunhou o assassinato de George Floyd em Minneapolis, e explodiu em raiva coletiva. A morte de Floyd forçou um acerto de contas nacional com as inúmeras formas que a população negra ainda é tratada injustamente na sociedade, particularmente pela polícia. Depois da morte de Floyd, houve semanas de protestos. Estima-se que 15 a 26 milhões de estadunidenses participaram, tornando o movimento *Black Lives Matter* (Vidas Negras Importam) um dos maiores — provavelmente *o maior* — da história dos Estados Unidos.[18] E ressoou além das fronteiras do país: houve protestos em sessenta países e sete continentes (sim, até os trabalhadores da Estação McMurdo na Antártida prestaram solidariedade).

Os protestos depois do assassinato de Martin Luther King Jr. deveriam ser um evento único, mas a cena que minha mãe deixou para trás em Baltimore em abril de 1968 poderia ter sido de maio ou junho de 2020.

Certamente, a situação econômica catastrófica, que foi uma das causas da agitação em Baltimore em 1968, não melhorou. Taxas de segregação, pobreza e homicídio permaneceram basicamente as mesmas desde 1960.[19] Entre 2008 e 2012, em um bairro no oeste de Baltimore, 51,8% dos residentes estavam desempregados e a renda médica era de apenas US$24.006 por ano, meros US$723 acima da linha da pobreza. Em Baltimore como um todo, 58% dos estudantes são de baixa renda, uma estatística que o sistema escolar diz que subestima o número verdadeiro.[20] Quando abordados por pesquisadores do Johns Hopkins, adolescentes de Baltimore relataram sentir-se piores do que seus iguais em Nova Delhi, Índia, e Ibadan, Nigéria.[21]

Baltimore não é uma anomalia. Penso nos tiros que ressoam no bairro de Randy em Chicago. Ou no fato de que o abrigo para sem-teto a qual Sabrina e sua família tiveram que recorrer dificilmente era um "abrigo". Imagino a mãe de Hazim Hardeman no ônibus até um bairro distante, disposta a mentir sobre seu endereço e arriscar sua própria liberdade para matricular os filhos em uma escola segura e estimulante. Não são obstáculos fáceis de superar para os pais.

Como poderiam superá-los? Os pais regularmente se reduzem em lágrimas pelas escolhas menos dramáticas, mas ainda dolorosas, que os confrontam. Kimberly Montez chorou quando não pôde ficar com sua bebê na UTIN. E Jade chorou quando precisou deixar o filho para ir trabalhar e, novamente, quando me contou sobre o ocorrido, anos depois.

Isso é o melhor que podemos fazer?

Nem sempre sabemos o que é possível ou pelo que pedir. Às vezes somos limitados por onde voltamos nossos olhos. Então, de repente, enxergamos além do horizonte e entendemos que há uma outra maneira. Lembrei-me desse fato durante uma conversa com uma amiga e colega da Universidade de Chicago, Ellen Clarke. Estava contando para Ellen sobre como conhecer as histórias de algumas das famílias do TMW e como as dificuldades que esses pais enfrentaram nos primeiros anos de seus filhos me levou a pensar em evoluir. Aconteceu que Ellen estava pensando sobre o contexto em que somos pais por diferentes razões. Ela estava assistindo ao seu próprio pequeno experimento social desenrolar.

Em seus 30 e poucos anos, Ellen está em uma fase da vida em que ela e muitos de seus amigos estão tendo filhos. Acompanhar as experiências em seu grupo de amigos tem sido revelador. Muitos deles cresceram na mesma cidade pequena em Wisconsin e frequentaram a mesma faculdade. Mas, desde então, seus rumos divergiram drasticamente. Nenhuma das duas amigas que ficaram na região — Kristen, uma cientista, e Ashley, uma enfermeira — recebeu licença maternidade remunerada. Seus maridos também não receberam licença, mesmo quando um dos bebês passou seis semanas na UTIN, uma repetição dolorosa da experiência de Kimberly. Por outro lado, as amigas de Ellen, Diane e Rebecca, mudaram-se para a Noruega e Holanda respectivamente por conta de oportunidades de emprego e deram à luz aos seus bebês lá. Em ambos os países, as mulheres e seus maridos receberam uma generosa licença familiar que podiam agendar como preferissem. Além disso, foram incentivados a usarem todos os dias que tinham direito. Uma vez que voltaram ao trabalho, puderam contar com os fortes sistemas holandeses e noruegueses de creches.

Ellen balançou a cabeça enquanto me contava sobre tudo isso. Como Gabby, ela havia lutado para encontrar uma creche que fosse bem localizada, acessível e com vagas abertas. Ela brinca sobre as creches serem o equivalente orçamentário de uma "segunda hipoteca". Ela e o marido frequentemente sentem que estão se esforçando para ficarem firmes financeira e emocionalmente. Porém, Ellen sabia que, pelos padrões estadunidenses, ela tinha tido "sorte". Ela pôde tirar uma licença remunerada de quatorze semanas, seu marido tinha uma escala flexível e eles podiam arcar com uma creche decente. No entanto, "sorte" não parecia ser a palavra certa. "Senti que não deveria ter que me sentir com sorte. Isso deveria ser o mínimo do que famílias são capazes de fazer", conclui Ellen. Certamente, suas amigas na Europa com apoios mais institucionais eram notoriamente menos estressadas. É tão surpreendente assim que países com políticas de apoio familiar mais robustas possuem menores lacunas de saúde e pais (e não pais) mais felizes?

As expectativas irreais colocadas em pais estadunidenses são esmagadoras. "Nos dizem que devemos levar tudo isso nos ombros", observa Ellen. "Você precisa admitir que não *deveria*. Todos estão em casa, submersos, sozinhos e não conseguem levantar as mãos."

Devo admitir que quando a ouvi dizer a palavra "submersos", fiquei sem ar. Pensei imediatamente sobre a morte de Don no Lago Michigan. E pensei no meu sonho. Vi-me sozinha na margem. E, dessa vez, vi os pais que conheci comigo. Cada um estava sozinho, assim como eu, carregando seus desafios em seus próprios ombros, aprontando seus próprios barcos. Cada um estava completamente inconsciente dos outros ao lado.

Sem espaço para complacência

Houve um momento em que tivemos sucesso incentivando um programa monumental e abrangente de saúde pública para crianças e mulheres nos Estados Unidos. Foi inspirado não pela morte de uma criança, mas pela morte de muitas. No começo de 1900, o parto nos Estados Unidos era um empenho arriscado. A taxa de mortalidade de crianças era alta. A grande maioria das mães não recebia instruções ou treinamentos durante a gravidez ou parto — um problema que era especialmente evidente em áreas pobres e rurais. (Como vimos no caso de Katherine, mulheres do interior ainda possuem dificuldades em conseguir cuidados médicos.)

Mas então vários desenvolvimentos promissores convergiram. Em 1912, os Estados Unidos estabilizaram o Departamento de Crianças, o primeiro escritório do governo federal focado apenas no bem-estar das crianças e de suas mães.[22] Também foi a primeira agência do governo a ser liderada por uma mulher, Julia Lathrop. Depois, em 1916, Jeannette Rankin, uma republicana de Montana (note que ela era de um estado rural), se tornou a primeira mulher eleita ao Congresso. Finalmente, em 1920, mulheres estadunidenses receberam o direito do voto. Rankin e Lathrop juntaram forças para fornecer apoio para mães e seus filhos. Em 1921, uma versão de um projeto escrito por Lathrop e originalmente introduzido por Rankin foi assinado em lei.

Conhecida como a Lei Sheppard-Towner (como Rankin havia deixado o Congresso na época em que foi aprovada, ela recebeu o nome dos patrocinadores, o Senador Morris Sheppard do Texas e o deputado Horace Towner de Iowa), a lei estabilizou milhares de clínicas pré-natais, fornecidas para milhões de visitas domésticas por enfermeiras itinerantes e melhorou muito as informações educacionais básicas disponíveis para mães sobre a saúde maternal e infantil. A lei comprovadamente salvou vidas: a taxa de mortalidade infantil caiu de forma drástica nos estados que participaram do programa de forma mais completa — por exemplo, mortes associadas a doenças gastrointestinais, um grande foco do programa educacional, caiu 47% pelo tempo de vida útil do projeto.[23]

O segredo para conseguir tal projeto aprovado foi o recém-descoberto poder político das mulheres. Os políticos estavam com medo do poder feminino como bloco eleitoral e temiam votar contra algo como a Sheppard-Towner. "Durante anos, as sufragistas prometeram fazer uma limpeza quando conseguissem o voto", escreveu um historiador.[24] Os políticos acreditaram nessas palavras. Mas, cinco anos depois, quando o financiamento inicial expirou, havia se tornado claro que as mulheres não votavam como um bloco. Políticos homens já não temiam se opor a uma extensão da lei. E oponentes como a Associação Médica Americana, cujos membros não queriam ver o uso de provedores não médicos para serviços médicos e viam a lei como uma aproximação dos Estados Unidos a uma medicina socializada, se organizaram melhor da segunda vez.[25] (Notavelmente, o grupo pediátrico dentro da AMA apoiava a lei e quando a AMA fez pressão contra ela, os pediatras se separaram e criaram a Academia Americana de Pediatria em resposta.)

No fim, houve um acordo: o Congresso ampliou o financiamento, mas por apenas dois anos a mais.

São esses tipos de mudança de ventos políticos que deveriam nos dar uma pausa hoje em dia. Alianças políticas são frágeis. A atenção do público é passageira. Mas a dor e luta das famílias é real e duradoura. As taxas de mortalidade infantil *ainda* estão altas entre mães negras.[26] E as famílias sofrem de outras formas. É difícil não pensar naquelas crianças na caminhonete em Oklahoma. Nenhuma criança deveria ter que passar o dia em um estacionamento.

Aprendendo com os mais velhos

E ninguém deveria ter que viver em um galinheiro.

Porém, uma idosa uma vez viveu. E a descoberta dessa situação, em circunstâncias tão desesperadoras, basicamente mudou a nação estadunidense para melhor. É uma história que tem muito a nos ensinar sobre como os pais podem trazer a mudança real e essencial que permitirá que as crianças floresçam.

Na década de 1940, uma mulher chamada Ethel Percy Andrus era parte de um comitê do estado da Califórnia que tratava do bem-estar de professores aposentados.[27] Era uma categoria a qual Dra. Andrus se juntara recentemente, após quatro décadas sendo uma professora renomada bem como a primeira diretora de uma escola secundária urbana na Califórnia e orgulhosa graduada da Universidade de Chicago. Quando a notícia sobre o trabalho de Andrus com o bem-estar dos professores foi publicada, ela recebeu uma ligação de alguém pedindo para que ela verificasse uma ex-professora. Andrus dirigiu até o endereço que lhe foi dado, mas ninguém a atendia na casa. Quando estava prestes a ir embora, um vizinho sugeriu que talvez ela estivesse procurando pela mulher "de trás". Atrás da casa, Andrus bateu na porta de um barracão sem janelas, um antigo galinheiro. Ela foi atendida por uma mulher em um agasalho surrado que saiu para conversar. Para sua surpresa, Andrus percebeu que essa era uma mulher cujo nome conhecia, uma "professora de espanhol com algum mérito". A mulher havia planejado a aposentadoria investindo em terras, mas a Grande Depressão e uma inundação na propriedade acabou com suas esperanças. Ela estava sobrevivendo no galinheiro — tudo o que podia pagar com sua pensão escassa de professora.

Andrus ficou tão aborrecida com o que viu que passou o resto da vida trabalhando em direção a uma missão: garantir que nenhum aposentado fosse reduzido a viver em tais condições.

Seu trabalho foi facilitado. Em meados do século XX, cidadãos com mais de 65 anos de idade eram o segmento mais pobre e carente da população dos Estados Unidos. Além de ter economias da aposentadoria limitadas, estadunidenses mais velhos enfrentavam custos de saúde e moradia incapacitantes. De acordo com Michael Harrington em seu livro histórico de 1962 sobre pobreza, *The Other America* [A Outra América, em tradução livre]: "50% dos idosos vivem abaixo dos padrões mínimos de decência."[28]

O primeiro passo de Andrus foi criar uma organização que trabalhasse a favor da reforma da previdência, benefícios fiscais, melhorias de moradia e plano de saúde para professores aposentados. Planos de saúde eram quase inacessíveis para os cidadãos mais velhos na época. Andrus abordou 42 seguradoras e todas disseram não. "Eles me achavam um pé no saco", relata ela. Mas, finalmente, ela achou uma disposta a assumir o risco de segurar idosos. No entanto, essa primeira organização atendia apenas professores aposentados e Andrus tinha objetivos bem mais amplos. Em 1958, ela juntou forças com outros para expandir o alcance da organização e fundou a Associação Americana de Aposentados (AARP), uma organização dedicada ao apoio de toda a população de estadunidenses mais velhos.

O sucesso deles é lendário. Graças aos esforços da AARP durante os últimos 50 anos — e ao poder de voto de dezenas de milhões de pessoas nessa faixa etária — não há eleitorado mais bem servido pela sociedade e governo estadunidense do que os idosos. A taxa de pobreza entre os cidadãos com 65 anos de idade ou mais diminuiu em quase 70%.[29] Na década de 1960, o Congresso aprovou a legislação, melhorando os benefícios de aposentadoria e fornecendo plano de saúde para os idosos e pobres. Eles também aprovaram uma lei destinada a impedir a discriminação de idade no local de trabalho, apoiando ainda mais o bem-estar econômico e segurança de cidadãos mais velhos. Atualmente, a AARP continua a avançar em assistência médica, suporte a medicamentos prescritos, cuidados em longo prazo e mais. É uma organização que consegue unir constituintes por todas as divisões socioeconômicas, políticas, raciais e étnicas ao focar os direitos que beneficiam a todos. A organização é um dos poucos grupos de defesa do consumidor que fica frente a frente com grandes grupos de interesses corporativos, exercendo o imenso poder político concedido por seu grande orçamento e 38 milhões de membros. Nenhuma conversa política substancial sobre cidadãos acima de 50 anos de idade pode acontecer sem a liderança da AARP na mesa. O que começou como uma organização projetada para proteger e apoiar os professores de nossos filhos desenvolveu-se em um grupo de defesa que melhorou exponencialmente a vida de todos os idosos estadunidenses. Quando um grupo de pessoas fala com uma só voz, é incrível o que pode conquistar.

Vejo outra lição no trabalho de Andrus. Desde o começo, sua mensagem focava não só as necessidades dos idosos, mas as contribuições que fizeram — e ainda podiam fazer — para a sociedade. A ex-professora de espanhol estava precisando de ajuda, mas ela também havia passado a maior parte de sua vida ajudando outros, educando centenas, talvez milhares, de crianças. E ela ainda podia ser útil. Andrus não incentivava apenas benefícios para os idosos, ela mobilizava milhões deles como voluntários. Fazendo isso, ela mudou a perspectiva da sociedade sobre a terceira idade. O lema que ela adotou era: "Servir, não ser servido."[30]

O berço do nosso futuro

Pais não contribuem para a sociedade, eles a criam. Eles estão educando a próxima geração, a próxima onda de estudantes e professores, funcionários e empregadores, eleitores e pais. Como guardiões de seus filhos, os pais não são nada menos do que guardiões do nosso bem-estar futuro.

Tragicamente, o drama de alguns pais e crianças hoje em dia não é tão diferente dos idosos antes da chegada da AARP. Na verdade, como mencionei, o segmento mais pobre da população dos Estados Unidos atualmente não é mais os idosos, mas crianças com menos de 5 anos de idade. Deixe-me repetir: crianças, de recém-nascidos aos 5 anos de idade, são os cidadãos mais pobres dos Estados Unidos. É claro, colocando de forma prática, isso significa que essas crianças estão vivendo com pais ou cuidadores desfavorecidos. Como os idosos uma vez foram, os pais são de muitas maneiras invisíveis, marginalizados e passam por dificuldades. Assim como aumentamos drasticamente a qualidade de vida dos idosos, podemos fazer algo similar por nossos cidadãos mais novos — ao ajudar primeiramente seus pais.

Os pais já começaram a elevar as vozes a seu próprio benefício. Existem grupos por todo o mundo que têm trabalhado incansavelmente nos inúmeros problemas que confrontam crianças e pais.

Eles são unidos pelo que compartilham: a experiência de serem pais. Sim, cada família carrega desafios únicos, experiências e forças, mas quase todas as mães e pais conhecem as noites em claro e o amor esmagador. Nós todos sentimos o desejo de estar em casa com um recém-nascido e o estresse de encontrar uma babá em quem confiamos. Nós nos preocupamos sobre alcançar metas e nos perguntamos sobre novas conquistas. Acima de tudo, compartilhamos o desejo de dar todas as oportunidades para nossos filhos, o desejo de passá-los pela correnteza violenta.

Ninguém se importa com nossas crianças como os pais. Já que nossos filhos não votam e não podem contribuir com campanhas, eles precisam que falemos por eles. É nossa responsabilidade lutar por eles e pelas políticas que contribuirão para seu desenvolvimento saudável.

Nós já fizemos isso antes, chamar atenção para problemas específicos como a poliomielite e dirigir embriagado. E estamos fazendo isso hoje. Vejo grupos de pais em todos os lugares tentando fazer mudanças. No México e na Argentina, mães chamam atenção internacional para a violência que tirou a vida de seus filhos ao protestar todo ano no Dia das Mães. No Vietnã, onde mães solo não recebem apoio governamental e os pais não são obrigados a pagar pensão alimentícia, um grupo de mães se uniu para apoiar umas às outras com prêmios em dinheiro para as mais necessitadas entre elas. E no Malawi, os esforços patrocinados pelas Nações Unidas para manter meninas na escola não teriam sucesso sem o trabalho árduo das mães locais.[31]

Nos Estados Unidos, alguns pais conseguiram mudar o sistema. Por exemplo, no condado de Multnomah, Oregon, que inclui a cidade de Portland, uma campanha de base liderada por pais foi fundamental em fazer a pré-escola universal uma realidade. Em 2016, um Conselho de Responsabilidade Parental (PAC) começou a se reunir e organizar para tornar oficial sua visão de pré-escola para todos. Quatro anos depois, em novembro de 2020, o grupo ajudou essa visão a ser aprovada em uma lei local.[32]

Assim como houve um despertamento em 1968, isso parece estar acontecendo novamente hoje. Os pais sentem há muito tempo que educar seus filhos nos primeiros anos é uma tarefa impossível. E pensaram que suas dificuldades eram solitárias. Agora, eles estão olhando ao redor e percebendo que não estão sozinhos. Estão acenando uns para os outros em reconhecimento. Quando os pais repetem as mesmas histórias de dificuldades em todos os lugares, se torna óbvio que o problema não é pessoal, é sistêmico. Problemas sistêmicos requerem soluções sistêmicas. Tenho visto uma solução crescente de que a sociedade deve interpretar um papel fundamental no apoio aos pais — e esse apoio não é nem uma agressão à escolha parental nem uma invasão na família. Na verdade é o oposto. O apoio da sociedade oferece a verdadeira liberdade de escolha que todo pai merece. É emocionante assistir famílias se unindo, encontrando sua identidade coletiva e elevando suas expectativas sobre o que a sociedade pode e deve fazer.

Os pais também veem seu lugar de direito como os principais arquitetos do desenvolvimento cerebral infantil. Para construir o melhor ambiente de aprendizado inicial para as crianças, os pais precisam primeiramente sentir o apoio em suas próprias vidas. Isso não é egoísta nem trivial. A saúde, integração social, apoio à carreira, segurança financeira e acesso aos recursos da comunidade possuem um impacto profundo no bem-estar pessoal e, subsequentemente, na capacidade de nutrir o desenvolvimento de uma criança, de nutrir a próxima geração. Uma rede privada de amigos, família e outros indivíduos pode nos ajudar a passar pelo dia, mas não é o suficiente para superar todos os desafios que temos pela frente ou as lacunas deixadas por nossas instituições. Não é o suficiente para construir um amanhã melhor para os nossos filhos e para os filhos deles.

Uma solução única que atenda todas as necessidades de todas as famílias não existe, mas se a sociedade valoriza o papel dos pais, o caminho a seguir requer que nossas instituições avancem e apoiem melhor os pais e as crianças. Quando a sociedade falha em apoiar os pais, nossos filhos são ludibriados. Para financiar o futuro de nossos filhos e nosso próprio futuro como nação, devemos investir nas crianças agora, desde o nascimento.

Ethel Percy Andrus uma vez disse: "Se não estamos contentes com as coisas como são, devemos nos preocupar com o que as coisas podem se tornar."[33] Devemos nos preocupar agora com quem nossos filhos podem se tornar e com a sociedade que podemos ser. Devemos cumprir nossa promessa e nossos objetivos. Devemos criar uma nação dos pais.

NOVE

JUSTAMENTE O QUE O MÉDICO RECEITOU

"Uma grama de prevenção vale um quilo de cura."

— Benjamin Franklin[1]

Na década de 1980, Peter Fleming era pediatra na emergência do Hospital Infantil em Bristol, Inglaterra. Este pode ser um trabalho que parte o coração. Quase toda semana, um bebê era trazido morto ou moribundo. Mãe após mãe descrevia encontrar seus filhos da mesma forma. "Ele estava tão calmo", diziam para Fleming entre lágrimas. "Quando o virei, sabia que ele estava morto."[2] Oficialmente, a causa era síndrome de morte súbita infantil (SMSI). Mas isso era apenas um nome. Qual era a verdadeira causa da SMSI? Ninguém sabia e, portanto, ninguém sabia como salvar esses bebês. "Muitas pessoas ainda pensavam que os pais deveriam ser culpados de alguma forma se o bebê aparecesse morto", observou Fleming posteriormente. "Eles se sentiram muito culpados."[3]

Depois de ver muitos desses pais, Fleming, que além de pediatra era pesquisador, estava determinado a fazer algo. E as famílias também. Liderados por uma mulher que havia perdido o neto, eles montaram uma fundação para tentar explicar o mistério da SMSI. Fleming uniu forças com a organização, atualmente chamada de Lullaby Trust, e trabalhou na procura por uma explicação. A resposta revelou-se estar no que as mães contavam — embora tenha demorado para que ele entendesse.

Fleming começou a coletar informações de cada família de forma sistemática.[4] Ele até mesmo visitou os lugares em que as crianças faleceram — uma ideia revolucionária na época. Sentando-se em um sofá após o outro, ele escutou enquanto pais enlutados contavam suas histórias. Por muito tempo, uma escuta empática era tudo o que ele tinha para oferecer. Então, em 1987, Fleming lançou um estudo formal, comparando as circunstâncias de cada bebê falecido com dois outros vivos da mesma idade e bairro. Fleming e seus colegas suspeitavam que superaquecimento, muitas cobertas, problemas de respiração ou infecções poderiam estar envolvidos, e eles incluíram questões relacionadas a cada um. Por volta da mesma época, um pediatra australiano estava avançando com a ideia de que colocar bebês para dormirem de bruços era o problema, embora o conselho padrão para os pais na maioria das nações desenvolvidas, incluindo o Reino Unido e os EUA, era simplesmente fazer isso. Dormir de bruços era o conselho dado pelo Dr. Spock e pelos pediatras. Fleming admitiu que incluiu uma questão sobre dormir nessa posição em seu estudo apenas para eliminá-la.

Dois anos depois, Fleming chegou a uma conclusão. Para seu espanto, o fator mais importante que contribuía para a SMSI era a posição em que o bebê dormia: bebês que dormiam de bruços tinham uma probabilidade quase dez vezes maior de morrer do que aqueles que dormiam de barriga para cima.

O mundo da medicina estava altamente desconfiado. Fleming entendeu. "Eu não conseguia acreditar que era tão simples", conclui ele. Seus colegas exigiram mais evidências e ele também queria mais. Então, Fleming planejou um estudo maior e mais rigoroso comparando especificamente as duas posições. Mas quando tentaram recrutar bebês para o estudo, a equipe de Fleming descobriu que rumores sobre seus resultados iniciais já havia se espalhado pela área de Bristol e já não havia bebês o suficiente dormindo de bruços para tornar a pesquisa viável. Então, pasmem, à medida que os pais se envolveram nesse experimento natural, a taxa local de SMSI caiu dramaticamente. Depois de três anos do estudo inicial de Fleming, havia caído mais do que a metade. No entanto, nacional e internacionalmente, os médicos não estavam convencidos ou cientes do trabalho de Fleming.

Então, o destino interveio para espalhar seus resultados. Um dia, em 1991, Anne Diamond encontrou o filho de 4 meses, Sebastian, morto no berço. Naquela manhã ensolarada de julho, Diamond colocou o bebê para dormir de bruços, assim como foi dita para fazer e como havia feito com seus dois filhos mais velhos, James e Oliver. Como outros 2 mil bebês britânicos naquele ano, Sebastian faleceu de SMSI.[5]

Por acaso, Diamond era uma repórter e apresentadora bem conhecida da BBC, a principal organização de notícias do Reino Unido. Como qualquer bom jornalista investigativo, ela começou a fuçar tudo o que conseguia encontrar sobre SMSI e descobriu o trabalho de Fleming, bem como um estudo da Nova Zelândia que corroborou as descobertas dele. E então, como muitas mães enlutadas antes dela, ela começou a disparar alarmes. Mas os alarmes dela, diferentemente dos outros, foram ouvidos. Por conta de seu nome conhecido, ela pôde usar seu status para começar uma cruzada para que as autoridades e pediatras britânicos oficialmente mudassem a recomendação de que bebês deveriam dormir de bruços.

Seis meses depois da morte de Sebastian, a primeira campanha Back to Sleep, uma tentativa da saúde pública de abraçar o trabalho de Fleming, foi lançada e espalhada entre pediatras e outros profissionais de saúde. O efeito foi drástico. No Reino Unido, o número de bebês morrendo por SMSI por fim despencou cerca de 90%. Campanhas similares nos Estados Unidos e outros lugares tiveram resultados igualmente espetaculares.[6] SMSI ainda ocorre e ainda não entendemos o motivo por completo — o fator de risco principal agora considerado é fumar durante a gravidez —, mas dezenas de milhares de vidas infantis foram salvas pela combinação da pesquisa de Fleming com as campanhas de educação pública que seguiram ao redor do mundo.

Quase duas décadas depois, Fleming refletiu sobre as lições para os médicos: "A importância de manter a mente aberta… a importância de trabalhar intimamente com uma equipe completa de saúde e, o mais importante: ouvir o que os pacientes nos dizem."[7]

Acho que a história da SMSI tem ainda mais para nos ensinar. Ela mostra o poder de educar os pais, especialmente quando a sabedoria convencional precisa ser atualizada e como fazer isso pode mudar drasticamente os resultados para as crianças. Acontece que todos os pais são inexperientes e os bebês não vêm com manuais de instrução. De todos os pais que conheci, incluindo eu mesma, não me lembro de um que tenha dito desde o primeiro dia: "Entendi tudo." Em vez disso, nosso querido recém-nascido fica sentado em um canguru (aquele que acabamos de entender como usar) no meio da sala, ou da cozinha, ou do banheiro. Encaramos essa nova vida preciosa e pensamos: e agora?? Como vou fazer isso??

É assim que acontece quando você é um pai de primeira viagem. Provavelmente existem lacunas em seu conhecimento e experiência independentemente de quantos livros você leu, de quantos pais influenciadores seguiu ou, até mesmo, assim como Mariah, de quantos filhos de outras pessoas você já cuidou. Nossa sociedade vangloria-se da ideia de que os pais são os primeiros e melhores professores dos filhos. Porém, não temos a mentalidade ou infraestrutura para abastecer os pais com o conhecimento, habilidades e apoio de que precisam para mandarem bem nesse trabalho. Há uma lacuna escancarada entre o que dizemos que os pais deveriam fazer e o que fazemos para ajudá-los.

Construir uma nação dos pais é reimaginar uma sociedade orientada ao redor de apoio robusto para os anos iniciais, olhar para a Estrela Guia do desenvolvimento cerebral saudável como nosso princípio organizador. Assim como estabelecer as bases para o desenvolvimento saudável significa conectar partes do cérebro, estabelecer as bases para uma nação dos pais significa conectar partes da nossa sociedade que raramente se cruzam.

A saúde é uma dessas partes, uma com grande alcance e potencial. A ironia é que há mais de dez anos, eu saí da medicina a fim de entender o que precisava ser feito para dar aos meus pacientes todas as oportunidades de cumprirem a promessa de seus objetivos. Agora me encontro de volta no mesmo lugar em que comecei, porque percebo que a saúde é uma parte fundamental da solução que estou buscando.

Nos Estados Unidos, os sistemas de saúde e educação nos anos iniciais foram isolados. Em um campo, há o mundo fragmentado e extremamente limitado da educação na primeira infância. Até que as crianças atinjam o jardim de infância, não há educação consistente e assistência que alcance a vida da maioria das famílias.[8] E, em outro campo, há a assistência médica — obstetras durante a gravidez e pediatras após o parto. Apenas raramente essas visitas incluem qualquer discussão sobre desenvolvimento cerebral. Educação parental é um precursor necessário para reforçar a educação inicial de uma criança, mas o sistema não fornece nenhum jeito de abordar e educar todos os pais nessa questão fundamental. Além disso, essas visitas médicas geralmente não possuem ligação com outros apoios e serviços.[9]

Começando na fonte

À medida que penso nas famílias que conheci ao longo da minha jornada — as descritas neste livro, meus amigos e parentes — é óbvio para mim o quanto cada pai poderia ter sido ajudado por um sistema mais integrado e consultas clínicas mais amplas e profundas. Tal mudança ofereceria uma oportunidade verdadeira de fechar as lacunas entre o que sabemos que as crianças precisam para ter o melhor começo de vida e o que fazemos para estimular seu crescimento. Em uma tentativa de construir um sistema que apoia os pais como os primeiros e mais importantes professores dos filhos, a saúde é um lugar óbvio para começar, porque quase todas as famílias já estão ligadas a isso. Cerca de 90% de crianças estadunidenses são consultadas por um pediatra em algum momento e a grande maioria das mães usam o sistema de saúde quando estão grávidas ou em trabalho de parto.[10] Assim como os sistemas escolares fornecem um meio de alcançar todas as crianças mais tarde, a saúde é o sistema que pode fornecer acesso quase universal para os pais nos primeiros anos. Vim entender a importância disso no meu próprio trabalho. O TMW começou trabalhando com uma família por vez em visitas domiciliares. Porém, mais tarde percebemos que podíamos alcançar muito mais pessoas ao integrar nossos programas nos lugares em que os pais já frequentavam — na obstetrícia e ginecologia, na ala da maternidade ou na pediatria.

Mas para tornar a saúde uma parte verdadeiramente efetiva e integral da nossa nação dos pais, devemos começar na fonte, um conceito que está ganhando popularidade. Parafraseando uma ideia que foi expressa por outros, se víssemos crianças em uma canoa em direção a uma cascata, o que faríamos?[11] Esperaríamos na base da água em queda e cuidaríamos delas depois que atingissem o fundo? Não. Interviríamos ou jogaríamos uma corda ou faríamos *algo* para tentar impedir que chegassem perto da beirada em primeiro lugar. Melhor ainda, acompanharíamos a margem e voltaríamos até o lugar em que as pessoas estão zarpando com seus barcos e os ajudaríamos a se prepararem para a jornada à frente.

Como isso seria na prática? Significaria incluir educação sobre desenvolvimento cerebral em todas as oportunidades desde a primeira consulta pré-natal. Embora a maioria dos pais não saiba nada sobre neurociência, eles tendem a aprender muito depois.[12] Randy e Mariah, por exemplo, aprenderam sobre desenvolvimento cerebral porque inscreveram-se no TMW quando seus filhos ainda estavam aprendendo a andar. Mas imagine se Randy não tivesse visto o anúncio do TMW enquanto estava no ônibus. Muitos pais não podem contar com esse tipo de encontro do destino. No entanto, a maioria dos pais *levam* os filhos no pediatra, e os pediatras, enfermeiros e outros funcionários estão em boa posição de dar confiança aos pais em seus papéis como arquitetos do cérebro.

Começar na fonte também significaria olhar além dos sintomas para as causas da boa e má saúde — incluindo os fatores sociais, econômicos e ambientais que influenciam o desenvolvimento infantil. Para Sabrina, esse tipo de cuidado significaria que seu pediatra ou ginecologista poderia ter identificado sua instabilidade habitacional mais cedo — talvez cedo o bastante para fazer a diferença — ao fazer algumas perguntas relevantes como parte de uma triagem de rotina. (Por exemplo: houve algum momento nos últimos doze meses em que você não foi capaz de pagar o aluguel no prazo?

Em quantos lugares você morou nos últimos doze meses? O bebê viveu em um abrigo ou esteve desabrigado desde o nascimento?) Estudos mostraram que famílias que respondem "sim" para qualquer uma dessas três perguntas estão em risco de saúde e desenvolvimento mais precários, especialmente crianças abaixo de 2 anos.[13] Se os médicos descobrem uma instabilidade habitacional, devemos facilitar para eles saberem para onde e como direcionar famílias ao apoio apropriado.

Onde isso ainda não existe, também devemos adotar uma abordagem universal e em diferentes níveis para fornecer educação parental e serviços mais amplos para os pacientes. Deveríamos começar arremessando a rede o mais longe possível e então conectando famílias individuais a mais informações e serviços sociais, conforme necessário. Nossos estudos SPEAK mostram que há uma enorme variação no quanto pais individuais sabem sobre desenvolvimento infantil saudável.[14] E, é claro, há uma variação igualmente ampla no apoio que os pais precisam de forma mais geral. Às vezes existem questões imediatas como a depressão pós-parto de Katherine e, às vezes, há desafios mais prolongados, como uma criança com necessidades especiais.

Uma assistência médica que é tanto universal quanto personalizada evita os perigos de fazer suposições. Todos que já trabalharam dessa maneira, inclusive eu, aprenderam que não podemos saber, com base em aparências, quando alguém precisa de ajuda... ou quando não precisam. Algumas mães solo adolescentes possuem um apoio familiar firme e namorados que são pais dedicados. Por outro lado, um colega me contou a história de uma pediatra que instruiu um residente a fazer uma triagem com uma mãe de três menininhas, todas usando vestidos rosa com monogramas combinando. Para o jovem médico, a família gritava "dinheiro". Quando ele saiu do consultório, a pediatra revisou as respostas que ele obteve durante a triagem e perguntou o que a mulher havia respondido sobre insegurança alimentar. Ele admitiu que não havia perguntado. Então, ela pediu para que ele voltasse e fizesse uma triagem mais completa. Assim que ele perguntou sobre comida, a mãe se debulhou em lágrimas. Naquela manhã, ela havia se inscrito para receber benefícios federais de nutrição porque o marido havia abandonado a família e limpado as contas bancárias.

No centro dessa saúde reimaginada está uma abordagem baseada em equipe. Ninguém espera que médicos individuais façam isso sozinhos, mas podemos encher o time de profissionais que interagem com as famílias no caminho. A composição dessa equipe varia dependendo da infraestrutura de saúde pública de um país, mas o objetivo deve ser o mesmo. Visualizo um sistema de saúde que funciona como uma versão maior da minha equipe principal na Sala Operatória 4. Cada membro traz sua experiência e possui

158 NAÇÃO DOS PAIS

um papel claramente definido, mas também são capazes de apoiar uns aos outros e enxergar o que talvez passasse batido.

Em seu sentido mais holístico, a assistência médica pode ser o mais importante para os pais. O primeiro pré-natal e consultórios pediátricos podem ser os lugares em que a saúde e educação de uma criança se conectam. Podem ser lugares que antecipam o que os pais e os filhos precisam, que ajudam os pais a entender seus papéis como arquitetos do cérebro e o que lhes dá assistência para superar quaisquer barreiras que os impeçam. Não sou a única que pensa sobre essa possibilidade — longe disso. Há uma onda de interesse na ideia de que a assistência médica pode se tornar a ligação que falta no continuum educacional e que pode construir uma ponte do primeiro dia de vida até o primeiro dia de escolarização formal.

Reinventando a saúde

Para chegar lá, precisamos de uma grande mudança de mentalidade: precisamos mudar nossas crenças sobre o que o sistema de saúde deve ser. Nos Estados Unidos, a assistência médica tem sido tradicionalmente sobre cuidados para "doentes". Normalmente, os negócios na medicina buscam tratar doenças em vez de construir o bem-estar, reagir a crises e enfermidades em vez de tentar preveni-las.[15] Além disso, cada vez mais médicos se tornam especialistas (eu sou uma).[16] Embora especialistas sejam os profissionais que você deseja quando precisa de um implante coclear ou de um tratamento mais eficaz contra o câncer, focamos primeiramente apenas um elemento da condição de um paciente em vez de seu bem-estar holístico.

Sendo clara, pediatras também são especialistas, mas são mais holísticos do que muitos outros médicos e possuem um longo histórico de luta pelas famílias.[17] (Revelação completa: não apenas meu falecido marido era um pediatra [cirurgião], meu pai, irmão e primo também são.) A Academia Americana de Pediatria (AAP) tem sido uma defensora das iniciativas de saúde pública para a saúde infantil — afinal, foi fundada como um protesto à oposição da Associação Médica Americana à Lei Sheppard-Towner que apoiava a saúde materna. A AAP recomenda uma série de consultas de puericultura — sete no primeiro ano de vida de um bebê e mais cinco por volta do terceiro aniversário. Essas doze visitas ocorrem durante os três anos mais fundamentais do desenvolvimento cerebral e oferecem oportunidades de avaliar o crescimento da criança, aplicar imunizações e, teoricamente, responder perguntas dos pais. "Essa é uma oportunidade tão única", explica minha amiga, a psicóloga Rahil Briggs, diretora nacional do HealthySteps, um programa da organização sem fins lucrativos ZERO TO THREE, que possui parceria com pediatrias para adicionar especialistas em desenvolvimento que cubram todos os aspectos das necessidades das famílias. "Tanta mudança acontece na primeira infância."[18]

Ainda assim, dos quinze minutos disponíveis em um check-up de puericultura padrão, somente três — três! — são dedicados ao que é chamado de orientação antecipatória, ou informação sobre as mudanças que ocorrerão em relação ao desenvolvimento, ao físico e ao emocional, de uma consulta até a próxima.[19] Três minutos para *todas* essas coisas não é muito quando você considera o quanto há para ser falado — habilidades motoras, hábitos de sono, melhores práticas para alimentar com comidas sólidas, a cadeirinha certa para o carro e assim por diante. Três minutos para *todas* essas coisas não é muito quando você considera que isso está compensando a falta de um manual de instrução para bebês.

Com frequência demais, os pais acabam deixando o consultório do pediatra — uma autoridade confiável da saúde dos filhos deles — sem ouvir praticamente nada sobre o cérebro ou desenvolvimento em geral. Quando fizemos nosso estudo SPEAK e falamos com novos pais no hospital e nas salas de espera dos pediatras, perguntamos diretamente: seu médico já falou com você sobre o cérebro do bebê e a importância da linguagem na primeira infância? A resposta era quase sempre não. Somente um quarto dos pais relatou receber informação sobre o crescimento cerebral. Menos ainda ouviu qualquer coisa sobre como as crianças aprendem (13%) e sobre como aprendem a falar (9%).[20] Isso geralmente ocorre porque os pais estão focados em outras coisas e os pediatras estão tentando atender o máximo de famílias possível, e são limitados por quanto seu tempo e serviços são atualmente reembolsados por planos de saúde.

Mas o problema é o seguinte: duas entre cinco crianças estadunidenses até os 5 anos passam por atrasos linguísticos.[21] Isso é quase duas vezes a taxa de obesidade infantil, que é reconhecida amplamente como uma epidemia de saúde pública. O mundo da medicina finalmente reconheceu que disparidades linguísticas também são um problema de saúde pública. Em 2014, a AAP emitiu uma declaração política histórica que elevou a divulgação da alfabetização e, portanto, as interações linguísticas e o desenvolvimento cerebral que ela estimula como um componente principal do cuidado pediátrico, e recomendou financiamento público para apoiar essa prática médica. O objetivo era integrar informação sobre o desenvolvimento saudável do cérebro dentro das consultas pediátricas.[22] Mas, até agora, isso não está acontecendo na maioria dos lugares pelos Estados Unidos.

Nossa abordagem atual não limita apenas o que os pais recebem em cada visita; limita, em uma escala muito maior, o que os cidadãos recebem do sistema de saúde. No que é conhecido como o paradoxo da saúde, os Estados Unidos gastam mais em assistência médica e recebem menos do que quase qualquer outro país desenvolvido.[23] É uma situação que um comentarista ironicamente compara com "o jogador de futebol que pode não ser pesado, mas é devagar".[24] A quantidade de dinheiro que os Estados Unidos gastam em saúde e serviços médicos, cirurgias e remédios, médicos e planos de saúde, representa uma porcentagem muito maior das despesas nacionais (medida em relação ao PIB) do que qualquer outro país na Organização para a Cooperação e Desenvolvimento Econômico (OECD). Mesmo assim, o retorno desse investimento na saúde geral é vergonhosamente baixo. Os resultados de saúde são consideravelmente piores do que os de países vizinhos. Os Estados Unidos possuem uma expectativa de vida mais baixa e uma taxa de mortalidade infantil mais alta. Sobre a última estatística, eles aparecem quase em último entre os países desenvolvidos! Eles são um dos dois únicos países (o outro é a República Dominicana) com taxas crescentes de mortalidade maternal, o que ocorre principalmente entre mães negras.[25] Mais bebês estadunidenses nascem abaixo do peso nos Estados Unidos do que em países vizinhos. Os estadunidenses sofrem mais com lesões e homicídios, gravidez na adolescência, doenças sexualmente transmissíveis, HIV/AIDS e mais doenças pulmonares crônicas e deficiências do que aqueles vivendo em outros países industrializados. E, em quase todas as frentes, há disparidades de saúde alarmantes por raça, um fato revelado pela pandemia da COVID-19.[26]

Não é que os Estados Unidos não recebam nada em troca do dinheiro da saúde. Eles estão no topo em velocidade e quantidade de serviços médicos.[27] É possível obter o melhor atendimento médico do mundo nos Estados Unidos, e tê-lo coberto pelo plano de saúde também, especialmente para problemas que demandam intervenções muito caras e de alta tecnologia. Por exemplo, nunca tive problemas em conseguir seguro para cobrir a cirurgia de implante coclear de uma criança. Mas é muito mais difícil conseguir cobertura para outros tipos de cuidados, como a terapia fonoaudiológica que é necessária após a cirurgia de implante coclear para aumentar sua eficácia.

Durante a última década, uma nova ideia reveladora foi adicionada à conversa: os gastos diretos em assistência médica estão longe de ser os únicos que determinam a saúde de uma população. Muito do que afeta a saúde acontece fora do consultório. Cerca de 40% até 90% dos resultados de saúde podem ser atribuídos a fatores como nutrição e insegurança alimentar, ambiente e exposição a toxinas e nível de integração ou isolamento social. Se esses fatores são considerados parte da equação, os gastos relativos de todos os países da OECD somam de forma diferente. Os Estados Unidos gastam muito mais em saúde do que a maioria das outras nações desenvolvidas. Mas para cada dólar que as outras nações gastam em saúde, elas gastam US$2 nos serviços sociais que se referem aos fatores sociais e ambientais e promovem uma vida saudável. Por outro lado, para cada dólar que os *Estados Unidos* gastam em saúde, eles gastam apenas US$0.90 em serviços sociais.[28] É uma diferença reveladora e ajuda a explicar por que os resultados de saúde estadunidenses são tão comparativamente ruins apesar da quantidade de dinheiro que gastam em assistência médica.

Esses fatores não médicos são conhecidos como determinantes sociais da saúde. A Organização Mundial de Saúde os define amplamente como "as condições em que as pessoas nascem, crescem, vivem, trabalham e envelhecem".[29] Em outras palavras, eles formam a correnteza externa que nos carrega pela vida — as mesmas circunstâncias que afetam o nível de estresse tóxico de uma criança — e engloba tudo desde a facilidade de locomoção nos bairros à distância até o hospital mais próximo. Inclui exposição ao chumbo e poluição do ar, que são fortemente ligados à asma, exposição à violência e abuso de substâncias.

Esses determinantes sociais geralmente andam lado a lado com o status socioeconômico, porque a renda, patrimônio e educação têm muito a ver com as circunstâncias em que nascemos. E eles afetam nossa biologia de muitas formas, até na forma em que nossos genes são expressos. De forma mais imediata, afetam quem fica doente ou ferido primeiro. Não ter o bastante para comer, exposição à violência armada ou crescer em um abrigo para sem-teto possuem um impacto negativo na saúde infantil. E outros fatores menos extremos, também. Por exemplo, a probabilidade de um trabalhador horista de baixa renda como Randy, que perde US$100 por tirar um tempo para ir ao médico, ir trabalhar enquanto está doente é maior, o que aumenta sua probabilidade de ficar doente por mais tempo e talvez piorar, além de contaminar outras pessoas.

Maiores também são as probabilidades dos filhos de Randy sofrer as consequências de uma doença prolongada que o impede de lhes dar o cuidado e a atenção que precisam — e que ele desejar dar. Dessa forma, as coisas que formam os determinantes sociais da saúde podem desencadear uma reação em cadeia que ameaça o desenvolvimento infantil. Pais que estão doentes ou tendo dificuldades de colocar comida na mesa se envolverão, quase que de forma inevitável, em menos interações responsivas com os filhos, o que reduz a exposição linguística, o que diminui as conexões que esses cérebros jovens estão fazendo — a ligação.

Devemos reconhecer que o desenvolvimento é o produto do que o médico Andrew Garner chama de "uma dança contínua e dinâmica, porém cumulativa entre o cuidado... e a natureza". Pensar nisso dessa forma força uma mudança em como pensamos na saúde. Como Garner escreve: "A saúde é um continuum entre enfermidade e bem-estar, e as experiências iniciais exercem um papel essencial, porque as bases da enfermidade e do bem-estar são construídas com o tempo."[30]

Então, não é mistério do que as crianças e famílias precisam. Deve-se prestar atenção na construção saudável do cérebro desde o primeiro dia e em todas as formas que os determinantes sociais da saúde moldam os resultados de saúde e educação de uma criança. Um sistema de saúde que faça ambas as coisas para crianças e suas famílias deveria ser uma verdadeira rede de segurança. Instilaria confiança em todos (quem não se sente mais seguro quando sabe que tem apoio?) e pegaria aqueles que caíssem.

Felizmente, encontrei alguns exemplos poderosos de como isso funcionaria nos Estados Unidos.

Desde o começo

Quando se tornou mãe, Rachel não era estranha ao parto. Ela trabalhou como doula, tinha um mestrado em saúde materno-infantil e era consultora certificada de amamentação. Mas nada disso era a mesma coisa que ter seu próprio filho, e Rachel estava ansiosa. "Mesmo com todo esse conhecimento e experiência, havia coisas sobre me tornar mãe para as quais eu não estava preparada", confessa ela.[31]

Rachel também sabia que, quando levasse a bebê Eleanor para casa depois do hospital, ela estaria sozinha na maior parte do tempo. O marido, James, não conseguiu licença paternidade e eles moravam em Durham, Carolina do Norte, longe das famílias dos dois. Rachel se preocupava em ficar isolada.

Uma vez que todos os pais começam nessa jornada como iniciantes, até mesmo alguém como Rachel, todos se beneficiam de uma chance de se consultar com um especialista. Em muitos países, eles recebem exatamente isso, bem como o que só pode ser visto como uma abundância de apoio em torno do nascimento de um bebê. Na Finlândia, novos pais vão para casa com uma caixa para bebês cheia, com cerca de cinquenta itens necessários, como fraldas e macacões (a caixa pode ser usada como berço de vime, se necessário). Na Malásia, a maioria das mães combinam a assistência médica moderna com o tradicional período de confinamento após o parto chamado de *pantang*, em que aproveitam do apoio espiritual e social de uma parteira e seguem uma série de rituais para ajudar a acelerar a recuperação.[32] Na Holanda, durante os oito primeiros dias de vida de uma criança, o serviço *kraamzorg* oferece até 49 horas de cuidados de enfermagem em casa para todas as mães. Enfermeiros podem ajudar com um parto domiciliar e com

JUSTAMENTE O QUE O MÉDICO RECEITOU **163**

a amamentação ou meandros do leite artificial (o que a mãe preferir). Eles cuidam da saúde das mães e dos bebês e ainda podem ajudar com serviços domésticos básicos![33]

Nos Estados Unidos, a maioria não tem tanta sorte. Mas isso está começando a mudar. Alguns estados adotaram a prática finlandesa da caixa para bebês e alguns programas eficazes de visita domiciliar universais como o Family Connects, que atualmente opera em treze estados, com planos de expansão.[34] O Family Connects envia enfermeiros com experiência para as casas dos novos pais desde o fim da gravidez e durante as primeiras doze semanas de vida do bebê. Triagens clínicas aleatórias do programa descobriram múltiplos benefícios. Por exemplo, em um estudo, as mães eram 30% menos prováveis de ter ansiedade pós-parto, o laço entre novas mães e bebês foi reforçado e as habilidades parentais de novas mães e pais melhoraram. Em um estudo de acompanhamento quando as crianças estavam com 5 anos de idade, as famílias participantes tinham 39% menos casos de investigações de abuso infantil e 33% menos uso total de assistência médica de emergência para as crianças.[35]

Quando Rachel e James ouviram falar sobre o Family Connects, ficaram ansiosos para participar. A enfermeira chegou na casa deles pela primeira vez três semanas após o nascimento de Eleanor. No borrão daquelas primeiras semanas sem dormir, Rachel estava um pouco sobrecarregada. Ter a enfermeira em casa acalmou sua mente. Também livrou Rachel da tarefa difícil de levar o bebê para passear no inverno, colocando-a contra o frio e enfrentando estradas potencialmente perigosas e com gelo. Rachel nem mesmo precisava se vestir! Ela ainda estava de pijama quando a enfermeira chegou para aquela primeira visita. Eleanor nasceu muito pequena e foi um alívio ter a enfermeira checando o peso e saúde da bebê e ajudando Rachel nos desafios da amamentação. Rachel gostava que a enfermeira ouvia seus sentimentos, respondia ao que ela precisava e reconhecia as grandes mudanças que a maternidade traz. "Quando um bebê nasce, não é uma coisa que acontece apenas com ele", observa Rachel. "Uma nova mãe e uma nova família também nascem."

O que precisamos saber como pais não termina com as trocas de fraldas e amamentação. O próximo passo nessa nova abordagem aos cuidados de saúde na primeira infância é tornar o consultório pediátrico uma forma consistente de afirmação e encorajamento, de informação em todos os aspectos da parentalidade, mas especialmente no engajamento fundamental entre pais e filhos. Comunicação sobre o fortalecimento e reforço das habilidades parentais para a construção completa do cérebro *pode* ser trançada em cada camada da visita ao consultório pediátrico, desde o momento em que o pai e a criança entram pela porta. Já vi isso em prática com o Reach Out and Read, um programa maravilhoso que usa livros como ferramenta para promover a linguagem inicial e para fortalecer o relacionamento entre pais e filhos. O Reach Out and Read incorpora momentos de leitura compartilhados entre pais e filhos em visitas de puericultura. Fundada em 1989, a organização atualmente possui mais de 6 mil locais participantes por todo os Estados Unidos (principalmente clínicas atendendo famílias de baixa renda) e alcança mais de 4,5 milhões de crianças por ano. Estudos do Reach Out and Read mostraram que as crianças participantes possuem resultados maiores de linguagem receptiva e expressiva do que crianças que não participam.[36] E uma pesquisa de 2021 com mais de 100 mil pais descobriu que aqueles que estavam participando do Reach Out and Read tinham uma probabilidade 27% maior de ler com seus filhos do que pais não participantes. (Esse resultado ecoa em estudos anteriores.) De forma mais específica, participantes também eram significativamente mais propensos a usarem estratégias de leitura, como falar sobre o que está acontecendo nas imagens e perguntar para a criança o que ela acha que acontecerá depois.[37] "Estamos dando uma ferramenta e orientações para os pais, para que os filhos gostem de ouvir suas vozes e gostem de estar com eles", diz minha amiga Perri Klass, diretora médica nacional do programa e uma voz poderosa na pediatria. "Desde o começo, crianças crescem com livros e um amor pela leitura, porque estão conhecendo a palavra impressa através da mediação daquela voz amada."

Quando as famílias chegam para as consultas de rotina, a recepcionista cumprimenta as crianças dizendo: "Você vai ganhar um livro hoje!" (Antes da pandemia, havia livros compartilhados na sala de espera e um canto aconchegante para leitura.) Pôsteres convidativos nas paredes celebram os livros. Assim que a pediatra entra no consultório, ela entrega para o bebê um livro apropriado para o desenvolvimento, para a linguagem e para a cultura, o qual a família poderá levar para casa. Observar o bebê manipular as páginas de um livro cartonado ajuda a demonstrar para a médica o que ele é capaz de fazer em termos de desenvolvimento e distrai o bebê enquanto seus ouvidos são examinados e sua barriguinha cutucada. A maravilha das palavras e o que elas podem fazer pelo cérebro estão entrelaçados em cada minuto da consulta. Quando a médica mede a circunferência da cabeça do bebê, por exemplo, ela pode brincar que "é por isso que toda a conversa e leitura com o bebê são tão importantes; é como alimento para o cérebro dele, ajuda a crescer". E em um exemplo adorável da maneira como os pediatras podem e estendem seu papel fora do consultório, o Reach Out and Read também faz parceria com bibliotecas locais (uma das minhas pediatras favoritas do programa, Dipesh Navsaria, até possui formação em biblioteconomia infantil!). Por que parar em um livro quando as crianças podem ser expostas a uma biblioteca cheia deles?

Como um polo, o consultório pediátrico pode exercer um papel ainda mais importante como uma ligação aos serviços cruciais para abordar os determinantes sociais da saúde. "Assistência de alta qualidade com uma equipe é a maneira de potencializar a incrível plataforma pediátrica para reduzir desigualdades de saúde", disse-me Rahil Briggs do HealthySteps. O HealthySteps fornece o tipo de ajuda nivelada e universal que pode preencher as lacunas — por exemplo, ao certificar-se de que o desenvolvimento saudável do cérebro seja discutido cedo e com frequência. O programa agora alcança mais de 350 mil crianças por todos os Estados Unidos e estudos mostram o impacto positivo nas crianças, nos pais e pediatras.[38]

Estes resultados positivos dependem dos poderosos relacionamentos que as famílias estabelecem com os especialistas do HealthySteps, uma a quem Rahil me apresentou: Deyanira Hernandez, uma especialista em saúde comunitária do HealthySteps, trabalha no Hospital Montefiore no Bronx, Nova York, que fica na vanguarda do mundo pediátrico em constante mudança.[39] Quando era adolescente na República Dominicana, um furacão destruiu muitas casas na comunidade de Deyanira e ela passou semanas trabalhando com sua escola para ajudar famílias necessitadas. A experiência a inspirou a fazer disso seu trabalho e é o que ela faz todos os dias. "Estamos com a família desde o primeiro dia", explica ela, "durante cada estágio de desenvolvimento da criança." O objetivo é estabilizar um relacionamento e é o que Deyanira fez com uma mulher chamada Anna.

A noite em que Anna passou em um banco de praça com seus gêmeos de 4 anos de idade foi uma das mais sombrias de sua vida. Durante os seis meses anteriores, ela e os meninos estavam vivendo com familiares no Bronx. Eles dormiam em um sofá na sala de estar, que era lotada e desconfortável, mas pelo menos tinham um teto sobre suas cabeças. Um de seus filhos estava sendo desobediente às vezes, especialmente quando o apartamento ficava barulhento, o que era frequente. Os familiares perderam a paciência com o comportamento dele e colocaram Anna e as crianças para fora. Sem ter alguém ou um lugar para procurar ajuda, Anna foi para uma praça próxima e lá passaram a noite.

No dia seguinte, Anna tinha uma consulta de puericultura para os meninos em um consultório pediátrico em Montefiore. Por sorte, os médicos de Montefiore sabem fazer perguntas como: "Está acontecendo alguma coisa? Você precisa de alguma ajuda?" Eles rotineiramente procuram por experiências adversas na infância (EAIs) e determinantes sociais da saúde.

Com lágrimas, Anna admitiu para o pediatra que havia passado a noite na rua e então pediu ajuda. O pediatra imediatamente ligou para Deyanira.

"Precisamos de você", afirmou ele.

Quando Deyanira chegou no consultório em que Anna esperava, o alívio da jovem mãe era palpável.

"Este era o único lugar que eu sabia que era seguro", partilhou Anna para Deyanira.

"Ela estava em uma situação muito difícil", recorda Deyanira. "Era de partir o coração."

Depois do pediatra consultar as crianças, Deyanira ficou no comando. Em um táxi pago pelo consultório, ela levou Anna e os meninos para um abrigo de emergência próximo onde os três poderiam passar a noite. Era quase 21h quando Deyanira foi para casa naquela noite. E ela encontrou-se novamente com Anna na manhã seguinte. Durante os próximos meses, ela trabalhou com o abrigo para encontrar moradia estável para Anna e os meninos. Depois de seis meses, a família foi alocada em um pequeno apartamento. Suspeito que, se Sabrina tivesse uma defensora como Deyanira, ela não ficaria presa em um abrigo por mais de dois anos.

Mas a dedicação de Deyanira não parou por aí. O pediatra no Montefiore identificou que o filho de Anna que estava se comportando mal tinha autismo não diagnosticado, o que explicava sua desobediência no apartamento barulhento. Então Deyanira colocou o pequeno na terapia e educou Anna sobre como agir com seu filho. Alguns anos se passaram, e Deyanira ainda checa Anna regularmente, mesmo que os meninos, atualmente com 8 anos de idade, tenham passado da idade da assistência. "Ambos estão bem estáveis", relatou-me Deyanira. "O menino no espectro faz terapia ABA, terapia ocupacional e frequenta o fonoaudiólogo. Ele usava a comunicação não verbal e agora consegue falar frases inteiras." Em sua última conversa, Anna admitiu para Deyanira: "Se não fosse por você e pelo hospital, não sei onde eu estaria!"

Rahil diz que o trabalho do HealthySteps é sobre desenvolver confiança. "Se fizermos do jeito certo, pais começarão a pensar na pediatria não apenas como o lugar para preencher o formulário da escola e se certificar das vacinas dos filhos, mas também como o lugar em que perguntam sobre os determinantes sociais da saúde, sobre a depressão ou ansiedade deles." Como aconteceu com Anna, o HealthySteps encaminha pacientes para programas educacionais e intervenções precoces. Aborda insegurança alimentar ao fornecer cestas básicas e listas com bancos alimentares próximos. Ele também consegue ajuda legal para imigrantes e outros que precisem.

Há um programa similar de sucesso chamado DULCE (Developmental Understanding and Legal Collaboration for Everyone), que até agora existe em treze consultórios pediátricos em três estados estadunidenses. Como o HealthySteps, o DULCE coloca um especialista em família em cada equipe, alguém que trabalha na ligação da primeira infância, da saúde e do direito público e que atende todas as famílias em um consultório, não apenas famílias de baixa renda ou pessoas com grandes problemas. Em uma triagem aleatória controlada, pesquisadores descobriram que famílias encaminhadas ao DULCE tiveram acesso a suportes cerca de duas vezes mais rápido do que outras famílias, eram mais propensas a completar as consultas de puericultura e imunizações e eram menos prováveis de usar o atendimento de emergência.[40]

Compreensão, conexão e coesão

Imaginei o que poderia ter acontecido se Keyonna e Michael tivessem tido acesso aos serviços legais oferecidos pelo DULCE. Como as coisas poderiam ter sido diferentes se um especialista do DULCE tivesse entrado em contato para conectar Keyonna ao apoio legal que ela precisava para Michael, ao apoio médico (e psicológico) que ela precisava para ajudar o filho, Cash, a lidar com sua anemia falciforme e a informação sobre a estimulação do desenvolvimento cerebral que ela precisava para Mikeyon, que nasceu enquanto Michael estava na cadeia? Tal especialista teria visto claramente que a prisão de Michael, a saúde de Cash e o desenvolvimento ideal do novo bebê estavam conectados, de modo que até mesmo pequenos progressos ou retrocessos em qualquer uma dessas partes da vida de Keyonna afetariam outras.

Como as circunstâncias de Keyonna deixam claro, esse mundo reinventado da saúde cobre muitas áreas. Por isso é tão importante que trabalhadores da saúde façam parcerias com outras organizações. Não é sobre colocar mais carga nos ombros dos funcionários. É sobre costurar os retalhos de programas já existentes sem deixar nenhum de fora. Reconhecer que precisamos de um sistema integrado é o último passo para juntar as peças e tornar uma assistência médica verdadeiramente holística uma realidade. Em Tulsa, Oklahoma, e no Condado de Guilford, na Carolina do Norte, comunidades estão construindo sistemas assim.

Em Tulsa, a Birth through Eight Strategy for Tulsa (BEST) trabalha lado a lado com as famílias para facilitar o acesso a serviços desde a preconcepção até os primeiros anos.[41] Agências públicas e sem fins lucrativos entre os setores de saúde, educação, serviços sociais e justiça criminal juntaram forças para progredir no objetivo compartilhado de aumentar as oportunidades para todas as crianças. Juntos, eles estão abordando famílias onde estão — em consultórios médicos, igrejas, abrigos e escolas — e espalhando a informação sobre o desenvolvimento cerebral saudável em todos os lugares em que trabalham. Graças ao BEST, todo bebê nascido em um hospital do condado de Tulsa recebe uma visita de uma enfermeira especializada que compartilha informações sobre a importância do desenvolvimento inicial do cérebro e como envolver-se em interações seguras e cuidadosas com a criança. No hospital com a maior porcentagem de nascimentos na alta pobreza, cada família de recém-nascidos possui acesso a visitas domiciliares do Family Connects. Mais de 60% das mães às quais são oferecidas visitas completam o programa.

No Condado de Guilford, as pessoas também estão pensando grande. Depois de anos de investimentos descoordenados feitos por agências do governo e privadas, crianças em alguns programas estavam sendo beneficiadas, mas, no geral, os resultados infantis não estavam melhorando pelos Estados Unidos — apenas metade das crianças estavam chegando ao jardim de infância prontas para aprender. Juntos, grupos de pais, médicos, prestadores de serviços da primeira infância, empresários e funcionários públicos eleitos criaram algo novo, uma organização central sem fins lucrativos chamada Ready for School, Ready for Life. Conhecida na área como Ready, Ready, a nova organização funciona como um "pilar" e abrange os esforços de quatro programas existentes, incluindo três dos que descrevi acima — Family Connects, HealthySteps e Reach Out and Read — além da Nurse-Family Partnership, que manda uma enfermeira para pais de primeira viagem com grandes necessidades durante os primeiros anos de vida. (Na próxima fase, a Ready, Ready planeja estender o continuum ao trabalhar com o sistema escolar para atender crianças mais velhas.)[42]

No Condado de Guilford, estão apostando que a receita secreta é um programa que é profundamente colaborativo e universal, atendendo cada família dos Estados Unidos de maneira nivelada de acordo com risco e necessidade. "É preciso o comprometimento total de todos para mudar um sistema inteiro de programas individuais fazendo um bom trabalho em silos para um que colabore com toda a comunidade a fim de multiplicar o impacto", esclarece Natalie Tackitt, a coordenadora da Carolina do Norte da HealthySteps. (Sua animação era palpável durante nossa conversa, tanto que ela não pôde deixar de completar: "É uma época incrível para estar no Condado de Guilford!") A Ready, Ready oferece uma equipe de "navegadores" para ajudar a guiar famílias ao longo de suas jornadas — conectando-as à coisa certa na hora certa e ligando o trabalho de várias organizações para evitar redundância e para criar um sistema coeso.

A abordagem universal logo lembrou todos os envolvidos o quanto *todo mundo* precisa de apoio. Quando o Family Connects expandiu de atender apenas famílias no Medicaid para todos os moradores do Condado de Guilford, a participação entre famílias elegíveis quase dobrou para mais de 80%, de acordo com Natalie. E pediatras que presumiam que seus pacientes não precisavam de nada que o HealthySteps tinha a oferecer ficaram surpresos em descobrir o quanto estavam errados. Especialistas do HealthySteps fazem perguntas diferentes e expressam as coisas de forma diferente também — eles focam os pais, não apenas o bebê. "Frequentemente, a mamãe desabafa e debulha em lágrimas", observa Natalie. Quando o especialista relata novamente ao médico, pediatras geralmente ficam perplexos.

"Mas ela estava bem", afirmam.

"Não", desmente o especialista, "ela estava apenas sendo educada."

Segundo Natalie, o foco do que fazem é acompanhar o relacionamento fundamental entre um cuidador e uma criança. "Estamos educando o pai para que o pai possa educar o bebê."

Bom senso revolucionário

De declarações tão simples podem sair mudanças radicais. Revoluções na saúde geralmente significam um novo remédio ou tecnologia (como um implante coclear ou uma nova vacina). Mas a reinvenção da saúde que descrevi será decididamente de baixa tecnologia. Não há necessidade de soluções espalhafatosas quando as respostas estiveram na nossa frente durante todo esse tempo, assim como estiveram para Peter Fleming e os pais em Bristol. Dessa forma revolucionária silenciosa, o tipo de assistência médica integrada e colaborativa que está sendo praticada em Tulsa e no Condado de Guilford pode se tornar uma voz confiável que guia mães e pais em suas jornadas parentais.

Para aumentar os efeitos a longo prazo de todas essas intervenções precoces, devemos tornar o desenvolvimento cerebral nossa Estrela Guia. Tudo o que a neurociência nos mostrou sobre o cérebro em desenvolvimento — seu truque de plasticidade e a forma como é moldado pelo ambiente — significa que a maneira antiga de fazer as coisas não faz mais sentido. Quando reconhecemos completamente todos os fatores que impactam o desenvolvimento e saúde do cérebro, deixamos de perguntar *O que há de errado com esse paciente?* e passamos para *O que aconteceu com esse paciente?* e *O que pode acontecer no futuro?*

Como diz o ditado: um grama de proteção vale um quilo de cura. A saúde afeta o desenvolvimento cerebral em curto e longo prazo. Um forte corpo de evidências liga o desenvolvimento cognitivo e comportamental precoce a alguns dos problemas de saúde mais predominantes que vemos em adultos, como doenças cardiovasculares e derrame, hipertensão, diabetes e obesidade. Os benefícios duradouros de saúde vindos de envolver-se na educação na primeira idade são poderosos — impactos positivos aparecem até quarenta anos depois. Tudo isso significa que abordar a vida completa das crianças desde o começo custa menos para a sociedade em longo prazo. "Vamos pagar de um jeito ou de outro", prevê Natalie Tackitt. "Então podemos pagar menos agora e as pessoas podem ter uma vida melhor, mais feliz, mais produtiva e nutrida. Ou podemos pagar mais tarde para tentar reparar os danos ou lidar com as consequências."

Peter Fleming fez uma mudança drástica na saúde infantil — uma redução de 90% nas mortes causadas por SMSI — ao ouvir os pais, colaborar com outros e por manter a mente aberta. Apenas imagine as possibilidades se colocarmos essas lições em prática novamente e transformarmos a saúde na âncora da nossa nação dos pais!

DEZ

O NEGÓCIO DOS NEGÓCIOS É...

"A bondade é o único investimento que nunca falha."

— Henry David Thoreau[1]

O memorial para meu marido, Don Liu, foi um evento solene. A tragédia de sua morte não devastou apenas a mim e às crianças, abalou toda nossa comunidade. Don era chefe de cirurgia pediátrica no Hospital Infantil Comer na Universidade de Chicago, um hospital que ele ajudou a fundar. Ele não era apenas respeitado, era amado. Ninguém conseguia acreditar que ele havia partido. Quando nos reunimos para homenageá-lo sob a grande abóbada da Capela Rockefeller na Universidade de Chicago, a tristeza e o choque estavam escritos nos rostos das centenas de pessoas amontoadas nos bancos.

Então Chris Speaker levantou-se para homenagear Don. Durante dez anos, Chris trabalhou ao lado de Don como enfermeiro cirúrgico.

"Don prometia tudo para todos", recorda Chris. "Era meu trabalho garantir que desse tudo certo." Isso significava manter a agenda de Don avançando de modo eficiente, preparar pacientes para cirurgias e auxiliar Don na sala operatória, assim como minha equipe principal me ajuda.

"Don sempre encontrava tempo, não importava o que acontecesse, para atender os maiores casos sempre que era chamado e fazia isso com uma maestria que deixava a mim e a todos os outros maravilhados", prosseguiu Chris. "Ele sempre ajustava sua agenda ou ia muito além para deixar qualquer paciente ou família feliz."

Mas havia uma parte da agenda de Don que só era conhecida por Chris. Começou em uma sexta-feira quando eles tinham seis cirurgias marcadas. Don contou para Chris que seria especialmente importante terminar no horário naquele dia. "Tenho uma reunião às 17h com Jeff Matthews que não posso perder, então ligue para a sala operatória e certifique-se que estejam prontos cedo", comandou Don. (O Dr. Matthews era diretor clínico). O dia seguiu sem nenhum problema até que o último atendimento colocou em risco a agenda orquestrada rigidamente. Era um bebê prematuro na UTIN com hérnia inguinal. Houve um atraso ao levar o bebê para a sala operatória porque a equipe necessária não estava disponível. A solução? Don — "nenhuma tarefa é pequena demais" — disse que ele e Chris transportariam o bebê, o que definitivamente não consta na descrição normal de emprego de um cirurgião chefe. Eles buscaram o bebê e a cirurgia ocorreu sem dificuldades.

Às 16h50 daquela sexta-feira, Don estava pronto para deixar a sala operatória. "Você foi ótimo hoje", falou ele para Chris. "Tenho que ir." Talvez 45 minutos depois, após supervisionar a volta em segurança do bebê para a UTIN, Chris deixou o hospital para ir para casa. Sua caminhada até o trem o levou até o campus da Universidade de Chicago e passou por um parque onde estava acontecendo um jogo de beisebol.

"Eu conseguia ouvir a torcida e o barulho suave e distante da bola batendo na luva do recebedor e o árbitro gritando: 'Strike!'", lembra ele.

Ao olhar para as laterais do campo de beisebol, Chris notou uma figura alta e de cabelos escuros usando um avental cirúrgico verde que se parecia muito com Don. Mas não, pensou ele, Don está na reunião com o Dr. Matthews. Então ele olhou mais de perto. Era *mesmo* Don. Ele olhou ainda mais de perto e reconheceu outra pessoa. Quem estava lançando os strikes era o filho de 10 anos de Don, Asher.

"A reunião com Jeff Matthews era, na verdade, o jogo de beisebol do Asher."

Com isso, a multidão amontoada nos bancos da Capela Rockefeller irrompeu em risadas.

Então Chris chegou a uma conclusão. Na segunda-feira seguinte, ele foi até o escritório de Don e o encontrou com os pés em cima da mesa, lendo um jornal médico.

"Como foi a reunião com Jeff?", perguntou Chris.

"Foi ótima", respondeu Don. "Obrigado pela ajuda na sexta."

"Sem problemas... Falando nisso... quantos *strikeouts* Asher fez?"

Don confessou na forma de um sorriso travesso. Com uma voz suave e um toque de contentamento e orgulho, ele disse: "Oito."

Durante o resto da temporada de beisebol, Chris e Don usaram "reuniões com o Dr. Mattews" como um código para os jogos de Asher. E Don raramente perdia um.

A maneira como Chris contou a história nos fez rir. Mas olhando em retrospecto, tenho uma visão diferente. Ninguém que conhecia Don jamais questionaria seu comprometimento com seu trabalho — cuidar das crianças, seus pacientes, colegas e estudantes. E todos naquela capela sabiam que ele era igualmente dedicado a mim e aos filhos. Sua paixão por beisebol era outra coisa óbvia, assim como seu orgulho pelas proezas em ascensão de Asher como arremessador da Little League. Por que, então, Don achou que não podia ser honesto com Chris sobre ir ao jogo de Asher? Afinal, ele começou a trabalhar às 6h30 naquele dia e realizou seis cirurgias. Ele dificilmente estava fugindo do trabalho. Mesmo assim, Don achou necessário esconder sua vontade de assistir ao jogo do filho. Isso é um exemplo excelente sobre o que a economista Emily Oster, da Universidade Brown, chama de "parentalidade secreta".[2] É aquele sentimento de que, enquanto estamos no trabalho, devemos fingir que nossos filhos não existem, que eles não possuem espaço na nossa agenda ou nossa atenção como pais. Quase todos nós conhecemos esse sentimento. Mulheres sentem mais do que os homens, mas se homens fossem imunes, Don não teria fingido ter uma reunião.

Ele deve ter se preocupado que ir ao jogo de beisebol de Asher às 17h de uma sexta-feira fosse fazê-lo parecer um funcionário não tão ideal, como se ele não fosse dedicado o suficiente. Em benefício desse ideal, erguemos uma parede inviolável entre nossas vidas como pais e nossas vidas profissionais e nos comportamos como se não existissem jogos de beisebol, crianças com febre, conflito de agenda e babás que cancelam. Mas a parede é uma farsa. Todas essas coisas existem e, às vezes, afetam nossa habilidade de trabalhar e nossa habilidade de cuidar dos nossos filhos. Seríamos funcionários melhores, exemplos melhores e pais melhores se não tivéssemos mais que fingir.

A COVID-19 deixou bem claro até que ponto nossas vidas pessoais e profissionais se cruzam. Nossas vidas são porosas e a vida profissional não precisa ser afastada da nossa vida pessoal. Se os pais se envolverem completamente em seus papéis como arquitetos do cérebro e cuidadores carinhosos, o que é de interesse de toda a sociedade, nossa vida profissional *não* pode ser completamente afastada da nossa vida pessoal. É hora dos negócios e dos empregadores abraçarem a cidadania na nossa nação dos pais. Isso já era uma verdade antes, mas é ainda mais urgente no despertar do terremoto que a pandemia provocou em nossas vidas pessoais e profissionais. Esse abraço começa com uma mudança na cultura e nos valores, o que deve levar para uma mudança no comportamento por meio de políticas que permitam que os funcionários sejam trabalhadores e pais.

O que é o negócio dos negócios?

Como chegamos nesse lugar, onde esperam que mães e pais exerçam a parentalidade de forma "intensa" e "secreta"? Em grande parte, estamos aqui por consequência da priorização do lucro e da marginalização de pessoas. As mesmas forças econômicas que impulsionam a necessidade de parentalidade intensiva — aumentando tanto a desigualdade quanto o retorno do investimento educacional — também incentivam a necessidade de se calar quanto a isso.

Em uma não coincidência impressionante, esse fenômeno ganhou um valor real (trocadilho intencional) por volta de cinquenta anos atrás. Aquela época acabou sendo particularmente importante. Em 1970, apenas um ano antes do veto de Nixon ao CCDA, o economista da Universidade de Chicago, Milton Friedman, escreveu uma dissertação altamente influente no *The New York Times* intitulada "A Responsabilidade Social do Negócio É Aumentar seus Lucros".[3] Friedman argumentou que *o negócio dos negócios eram os negócios* e que qualquer empresa social ou ambiental que não visasse retornar mais lucro para os acionistas não tinha lugar no mundo. Nessa visão, os empregados existem puramente para fazer mais dinheiro para suas empresas. Conclui-se que, se os empregados são ou não pais, não é de interesse ou importância dos empregadores, embora Friedman não tenha se preocupado em mencionar famílias em sua dissertação. Ele estava escrevendo no fim da era dos homens que sustentam a família com trabalho e mulheres que cuidam da casa. Cerca de 40% das mulheres estavam no mercado de trabalho naquela época e os piores estragos do declínio na manufatura ainda estava por vir. Friedman discutiu amplamente a ideia de que "somente pessoas podem ter responsabilidades" e que qualquer tipo de responsabilidade social ou ambiental cairia apenas sobre os indivíduos — não sobre as corporações. Ele sugeriu a responsabilidade pessoal como uma solução para os problemas sociais, uma ideia paralela à histórica celebração do individualismo americano e que tinha a vantagem de safar os empregadores.

Esse tipo de pensamento perpetuou a visão do "funcionário ideal", alguém que começa a trabalhar quando jovem adulto e continua em tempo integral por bons quarenta anos, focando todo esse tempo somente o trabalho e deixando os problemas domésticos em casa.[4] O ideal existe bem antes de Friedman — começa na revolução industrial —, mas a doutrina dele focando apenas nos lucros reforçou essa ideia e a tornou uma fixação permanente da sociedade. Muitos de nós a internalizamos, assim como Don.

Não significa que gostamos. Jade, que trabalhou na Starbucks por muitos anos, agora é assistente jurídica trabalhando em horário comercial de segunda à sexta. Ela aceitou o trabalho pelo salário maior que oferecia, mas precisou se acostumar depois da flexibilidade que ela tinha na Starbucks. Ela me contou que acha difícil encaixar tudo o que precisa ser feito à noite — fazer o jantar, ajudar no dever de casa e manter as crianças nos trilhos. Jade queria que os novos chefes mostrassem compaixão pelo malabarismo que os pais precisam fazer. Durante as revisões, ela adoraria ouvir "Você é humana" ou "Você estava passando por alguma coisa?", mas essas palavras nunca foram faladas. "Você tem que fingir que tudo está bem e continuar fazendo seu trabalho. Não há muita liberdade para mulheres no local de trabalho", aponta ela. "Sinto que a sociedade diz que tem, mas não."

É claro, o impacto do manifesto de Friedman foi muito além de consagrar "funcionários ideais" e "parentalidade secreta". Nos Estados Unidos, tem havido uma decomposição contínua das proteções dos trabalhadores e o aumento preocupante da insegurança econômica individual, deixando-os ainda mais à mercê de eventos inesperados e prejudiciais. Por grande parte do século XX, nos Estados Unidos, os empregadores foram a fonte principal de planos de saúde e aposentadorias, com serviços como a Administração do Seguro Social, o Medicare e Medicaid servindo apenas de apoio. Desde a década de 1970, no entanto, no que o cientista político Jacob Hacker chama de "Grande Mudança de Risco", muitos dos encargos e riscos econômicos que antes eram suportados pelas instituições foram jogados nos ombros dos indivíduos e das famílias.[5] Como resultado, doenças inesperadas e perda repentina de emprego podem facilmente levar uma família a se endividar ou causar perda de moradia. Isso aconteceu com a família de Sabrina e muitas outras — uma realidade que apareceu de forma mais clara durante a pandemia, quando milhões de famílias que atrasaram o aluguel foram despejadas.[6]

As rendas de famílias estadunidenses comuns agora aumentam e diminuem com uma regularidade alarmante — sua volatilidade quase dobrou desde 1970 até o começo de 2010. A falência pessoal também é muito mais comum. Assim como execuções hipotecárias, que aumentaram de uma entre trezentas famílias na década de 1970 para uma entre vinte em 2010. Se perderem o emprego, cerca de 70% dos estadunidenses não possuem economias suficientes para passarem mais de seis meses sem dificuldades financeiras.[7] Ao todo, mais de 75% das famílias estadunidenses são "financeiramente frágeis", de acordo com a ONG Pew Charitable Trusts.[8] Esse acúmulo de risco afeta um vasto número de pessoas por todo o espectro socioeconômico, desde a classe pobre e trabalhadora até profissionais com diploma. Hacker escreve que a insegurança crescente "alterou e às vezes derrubou as expectativas mais fundamentais associadas ao sonho americano: uma renda de classe média estável, uma moradia acessível, uma aposentadoria garantida, bons planos de saúde e maior segurança econômica para as crianças."[9]

O epicentro do risco

Quase toda família com as quais interagi durante minha jornada possui uma história que ilustra os efeitos dolorosos de uma economia focada nos lucros em curto prazo dos acionistas e não nas maneiras como investir nas crianças e famílias aumentam os lucros em longo prazo. Quando estava asfaltando estacionamentos, Randy era parte da uberização, aceitando empregos paralelos e trabalhando à noite e durante os fins de semana para levar para casa qualquer dinheiro extra que conseguisse. Talia Berkowitz precisou deixar o emprego porque o alto custo de uma creche não era viável para a renda dela. Mariah não conseguia ganhar um salário digno trabalhando como professora de creche embora amasse o emprego e tivesse sucesso em trabalhar com crianças com necessidades especiais. Kimberly Montez não teve licença maternidade remunerada quando a filha estava na UTIN. Embora alguns desses pais resolveram seus problemas sozinhos (Randy conseguiu um novo emprego e Gabby assumiu aulas extras para pagar pela creche), tais ajustes individuais não trazem uma mudança verdadeira.

Ter uma família se tornou um jogo tão assustador que cada vez mais e mais cidadãos dizem não. Estão adiando a paternidade ou escolhendo não ter filhos. É um fenômeno que acontece ao redor do mundo. A taxa de fecundidade global caiu quase a metade entre 1950 e 2017 indo de 4,7 para 2,4 (uma taxa de 2,1 permite a reposição populacional). Até o ano de 2100, é projetado que a taxa de fecundidade global caia para 1,7, bem abaixo dos níveis de reposição. Espera-se que alguns países, como a Espanha e o Japão, vejam sua população diminuir pela metade.[10]

A taxa de natalidade dos Estados Unidos — o número de bebês nascidos por cada mil mulheres entre 15 e 44 anos — continuou a diminuir em 2020 e caiu cerca de 19% desde seu recente pico em 2007.[11] A maioria dos jovens olha para o mundo do trabalho atual e não encontram um jeito de ser o pai ideal e o "funcionário ideal". "A família costumava ser um refúgio do risco", diz Hacker. "Hoje, é o epicentro do risco."[12] (Isso é menos verdade, obviamente, em países com redes sociais mais fortes.)

O sistema foi construído para uma era diferente. A antiga norma — uma família com dois pais, um provedor e outro do lar — não é mais realista ou sustentável. Isso era previsível, dada a perda de proteções aos trabalhadores, a entrada de muito mais mulheres no mercado de trabalho durante os últimos cinquenta anos e a falta de creches acessíveis. A porcentagem de famílias com renda dupla mais do que dobrou entre 1960 e 2000, indo de 25% para 60% — uma mudança impulsionada amplamente pelas necessidades econômicas.[13] Mais de 30% das famílias são lideradas por pais solos.[14] E enquanto os pais lutam para equilibrar o trabalho e a família, os empregadores estão perdendo. Até 5 milhões a mais de trabalhadores se juntariam ao mercado de trabalho estadunidense se o país oferecesse políticas mais favoráveis à família, de acordo com o Banco de Reserva Federal de São Francisco. (O mesmo relatório mostra que o Canadá, que instituiu licença para os pais e subsídios para creches, tem mantido uma taxa de participação maior no mercado de trabalho, especialmente entre mulheres.)[15] Isso é de importância nacional, porque o produto interno bruto (PIB), o valor total de todos os bens e serviços produzidos, é impulsionado pelo crescimento do mercado de trabalho e da produtividade.

Mesmo assim, a maioria dos locais de trabalho — certamente nos Estados Unidos, mas também em outros países — ainda carrega uma tendência contra pais (mães e pais), e os jovens reconhecem isso. Mulheres temem a penalidade maternal — o parto está associado à perda de 20% a 60% dos rendimentos.[16] Já 75% das mães estadunidenses recusaram empregos ou promoções ou pediram demissão para cuidar dos filhos, de acordo com uma pesquisa de 2015, realizada pelo The Washington Post. E homens não estão mais isentos — ter uma família costumava aumentar a estabilidade financeira e os ganhos deles, mas não é mais o caso. A mesma pesquisa descobriu que 50% dos homens dizem que eles também já tiveram que desistir de oportunidades profissionais por conta de problemas com cuidados infantis.[17] Vimos isso em grande relevo com a Grande Renúncia na era da COVID, quando as pessoas deixavam o trabalho em grandes grupos. Assim como acontece com a paternidade, os trabalhadores sentem a pressão como um fracasso pessoal. Eles se sentem culpados quando não conseguem dar um jeito, assim como Talia, que sentia que estava "fracassando em todas as partes" da vida dela.

Entre meus próprios colegas, vejo como internalizamos esses ideais. Mulheres na medicina são especialmente pressionadas, mesmo que, em 2017, elas formassem uma pequena maioria dos estudantes da faculdade.[18] Eu sei por experiência que o processo para se tornar médico é penoso, exigindo anos de treinamento e longas horas. Como a maioria das residentes, adiei a gravidez por conta das pressões do trabalho. Das residentes que engravidam, algumas tiram apenas duas semanas de licença maternidade. Elas

178 NAÇÃO DOS PAIS

simplesmente sentem que não podem tirar mais tempo sem danificar suas carreiras ou sobrecarregar os colegas. Em um estudo, mais de 80% dos diretores de programas de obstetrícia acham que ter filhos diminui o desempenho de seus estagiários. (São médicos seniores, cujo trabalho é trazer bebês ao mundo!)[19] Um estudo de 2019 mostrou que, dentro de seis anos após o término do treinamento, cerca de 40% das médicas estão trabalhando meio período ou deixaram o mercado de trabalho, principalmente por conta de conflitos entre o trabalho e a família.[20] Que grande perda para a comunidade médica e para a sociedade ter essas mulheres — que dedicaram anos ao treinamento — sentindo que não podem trabalhar e serem mães.

No TMW, meus colegas passam os dias imersos na importância do envolvimento dos pais nos primeiros anos de vida. E eles também se preocupam em tirar um tempo para os filhos.

"Você tem um segundinho para conversar depois da nossa reunião?", perguntou-me Dani Levine seriamente um dia. Eu conseguia sentir a trepidação em sua voz. Dani é uma jovem e brilhante psicóloga de desenvolvimento que comanda nosso programa de pesquisa SPEAK. Eu senti minha garganta apertar. Durante nossa reunião, a mãe em mim não conseguia parar de se preocupar com ela. Ela estava doente? Metida em algum tipo de problema? Finalmente, a reunião terminou e ficamos sozinhas.

"Dana, tenho novidades... Vou ter um bebê."

Não consegui segurar a risada de alegria.

"Mais um bebê para a família TMW!", exclamei.

Dani admitiu mais tarde que estava com medo de me contar que estava grávida e que ficou muito aliviada com a minha resposta. Seis meses depois, ela deu à luz a uma menininha com bochechas gordinhas como a minha Genevieve. E agora estamos trabalhando nos detalhes de um retorno de meio período ao trabalho para que ela possa ter mais tempo com a bebê Maddy. Dani está retornando lentamente ao mercado de trabalho. E isso é ótimo.

Por um lado, fiquei espantada que alguém pensou que eu responderia às notícias de um novo bebê com algo além de alegria. Por outro lado, eu entendo. Entendo por que, para algumas organizações, a licença maternidade provoca mais engasgos do que felicidade. Comandar o TMW é muito parecido com comandar um pequeno negócio. Dani é a única pessoa que faz o trabalho dela. Uma licença maternidade longa poderia significar a interrupção completa do trabalho dela. No nosso caso, contratamos uma talentosa doutora, Caroline, não muito tempo depois da gravidez de Dani e fizemos o treinamento para ela assumir enquanto Dani estivesse fora. Mas se anunciar uma gravidez no TMW pode provocar ansiedade, apenas posso imaginar como deve ser em organizações menos acolhedoras.

Não ajuda que, com frequência, olhamos ao nosso redor e presumimos que os outros conseguiram dar um jeito. Quando meus filhos eram crianças, e eu estava construindo meu consultório cirúrgico e estabilizando o TMW, as pessoas perguntavam: "*Como você faz isso?*" É uma pergunta comum para qualquer mulher em posição de poder que também é mãe. A resposta para mim — e imagino que para muitas outras — é que há muito trabalho invisível que faz minha vida funcionar. Resumindo: tive bastante ajuda, não apenas de Don, mas de babás, empregadas, minha mãe, pai e outros. Nenhuma de nós é uma super-heroína com habilidades mágicas para gerenciar o equilíbrio entre a vida pessoal e profissional, somos apenas humanas. Tornamo--nos heroínas quando admitimos isso e reconhecemos que algumas pessoas possuem mais recursos para lidar com o problema, enquanto outras são o *único* recurso da família. Como a socióloga Jessica Calarco coloca de forma tão apropriada: "Outros países possuem redes de segurança social. Os Estados Unidos têm mulheres."[21]

A mudança para o trabalho e escola remotos na pandemia deixou os desafios de equilibrar a vida profissional com a familiar bem claros e não podemos voltar para o antigo normal.

Fazendo o local de trabalho ser funcional para famílias

Existem pontos positivos por aí, usando uma das minhas frases favoritas de um dos meus melhores amigos, Ralph Smith, que comanda a Campaign for Grade Level Reading. "Não subestime o potencial transformador de um bom exemplo", alerta Ralph. Tal exemplo é a Starbucks. O mesmo lugar em que vou para comprar meu café gelado é o mesmo que Jade foi para conseguir plano de saúde e horas flexíveis quando ela não podia ser a mãe que fica em casa que sempre imaginou que seria.

Foi uma experiência causticante que inspirou Howard Schultz, CEO de longa data da Starbucks, a fazer as coisas de forma diferente. Crescendo em um conjunto habitacional popular no Brooklyn, conta a história de Schultz, ele era o filho mais velho de pais que não terminaram o ensino médio. Nunca houve dinheiro o suficiente. Um dia, quando Schultz tinha por volta de 11 anos, ele chegou em casa e encontrou o pai "angustiado", deitado no sofá da sala de estar engessado. Era inverno e Fred Schultz estava fazendo entregas para um serviço de fraldas de pano quando escorregou em uma calçada congelada, quebrando o tornozelo e o quadril. Ele foi imediatamente demitido. Não tinha plano de saúde, compensação de trabalho e economias.[22] Em um piscar de olhos, o pai de Schultz não caiu apenas na calçada, caiu do mercado de trabalho direto na instabilidade.

"A imagem do meu pai no sofá, impotente, me marcou", confessa Schultz. Ele aponta para aquele dia e para a infância difícil quando procura explicar a motivação por trás de seu estilo de liderança. "Construir um negócio global nunca foi meu objetivo", afirma Schultz. "Meu objetivo era construir o tipo de empresa em que meu pai nunca teve a chance de trabalhar. Uma que trata todas as pessoas com dignidade."

Schultz tornou essa dignidade uma realidade com políticas concretas. Por isso Jade recorreu à Starbucks quando precisava de trabalho, e por isso ficou lá por tanto tempo. Ela conseguia organizar os turnos para quando o marido ou a mãe pudessem estar em casa com o filho, Nathan. E os benefícios eram bons, mesmo para uma barista trabalhando em meio período. A empresa forneceu plano de saúde quando a família dela não conseguia em outro lugar. Qualquer pessoa que trabalha vinte horas por semana para a empresa é elegível. Quando Schultz estabeleceu essa política em 1988, era praticamente atípico fornecer plano de saúde para funcionários em meio período; ainda é. Schultz não parou na assistência médica. A Starbucks dá ações da empresa para *cada* funcionário. Em uma parceria com a Universidade do Estado do Arizona, eles fornecem aos funcionários (conhecidos como "parceiros" no jargão da empresa) uma educação universitária online gratuita. A Starbucks fornece licença remunerada para mães e seus parceiros. Eles também juntaram forças com a Care.com para fornecer aos funcionários acesso a dez dias de assistência emergencial.[23] Penso em Tatiana, que teve que decidir entre deixar os filhos sozinhos em casa por dois dias ou perder o emprego como camareira de hotel. Como teria sido para ela ter esse tipo de ajuda? (Deve-se levar em conta que alguns funcionários da Starbucks, como os de muitas outras empresas, estão procurando por proteções adicionais aos trabalhadores, e a primeira Starbucks havia votado pela sindicalização quando este livro foi impresso.)

O fato de Schultz ter uma experiência pessoal direta com o impacto que os empregadores possuem nas famílias sem dúvida o ajudou a entender por que os negócios precisam mudar sua cultura e políticas. Ele sabe que os empregadores têm uma responsabilidade além dos lucros e percebe que as políticas favoráveis à família que ele pôs em ação são realmente pragmáticas porque podem ajudar no resultado. Como Schultz gosta de apontar, a Starbucks forneceu todos esses benefícios aos funcionários enquanto entregava mais de 20.000% de retorno em investimento aos acionistas.[24] Difícil para eles reclamarem disso! Além do mais, as coisas estão mudando. Os funcionários estão mostrando uma crescente disposição em mostrar insatisfação ao sair pela porta para a rua: 83% dos millenials dizem que trocariam de emprego se outra empresa oferecesse benefícios favoráveis à família melhores do que o empregador atual, de acordo com uma pesquisa da Care.com.[25] Talvez esse seja o motivo pelo qual muitos empregadores nos Estados Unidos começaram a oferecer licença remunerada para pais.

Os benefícios de tais políticas essencialmente se estendem às próprias empresas — dando-lhes não somente uma mão de obra disposta e comprometida, mas também de alta qualidade. Como Natalie Tackitt aponta no que se refere a uma motivação para os esforços com a primeira infância no Condado de Guiford: "Se o Condado de Guilford é o melhor lugar no mundo para construir uma família, você terá funcionários felizes em trabalhar para você aqui. E se todas as crianças no Condado de Guilford estão prontas para a escola quando chegar a hora, você terá um grupo de funcionários no futuro que beneficiarão sua empresa. Então, todos deveriam se importar." As palavras dela são repetidas por ninguém menos do que a Fundação da Câmera de Comércio dos Estados Unidos, que observa: "Um mercado de trabalho de alta qualidade começa com um sistema educacional de alta qualidade. O caminho para tal educação começa com uma base sólida construída nos primeiros anos de vida."[26]

Com a neurociência da primeira infância como guia, o mapa para os empregadores está marcado de forma clara. Podemos aplicar o que sabemos sobre o desenvolvimento cerebral básico infantil para informar um novo jeito de fazer negócios. Simplificando, as crianças precisam de três coisas durante os primeiros anos: segurança (proteção contra o estresse tóxico), enriquecimento (estímulos linguísticos ricos) e tempo (oportunidade de interações educativas com cuidadores). O que os pais precisam é da habilidade de fornecer essas coisas para os filhos.

A maneira de atender essas necessidades é empregadores reconhecerem que somos (quase) todos pais ou cuidadores de uma forma ou de outra. Se acreditamos, como sociedade, que é de nosso interesse priorizar o desenvolvimento saudável de todas as crianças, a cultura do local de trabalho deve incorporar essa crença. Isso significaria colocar em ação políticas e programas práticos que ajudam os pais a ajudarem seus filhos.

Assim como a COVID-19 derrubou o mito do escritório tradicional, precisamos quebrar a norma do funcionário ideal. Algumas empresas, como aquela para qual uma mulher chamada Elise trabalha, já passaram por isso e estão melhores, assim como os empregadores. Conheci Elise por meio da minha amiga e colega Liz Sablich, que havia explorado a possibilidade de compartilhar uma babá com Elise até que, no fim, ela não precisava mais de uma babá.

Para Elise, não havia parentalidade secreta. Qualquer pessoa que entrava em seu escritório sabia que ela tinha um bebê porque ele estava bem ali.

Ela trabalhava no escritório de Washington, DC, da Associação Nacional Infantil CASA/GAL (Court Appointed Special Advocate/Guardian ad Litem ou Defensor/Guardião Indicado pelo Tribunal). A CASA tinha uma política que incentivava os funcionários a levarem seus bebês para o escritório durante os primeiros 6 meses de vida da criança. Os chefes de Elise sabem que perdê-la e ter que substituí-la custaria mais do que abrir um espaço para o bebê dela por alguns meses. (Estima-se que o custo de substituir um funcionário seja igual a seis ou nove meses de salário.)[27]

Para Elise, a política significava que depois que sua licença maternidade acabasse, quando o filho, Griffin, estivesse com 3 meses de idade, ela o levaria para o escritório com ela por dois dias e meio por semana. (A agenda do marido lhe permitia ficar em casa com Griffin nos outros dias.) No início, Elise estava nervosa, preocupada que Griffin fizesse muito barulho ou pirraça. Ela se preocupava, francamente, que não fosse mais vista como a "funcionária ideal". O escritório dela era pequeno — havia apenas quatro funcionárias trabalhando quando ela teve Griffin, e nenhuma outra tinha filhos. Mas rapidamente suas colegas se tornaram "tias" de Griffin e ficavam felizes em passar alguns minutos cuidando dele se Elise precisasse ir ao banheiro ou atender um telefonema urgente. Sempre que a CEO, Tara Lisa Perry, passava pela cidade, ela ficava animada de ver Griffin e chateada se chegava em um dia em que o bebê estava com o pai. O cronograma acabou encaixando perfeitamente para Elise. Ela reservava os trabalhos mais exigentes para os dias em que não estava com Griffin e agendava a maioria de suas reuniões também para esses dias. Nos dias em que Griffin estava presente, ela executava tarefas de rotina e esperava para fazer ligações quando ele cochilava em uma sala vazia no fim do corredor. "Griffin tinha o próprio escritório", diz Elise com uma risada.

Mudança verdadeira

Uma vez que os empregadores aceitam, assim como os de Elise, que funcionários têm filhos, o próximo passo é reconhecer o que isso exige. Como vimos com Randy, as finanças insuficientes estressam até mesmo as famílias mais fortes. Para fornecer um ambiente enriquecedor para os filhos, os pais precisam de estabilidade econômica e saúde financeira — em outras palavras, um barco firme para transportar os filhos. Eles só podem ter essas coisas se receberem um salário digno, o suficiente para conseguir cobrir os básicos da vida, incluindo moradia, comida e cuidados infantis. Em 2019, 53 milhões de pessoas, ou 44% do mercado de trabalho, estavam ganhando menos de US$16,03 por hora (como limiar nacional) e eram considerados trabalhadores com salário mínimo. É um grupo que é desproporcionalmente feminino e negro.[28] As mulheres representam mais de 70% do mercado de trabalho em seis dos dez principais empregos com salário mínimo (ou seja, funcionários de creche, 95% mulheres, ganharam uma média de US$9,48 por hora em 2014, de acordo com números da Secretaria de Estatísticas Trabalhistas dos Estados Unidos).[29] Como muitas das famílias com as quais trabalhei, Randy pensou que trabalhar em dois ou até três empregos era a única forma de sustentar a dele. Enquanto fazia isso, era quase impossível reunir o tempo e energia necessários para se envolver completamente na paternidade. Quando finalmente conseguiu seu trabalho na ACM/YMCA, ele ficou animado por ganhar mais, ter benefícios de aposentaria e por poder abrir mão de seus trabalhos extras. Mais importante, Randy estava animado por ter mais tempo — tempo para passar com os filhos, tempo para conduzir o barco.

Existem muitas pesquisas mostrando que pagar um salário digno aos pais e, portanto, dar-lhes alguma estabilidade e segurança, faz bem para as crianças — reduz problemas de comportamento e reforça as habilidades cognitivas.[30] A ironia é que, embora muitas corporações hoje em dia igualem salários competitivos a salários mínimos, o determinado empresário americano original, Henry Ford, mostrou que salários mais altos também podem ser bons para os negócios. Em 1914, Ford mais do que dobrou o pagamento dos funcionários de sua fábrica para US$5 por dia.[31] Ford não tomou essa decisão por ter um coração bom (ele não era um cara legal e era um antissemita declarado). Ele fez isso para reduzir as taxas crescentes de rotatividade e os custos de treinar novos funcionários. A mudança foi um grande sucesso, aumentando a estabilidade e qualidade da mão de obra de Ford (enquanto levava muitos dos trabalhadores para a classe média). Ford considerou o aumento salarial o melhor corte de custos que ele já fez!

Os pais também precisam de tempo e energia para serem arquitetos do cérebro. Poucas empresas atualmente entendem que as políticas que permitem que os pais tenham o tempo que precisam — como pagá-los um salário digno — também são boas para os negócios. Para muitos pais, o tempo é igual à flexibilidade, algo que poucos funcionários possuem. Em um estudo de 2018 (antes da pandemia), 96% dos funcionários relataram que precisavam da habilidade de mudar as coisas — horas, locais de trabalho, a frequência do deslocamento e a liberdade de sair brevemente durante um dia de trabalho para cumprirem com obrigações pessoais. Mas menos da metade relatou ter esse tipo de flexibilidade.[32] Sem isso, a prestação de cuidados se torna um fardo, a saúde e o bem-estar sofrem, e os funcionários se tornam infelizes e rancorosos. O resultado, para os negócios, é que os funcionários são menos produtivos no trabalho, mais propensos a pedirem demissão, reportam

184 NAÇÃO DOS PAIS

níveis baixos de envolvimento e avaliam negativamente o empregador (e são menos propensos a defenderem seus produtos e serviços).

Flexibilidade é exatamente o que Sabrina não tinha e exatamente o que poderia ter impedido que ela fosse morar em um abrigo para sem-teto com duas crianças durante dois anos. Antes de pedir demissão, o que eventualmente a levou a ficar sem moradia, a primeira coisa que Sabrina fez foi pedir para mudar seu horário. Ela pensou que, se pudesse começar a trabalhar só um pouquinho mais tarde para ficar em casa pela manhã para cuidar do filho mais velho e ajudar o marido a aprender a lidar com a diabetes recém--diagnosticada, talvez tudo ficasse bem. Mas seu empregador disse "não" e, por causa dessa falta de flexibilidade, o primeiro dominó caiu na sequência que terminou naquele abrigo deplorável.

Infelizmente, muitas indústrias atualmente oferecem o tipo errado de flexibilidade — o cronograma just-in-time, no qual os horários dos funcionários mudam de repente, dependendo de quanto trabalho há para ser feito.[33] Tais cronogramas de última hora referem-se às necessidades dos empregadores, não dos empregados. Para funcionários horistas, os turnos são programados semana a semana, baseados na ocupação de cada loja, e os funcionários nunca sabem por quanto tempo ou quando estarão trabalhando. Foi prometido a uma funcionária de uma Target na Filadélfia 30 a 35 horas por semana quando começou a trabalhar em meio período. Mas logo suas horas diminuíram e variaram radicalmente — de oito horas em uma semana para vinte na próxima, depois doze.[34] Quando seu trabalho é definido dessa forma, é simplesmente impossível contar com uma renda estável. E como exatamente você deve organizar os horários da creche? A ironia é que o cronograma de última hora prejudica os empregadores mais do que eles percebem. Em 2018, um estudo minucioso das lojas Gap descobriu que dar aos funcionários um cronograma estável aumentava tanto as vendas quanto a produtividade.[35]

Os funcionários assalariados possuem seus próprios desafios. Para eles, o problema são as demandas frequentes do ambiente de trabalho que nunca acabam. Espera-se que trabalhem longas horas, respondam e-mails imediatamente e nunca deixem que os conflitos familiares atrapalhem.[36] Não é surpresa, então, que a flexibilidade de horário e a habilidade de trabalhar remotamente parte do tempo fossem excelentes comodidades antes da pandemia — fornecem um pouquinho de controle. Pesquisas descobriram que as pessoas acham que vale a pena abrir mão de um aumento salarial de 9% pela habilidade de fazer o próprio cronograma e de 4% pelo trabalho remoto.[37] Algumas companhias já estavam fazendo mudanças nessa direção antes do mundo entrar em lockdown. Grandes empresas, como a financeira Credigy, com sede em Atlanta, estabeleceram cronogramas flexíveis que permitiam que os funcionários entrassem e saíssem quando quisessem, desde que o trabalho fosse feito. Levou tempo até tirarem proveito da mudança. De forma impressionante, a Credigy descobriu que o segredo era ter certeza de que a equipe sênior, incluindo homens e pessoas que não eram pais, também estavam usufruindo disso. Em outras palavras, os líderes precisaram sinalizar a mudança cultural de cima para baixo.

Além de salários dignos e flexibilidade, os funcionários precisam de um tipo de proteção de acontecimentos infelizes e do que os economistas chamam de "choques econômicos negativos". Licença parental e médica remuneradas é um primeiro passo óbvio. Teria permitido que Kimberly ficasse com a filha, Penelope na UTIN e teria sido uma segunda opção para Sabrina quando trocar as horas provou-se ser impraticável. Estudos mostram que, onde existe, a licença remunerada aumenta a produtividade, a lealdade dos funcionários e a moral.[38]

Quando todos que são elegíveis tiram a licença remunerada, também ajudam a promover a igualdade de gênero. A licença paternidade fortalece o laço entre pais e filhos e estabelece hábitos parentais mais igualitários em longo prazo. Pais que aprendem cedo como trocar fraldas e como alimentar os bebês são mais confiantes, e pais que tiram licença paternidade mais longas são mais propensos a envolverem-se com os filhos pelos próximos anos. Crianças também são mais saudáveis quando os pais são mais envolvidos.[39] (Um dos benefícios aos meus filhos — e a mim! — de ter um cirurgião pediátrico como pai era que ele era profissional em fraldas e se encarregava daquelas com caquinhas.) Além disso, quando os pais tiram licenças maiores, as mães se beneficiam de formas inesperadas. Em curto prazo, elas são menos propensas a sofrerem de depressão pós-parto. Em longo prazo, elas têm ganhos mais altos e seus relacionamentos são menos propensos a terminarem em divórcio ou separação.[40]

Uma forma de garantir que você pode equilibrar o trabalho e a família é tornar-se seu próprio chefe. Foi essa a solução que uma jovem mulher com grandes sonhos empreendedores fez em Austin, Texas, vinte anos atrás. Grávida de seu primeiro filho e com aspirações de uma carreira na moda, ela investiu US$500 em materiais e começou a desenhar joias em um quarto de hóspedes. "Eu queria ter uma carreira que me permitisse ser mãe em primeiro lugar", disse ela anos mais tarde.[41] Depois que o filho nasceu, ela o levava para lojas locais para tentar convencê-los a vender seus produtos e levou uma amiga como babá quando foi para Nova York, onde participou de eventos de atacado. Quando abriu sua primeira loja em 2009, no auge da crise financeira, ela era mãe divorciada de dois meninos. Foi, no mínimo, um desafio. "Meus dois menininhos estavam comigo o tempo todo. Eu não podia pagar por muita ajuda." Mas Kendra Scott persistiu e o epônimo negócio de joias que liderou até 2021 agora vale US$1 bilhão, com mais de 100 lojas e cerca de 2 mil funcionários. (Para saber o quanto suas criações são populares, apenas preciso olhar para Amelie e todas as amigas dela, que possuem colares de Kendra Scott.)

Dada essa história de origem, não é surpresa que Kendra, que tinha um terceiro filho quando se casou novamente, estabilizou uma cultura empresarial completamente "família em primeiro lugar". Mais de 90% de seus funcionários são mulheres, muitas delas são jovens mães. A empresa oferece benefícios que entregam exatamente o que os pais precisam dar para os filhos: tempo, enriquecimento e segurança. Disponibiliza licença parental para todos, incluindo funcionários em meio período. Oferece assistência à fertilidade e adoção. Concede generosa folga remunerada. Kendra estabeleceu um fundo familiar, apoiado por doações dos funcionários e por ela mesma, para ajudar trabalhadores que enfrentam dificuldades financeiras imprevistas. Cobre exatamente o tipo de acontecimento que desencadeia volatilidade e insegurança de renda, como uma casa destruída por um furacão ou um parente com uma doença ou lesão repentina. E como "a vida acontece" também de maneiras pequenas, a empresa de Kendra também estabeleceu uma política de Traga-o-Bebê. A babá ficou doente? A creche fechou? Sem problemas. Apenas traga seu filho para o trabalho. "Eu mesma já me sentei em círculo no chão com meus colegas de trabalho para nossa reunião semanal com meu filho brincando no meio de nós", conta uma executiva. A empresa diz que colhe os benefícios dos benefícios: 95% dos funcionários retornam após tirar licença, promoções e moral são altos e a rotatividade é baixa.[42]

Mas a mudança não acontece de negócio em negócio. Mudanças verdadeiras na cultura e política do local de trabalho surgem quando grupos se unem e acreditam que a mudança é necessária. A empresa de Kendra Scott é uma das mais de quatrocentas no Texas (pequenas, médias e grandes) que se qualificam para o status de Melhor Lugar para Pais que Trabalham.[43] Esse selo de aprovação surgiu de uma tentativa feita por líderes empresariais, educadores, organizações sem fins lucrativos, filantropos e líderes civis em Fort Worth e desde então se espalhou para outras cidades do estado, assim como Austin, onde Kendra Scott vive, e outras cidades e estados dos Estados Unidos. "Não é responsabilidade somente da escola de educar as crianças", contou-me Sara Redington, uma das organizadoras da Fundação Miles. "Líderes empresariais sabem que a educação é um desenvolvimento econômico. Práticas favoráveis à família ajudam os pais a prosperarem no ambiente de trabalho enquanto também apoiam o crescimento e desenvolvimento das crianças em casa."

A campanha Melhor Lugar para Pais que Trabalham estabelece as dez principais políticas que beneficiam famílias e ajudam os resultados dos negócios. Para constar, são elas: plano de saúde pago pela empresa, folga remunerada, benefícios de cuidados para enfermos, creches locais, assistência financeira para creches, creches reservas, horários flexíveis, trabalho remoto e indicação como um "melhor lugar" (é claro). As empresas podem fazer uma autoavaliação de três minutos para verificarem se se qualificam e onde podem melhorar. O Melhor Lugar também oferece prêmios anuais de inovação que destaca empresas que estão fazendo um trabalho especialmente criativo de ajudar os funcionários a equilibrarem o trabalho e a vida. Encontrei alianças semelhantes em outros estados (Carolina do Norte é um deles) promovendo a ideia em suas comunidades de que o que é favorável à família também é favorável aos negócios.[44]

Acredito que muitos adeptos da tese de Friedman ficariam horrorizados. Porém, também acredito que há outra maneira de interpretar a avaliação de Friedman sobre responsabilidade corporativa. Os resultados de uma empresa dependem de *tanto* dos lucros em curto prazo *como* em longo prazo. Quando um fazendeiro fertiliza sua safra na primavera, os custos aumentam e os lucros diminuem naquele trimestre, mas a fertilização garante uma colheita abundante — e lucros — no outono. Já que a neurociência mostra de forma tão clara o retorno do investimento na primeira infância, uma interpretação literal do foco de Friedman nos lucros exigiria um reinvestimento na família atual, não um maior *desinvestimento*. Esse reinvestimento plantará as sementes para a próxima geração de trabalhadores altamente capazes, altamente educados e altamente produtivos. O negócio dos negócios é... investir em famílias e na colheita do amanhã.

No fim do dia

Essas são as razões econômicas pelas quais o mundo dos negócios deveria investir nas crianças e nas famílias — eles terão funcionários mais felizes e mais produtivos hoje, e funcionários mais fortes e efetivos amanhã. Mas há outra razão mais poderosa para os negócios ajudarem a construir a nação dos pais. De forma bem simples, é a coisa certa a fazer. Todos os membros de uma sociedade se beneficiam quando suas crianças possuem um início de vida justo. E todos os pais se beneficiam ao envolver-se com seus filhos.

Não digo isso de forma leviana. A morte de Don foi um lembrete doloroso do que mais importa na vida. Eu sei que ele tinha orgulho do trabalho. Mas ele estaria ainda mais orgulhoso hoje em dia dos nossos três filhos. Ele perdeu a chance de vê-los crescer e isso é uma tristeza muito maior para mim — e acho que teria sido para ele — do que o fato de sua carreira ter sido interrompida.

Não deveria ser preciso uma tragédia para nos mostrar a importância dos nossos filhos — não só para nós, mas para a sociedade. Eles são a próxima geração. A humanidade com que tratamos os pais também é importante. Líderes empresariais têm a oportunidade de comandar com humanidade, de tratar os funcionários com empatia e dignidade.

É claro, restrições existem. Nem todo negócio pode ou deve ter bebês como visitantes regulares. Os únicos bebês que podem estar na minha sala cirúrgica são aqueles que estão recebendo um implante coclear. E nem todo negócio pode atender todos os itens da lista de desejos de políticas do Melhor Lugar para Pais que Trabalham. Mas esse não é realmente o ponto. Os tipos de possibilidades que o empregador de Elise repensou, ou que Kendra Scott repensou quando construiu uma empresa em torno do que ela mesma precisou quando era uma jovem mãe, ou que Howard Schultz repensou quando estabeleceu políticas empresariais que teriam salvado sua própria infância da pobreza, avançarão com a mudança cultural que precisamos.

Acho que, se Don estivesse vivo hoje, esse seria exatamente o tipo de reconsideração que ele faria. Ele não teria inventado reuniões imaginárias para ser visto como um funcionário ideal do jeito que fez em 2010. Pessoas como Don, respeitadas e em uma posição de autoridade, precisam dar o exemplo. É claro, eles ainda precisam ter um dia de trabalho produtivo, mas não deveriam ter que fingir que não existem jogos de beisebol dos filhos, concertos, reunião de pais, que seus filhos não ficam doentes e que a babá nunca cancela.

Conhecendo Don, acredito que, atualmente, ele usaria sua roupa de pai com tanto orgulho quanto usava seu avental cirúrgico. Ao fazer isso, ele ajudaria a destruir as ruínas da parede entre a vida profissional e a pessoal e ajudaria a construir a nação dos pais que precisamos. Como bônus, ele poderia contar para todo mundo que sabia exatamente quantos *strikeouts* Asher fez.

ONZE

VIDA, LIBERDADE E CUMPRIR A PROMESSA DA SOCIEDADE

"Não deve ser esquecido nem por um momento que o núcleo de qualquer plano social deve ser a criança."

— Comitê de Franklin D. Roosevelt sobre Segurança Econômica

Eu amo uma boa história de amor, e a de Michael e Keyonna é uma das minhas favoritas. Ela era a melhor amiga da irmã mais velha de Michael, a quem todos chamam de Yoyo, então os dois se conheciam casualmente havia anos. Mas Michael era seis anos mais novo, uma diferença de idade que parecia uma grande coisa, até de repente não ser mais. Como Michael conta, o romance deles começou em um lindo dia de verão de 2012, quando ele a viu deslumbrante na varanda de um amigo usando um vestido tie-dye azul e laranja e sandálias jeans de tiras. Ela também usava o cabelo em um estilo chamativo — tingido de loiro e com um penteado espetado. Michael dizia repetidas vezes para Yoyo o quanto gostava de Keyonna quando ela eventualmente disse: "Mikey, não conte para mim. Conte para ela."

Naquele dia de verão, ele finalmente contou, comentando o quanto ela estava bonita naquele vestido. Eles começaram a flertar ("conversar", como diz ele). Michael amou a confiança dela. Keyonna amou o senso de humor e gentileza dele e o achou maduro para a idade que tinha. Os temperamentos opostos deles — Keyonna é "honesta com o que quer que esteja em sua mente" e Michael é mais reservado — talvez pudesse tê-los afastado, mas, em vez disso, os aproximou.

Logo estavam passando todo o tempo livre que tinham juntos. Michael amava ficar com os filhos de Keyonna, Cash e DiaMonte. Nos primeiros anos, no entanto, o jovem casal enfrentou o que se tornaria o primeiro de muitos testes no relacionamento deles. Enquanto estava no trabalho, Keyonna de repente se curvou com dores agudas no abdômen. Assustada, ela ligou para Michael e ele correu com ela para o hospital. No fim, ela estava grávida. Eles ficaram animados por um momento, mas então o médico explicou que a gravidez era ectópica — presa em uma das tubas uterinas em vez do útero. Para evitar um rompimento que arriscaria a vida de Keyonna, ela teria que fazer uma cirurgia de emergência para retirar a tuba e a gravidez inviável. Michael e Keyonna ficaram arrasados. Eles ficaram preocupados que Keyonna não conseguiria engravidar novamente e que nunca poderiam ter um filho juntos.

Nos meses seguintes, o relacionamento deles provou ser resiliente e ficou ainda mais forte. Michael mudou-se formalmente para a casa de Keyonna e dos meninos. Os dois tinham bons empregos (ele trabalhava em um açougue e ela na área de seguros) e estavam criando Cash e DiaMonte juntos. A pequena família deles estava feliz e em segurança. Mas, ah, como eles desejavam um bebê juntos. "Estávamos apenas pedindo para as estrelas", diz Keyonna.

Um ano depois, seus sonhos se tornaram realidade. Keyonna estava grávida novamente. "Estávamos tão felizes", afirma Michael. "Foi um grande dia." Durante aquelas primeiras semanas, eles se sentavam juntos no sofá à noite depois que as crianças iam dormir. Michael colocava a mão na barriga dela e eles imaginavam um futuro que o bebê pudesse desfrutar. Eles tinham certeza de que seria uma menina, já que os dois primeiros filhos de Keyonna eram meninos. Michael chamava o bebê de sua "princesa" e eles sonhavam com nomes que juntasse os deles — Michael e Keyonna — para mostrar ao mundo a profundidade de seu amor.

Qualquer nascimento, mesmo quando não há uma história de amor por trás, representa um novo começo, uma preciosa nova vida cheia de potencial e possibilidades. O nascimento é frequentemente uma metáfora para novos começos, não somente aplicados a novas vidas, mas a novos projetos importantes. Por isso estadunidenses tendem a falar sobre o nascimento dos Estados Unidos em uma linguagem esperançosa e otimista. Imagino que os pais fundadores sentiram algo parecido com o que novos pais sentem quando estabeleceram a estrutura que traria a nova nação à existência. "Consideramos estas verdades como evidentes", escreveram eles na Declaração da Independência dos Estados Unidos, "que todos os homens são criados igualmente e que são dotados pelo Criador com certos Direitos inalienáveis, entre estes estão a Vida, a Liberdade e a busca pela Felicidade."

A ideia de que indivíduos eram dotados desses direitos — e, portanto, não vinculados a um monarca — era revolucionária. Seria a base de um país que seria o primeiro de seu tipo, um país baseado em princípios democráticos e grandes aspirações. Bem, não fico tão deslumbrada pela Declaração de Independência dos Estados Unidos que não reconheço que muitos dos conflitos e inconsistências que prejudicam a sociedade hoje já estavam presentes naquela época. Nem todas as pessoas eram, de fato, tratadas igualmente. Longe disso. A jovem nação estadunidense escravizava pessoas e privava mulheres do direito de votar. Povos indígenas eram assassinados ou expulsos das terras em que viveram por gerações. As repercussões dessas tragédias ecoam pela história e contribuem com o racismo sistêmico que forma barreiras para muitos dos cidadãos atualmente.

Todavia, as ideias da Declaração eram estimulantes e ambiciosas. Elas inspiraram os estadunidenses por séculos e me inspiram hoje em dia. A crença de que cada cidadão dos Estados Unidos tem direito à vida, à liberdade e à busca da felicidade oferece um sentimento de oportunidades ilimitadas que aviva o Sonho Americano. A promessa dos Estados Unidos é garantir que seus filhos tenham a capacidade de cumprir seus objetivos naturais, deixá-los aprender, crescer e florescer, permitir que se tornem membros produtivos de suas comunidades e da sociedade como um todo.

Devemos reconhecer que o desenvolvimento básico do cérebro é um pré-requisito para aquela promessa, um direito básico próprio. É o que dá para cada criança uma chance verdadeira de igualdade. Afinal, de que valem os direitos de vida, liberdade e busca da felicidade se você perde a chance nos primeiros anos de vida?

Um sonho interrompido

Michael e Keyonna compartilharam a história de amor deles comigo em 2019, apenas duas semanas depois de Michael ser liberado da prisão. Lá estavam eles, sentados à minha frente, no mesmo apartamento no terceiro andar de um prédio sem elevador em North Lawndale, do lado oeste de Chicago, em que sonharam pela primeira vez com o futuro do filho ainda não nascido. Muita coisa aconteceu desde aqueles momentos felizes. Mas agora eles estavam juntos novamente naquele sofá, o braço dele por cima dos ombros dela, a mão dela na coxa dele, daquela maneira descontraída e carinhosa de casal. Apesar de tudo o que passaram, eu ainda podia ouvir a felicidade em suas vozes quando eles falavam sobre o futuro e relembravam a época antes da prisão de Michael, quando estavam apenas ansiosos para o nascimento do bebê.

Os sonhos de criarem o filho juntos foi interrompido naquele fatídico dia em maio de 2014 quando Michael foi preso por um assassinato que não cometeu e com o qual não tinha nada a ver. Visto que a fiança tinha sido negada, ele teve que esperar em prisão preventiva até seu caso ser ouvido. O filho deles nasceu no fim de novembro, seis meses depois da prisão de Michael. Com Michael atrás das grades, a irmã de Keyonna ficou com ela na sala de parto. E as duas irmãs dele chegaram na manhã seguinte, Yoyo arrastando uma cadeirinha de carro e outros equipamentos de bebê junto com ela. O bebê, afinal, era menino, mas Keyonna permaneceu com o plano de combinar o nome dos pais e o chamou de Mikeyon.

Ela levou o pequeno Mikeyon para conhecer Michael um mês depois. Eles se encontraram na sala de visitas da cadeia, sentados de cada lado de um cubículo minúsculo dividido por um acrílico. "Ela tirou o chapeuzinho da cabeça dele", lembra Michael. Mikeyon estava dormindo, mas abriu os olhos e encarou o pai. "Ele era a minha cara." Keyonna mostrou os dedinhos das mãos e dos pés do bebê para Michael. A memória é agridoce. Ele estava explodindo de orgulho, mas angustiado por não poder abraçar Keyonna ou o bebê. "Eu perdi o nascimento do meu primeiro filho", lamenta ele. Era algo que nunca teria de volta e sabia que a época de bebê de Mikeyon também era algo que não voltaria.

Por quase cinco anos, enquanto seu caso se arrastava pelo sistema judicial, era assim que Michael, Keyonna e Mikeyon interagiam — em períodos de quinze minutos, aos domingos, separados por um acrílico. Keyonna precisava passar por árduas verificações de segurança toda vez que o visitava. Até mesmo as mamadeiras de Mikeyon eram escaneadas. Quando finalmente viam Michael, Mikeyon geralmente estava dormindo ou irritado depois de esperar 45 minutos ou mais para a visita. Ajudava quando Cash ia junto porque ele mantinha o irmãozinho entretido. Mas, eventualmente, Keyonna deixava os meninos ficarem em casa. "O pai fica chateado quando ele não quer ir", contou-me Keyonna enquanto Michael ainda estava na cadeia. "Digo para Michael que ele precisa entender que a visita é um longo processo e que estamos indo há muito tempo."

Apesar de suas circunstâncias, Michael estava determinado a ser o melhor pai que podia. Embora tenha intervindo para ser o pai de Cash e DiaMonte, ele nunca teve um filho. Michael tinha muito o que aprender

VIDA, LIBERDADE E CUMPRIR A PROMESSA DA SOCIEDADE **193**

e empolgadamente se inscreveu em um programa para pais na prisão. "Eles tentavam nos ensinar a ser bons pais, nos ensinar a interagir com nossos filhos", diz ele. "Eu era como uma esponja sugando tudo, tentando aprender." Parte do incentivo era a promessa de que os presidiários ganhariam visitas mais substanciais com os filhos, pessoalmente — segurar a criança seria uma recompensa. "Eu queria abraçar meu filho", afirmou Michael. Antes que ele e outros pais tivessem essa chance, o programa foi descontinuado. Foi uma decepção esmagadora. Em cinco anos, Michael não segurou Mikeyon nem uma única vez.

Todo aquele tempo, Keyonna precisou seguir sozinha. "Se eu cair, minha família inteira cai", disse-me ela antes de Michael ser solto. Na minha opinião, Keyonna é um milagre. Enquanto a conhecia, vi que sua determinação e coragem a carregaram por muitos anos de desafios. Ela teve DiaMonte quando tinha apenas 16 anos de idade, mas ainda terminou o ensino médio, carregando o bebê com ela no palco para pegar o diploma. Enquanto Michael estava na cadeia, ela criou os três meninos com a ajuda da família e amigos, incluindo a mãe dela e as irmãs de Michael. Foi a mãe dela quem viu um de nossos pôsteres do TMW pela primeira vez quando levou Cash para uma das frequentes transfusões de sangue por conta da anemia falciforme. Mesmo com tudo acontecendo, Keyonna se inscreveu para o nosso programa de visitas domiciliares e estudo longitudinal e nunca deixou transparecer o quanto as coisas estavam difíceis para ela. Eu só descobri que Michael estava na cadeia porque Keyonna explicou que ela não poderia usar o LENA (o dispositivo tipo Fitbit que usamos para gravar interações entre pais e filhos nos nossos estudos) quando fosse visitar Michael aos domingos. Era muito difícil passar pela verificação de segurança.

Observá-la em modo mãe era como assistir a um atleta olímpico em treinamento. Ela era dedicada. Sempre conversava com os filhos. Tentava ler para Mikeyon trinta minutos por dia. "Um livro é como doce para ele", conta ela. Mesmo quando deixava Mikeyon assistir *Vila Sésamo*, ela se sentava ao lado dele e falava sobre o programa para que ele pudesse processar completamente o que escutou e viu. Ela tentava limitar o uso de tecnologia dos meninos e escondia seu laptop debaixo da cama para que as crianças não pudessem alcançá-lo e baixar jogos que ocupariam todo o tempo deles. (Mais tarde, ela passou a mudar a senha do Wi-Fi quando queria que eles saíssem das telas e interagissem com ela.) Keyonna acordava todos os dias às 5h30 para passar um tempo com Mikeyon antes de seu turno na farmácia Walgreen's, um emprego que começou após o nascimento de Mikeyon porque as horas eram mais flexíveis. Naquelas manhãs, os dois tinham algumas de suas conversas mais ricas. "Das 6h às 8h, era apenas Mikeyon e eu", mencionou Keyonna na época.

Enquanto Keyonna estava segurando as pontas em casa, Michael estava tentando fazer o mesmo enquanto a dor e sofrimento aumentavam na cadeia. Durante aqueles cinco anos, a mãe dele faleceu, depois um tio e uma tia — ele não foi aos funerais. "Eu perdi muita coisa", contou-me Michael, sua voz falhando com a emoção. Mas Michael e Keyonna se apoiavam. "Ela me deixava bem", lembra ele. "Ela dizia que eu ia ficar bem, que minha vez ia chegar. Quando estava para baixo, ela me colocava de volta para cima." Keyonna até mesmo escrevia poemas para melhorar o humor dele. Ela sabia que Michael não havia matado ninguém. "Eu queria ficar do lado dele", disse ela. "Não há nada como ter uma pessoa amada para te apoiar durante todos os momentos." Ela queria tirá-lo da cadeia para que pudessem criar Mikeyon juntos. "Ajudamos bastante um ao outro durante aquela época", recorda Michael. "Precisei ficar firme lá dentro. Ela tinha que ficar firme aqui fora."

Finalmente, em julho de 2019, a força deles foi recompensada. O caso de Michael foi para o tribunal. A evidência de DNA não combinava com o dele, as declarações da testemunha foram provadas suspeitas (lembre-se de que uma delas descreveu o criminoso com 16 ou 17 centímetros a menos que Michael), e o júri libertou Michael. Depois de cinco longos anos, tudo acabou em um dia e meio. Depois da soltura, a primeira coisa que Michael fez foi abraçar Mikeyon e beijar Keyonna. E então eles foram para casa tentar recolher os pedacinhos de seus sonhos.

Como nação, às vezes parece que também estamos recolhendo pedacinhos dos nossos sonhos. Ou que desistimos deles. Certamente não estamos fazendo jus aos nossos ideais. Não estamos cumprindo a promessa *dos* nossos filhos nem as promessas feitas *para* eles. Para garantir que nossos direitos de nascença comecem no nascimento de cada criança, e para reparar as desigualdades de longa data em nossos países, os princípios fundamentais precisam ser cuidados e protegidos assim como os pais cuidam e protegem seus filhos.

Uma chance de acertar

"A chuva não dura para sempre", disse-me Keyonna quando perguntei como ela passou pelos anos em que Michael estava encarcerado. Era a mesma coisa que ela dizia para Michael para melhorar o humor dele. Ela é alguém que continua se movimentando, cuidando do que precisa ser cuidado. Da parte de Michael, quando ele finalmente foi solto, depois de anos de separação de sua família por um crime que não cometeu, sei que ele sentia raiva e mágoa. Quem não sentiria? Mas essas emoções não eram seu foco. Em vez disso, ele estava cheio do mesmo otimismo que sentiu quando Keyonna engravidou pela primeira vez. Ele estava ansioso por novas possibilidades.

"Sinto que nasci de novo", contou-me ele.

Michael e Keyonna não perderam a fé. Eles permanecem fiéis ao que os uniu. Como nação, os Estados Unidos deveriam manter-se fiéis aos seus princípios fundamentais. Abordar as necessidades de todas as crianças desde o primeiro dia de vida é a coisa mais efetiva que podemos fazer para cumprir nossa promessa e fazer jus aos nossos ideais. Famílias e crianças fortes são os fios que unem o tecido da sociedade.

O direito fundamental do desenvolvimento cerebral forte deveria nos inspirar em nossos esforços para construir uma nação dos pais centrada em crianças, famílias e suas comunidades. Em uma das minhas citações favoritas, a neurocientista Joan Luby da Universidade de Washington coloca em perspectiva o quanto esse problema é importante. E ela continuou a nos mostrar como a ciência pode informar o caminho a seguir. "O desenvolvimento saudável do cérebro humano representa a base da nossa civilização. Portanto, talvez não haja nada mais importante que uma sociedade deva fazer do que estimular e proteger o desenvolvimento cerebral de nossas crianças", observou ela. A ciência, ela conclui, representa "um mapa raro para preservar e apoiar o legado mais importante da sociedade: o cérebro em desenvolvimento."

Educação infantil como interesse público

O que a neurociência nos mostra é que a educação e o aprendizado começam no primeiro dia, e que pais e cuidadores envolvidos e amorosos são a chave. Sabendo disso, estamos completamente equipados para planejar e implementar políticas públicas inteligentes. Com a neurociência como guia, é mais fácil ver que os investimentos em cuidados e educação infantil são de interesse público (não precisamente no sentido econômico, mas no sentido literal). Eles são tão necessários para o funcionamento de uma sociedade quanto parques públicos, estradas e corpos de bombeiros e, de forma mais relevante, tão necessários quanto a educação K-12 pública.

Os Estados Unidos estavam na frente do resto do mundo ao instituir a educação pública. A história do sistema alinha com a história do país. Eles viam a educação como o grande equalizador e a chave para o Sonho Americano. E a adoção da educação pública universal ajudou a fazer os Estados Unidos se tornarem a superpotência dominante do século XX. Eles investiram em capital humano.

Mas não acompanharam o que a ciência diz que as crianças precisam. Não começaram cedo o bastante. Embora os Estados Unidos sejam a primeira nação a instituir a educação pública para idades de 6 aos 18 anos, a maior parte do resto do mundo os alcançou, e depois ultrapassou, ao adicionarem, primeiro, o jardim de infância e depois a pré-escola. Quase todos os países que não tinham a educação K-12 pública em 1940 tinham a educação pré-escolar adicional em 1990, de acordo com o especialista em primeira infância da Universidade de Nova York, Ajay Chaudry.

Para construir um sistema que inclua e apoie os primeiros anos das crianças, temos que reimaginar o que queremos dizer com educação pública universal. Isso significa olhar além do que está sendo iluminado pelo poste de luz — a educação K-12 —, e entender que tal sistema precisará ser mais do que "escola". Deve incluir assistência médica, licença remunerada, créditos de imposto de renda auferidos, creches de alta qualidade e muito mais. É uma tarefa para uma ampla variedade de agências públicas, trabalhando juntas com pais, comunidades, planos de saúde e negócios. Tal sistema pode resultar em uma nova estrutura social focada em crianças, famílias e suas comunidades, uma estrutura que começa no primeiro dia de vida e reconhece que os primeiros anos de uma criança são uma parte essencial do continuum de educação e cuidados.

Felizmente, líderes governamentais começaram a ver que apoiar o desenvolvimento cerebral básico é essencial se quiserem alcançar seus objetivos de construir um povo saudável e produtivo. "Muitos políticos estão cada vez mais convencidos pela ciência de que os primeiros anos importam," contou-me Cynthia Osborne. Cynthia trabalha na interseção da ciência e da política na primeira infância, ajudando a traduzir a evidência de toda a pesquisa em programas e legislações acionáveis. Segundo ela, o que frequentemente convence os políticos são imagens reais das diferenças nos cérebros das crianças que resultam em diferenças em suas experiências de vida — o tipo de neuroimagem que Kim Noble faz. E um estudo preliminar recente descobriu que políticas antipobreza possuem um efeito protetor nos cérebros infantis, especialmente em lugares em que as prestações pecuniárias eram mais generosas. Mas mesmo quando os políticos entendem o que está em risco, eles não sabem necessariamente por onde começar. Para ajudá-los, Cynthia fundou o Prenatal-to-3 Policy Impact Center na Universidade do Texas, na LBJ School of Public Affairs em Austin. O centro é um recurso para governos estaduais (porque são eles que precisam fazer as políticas da primeira infância funcionarem nos Estados Unidos). "Nosso objetivo é preencher esta lacuna e oferecer orientação sobre os investimentos mais eficazes que podem fazer", diz Cynthia.

Para mim, preencher essa lacuna significa fazer conexões fundamentais na infraestrutura. É claro, as soluções em cada comunidade e país serão um pouco diferentes. Elas devem atender às necessidades e desejos das famílias, além de serem culturalmente relevantes e responsivas. Quaisquer que sejam as diferenças, no entanto, todas as soluções viáveis terão foco em interações educativas entre um adulto e uma criança. E a primeira coisa que os políticos precisam entender é que investir no desenvolvimento infantil significa investir nos adultos. "Cuide dos cuidadores para que eles possam cuidar das crianças", conclui Cynthia.

Como Cynthia, passei a acreditar que nossa abordagem à educação e cuidados na primeira infância deve ser um continuum que começa durante a gravidez e leva as crianças e seus cuidadores até o primeiro dia de escola. É o que Ajay recomenda em seu livro *Cradle to Kindergarten* [Do berço ao jardim de infância, em tradução livre]. Seria uma ampliação do continuum que deveríamos estar criando na área da saúde. Nesta abordagem estendida, cada programa que aborda uma criança — seja intervenção precoce, vale refeição, pré-escola ou outra coisa — deve ser integrado como parte de um todo coerente, tudo trabalhando em conjunto para garantir que os pais sirvam de arquitetos do cérebro para ajudar os filhos a forjar as conexões cerebrais fundamentais de que precisarão.

Sabemos bastante sobre o que funciona e certamente sabemos por que precisamos começar cedo. Pessoas como Cynthia e Ajay dedicaram horas meticulosas e revisaram as evidências de centenas de programas e políticas que afetam crianças muito pequenas de forma direta e indireta. A organização de Cynthia chegou a uma lista muito específica — eles chamam de mapa de estrada, assim como Joan Luby — das melhores políticas e estratégias que os estados deveriam buscar primeiro para aumentar o impacto de seus investimentos. (Leia as Notas para mais detalhes.) Muitos outros têm trabalhado para desenvolver programas e políticas baseados em evidência.

Os esboços da planta para uma nação dos pais foram desenhados. Agora, precisamos construí-la. Como imagino, uma ponta do continuum de educação e cuidados na primeira infância incluem um punhado de políticas que afetam as famílias durante a gravidez e o parto. Pré-natal em grupo, por exemplo, uniria as grávidas para atendimentos, oferecendo comunidade e mais tempo para a orientação antecipada que é tão difícil de conseguir no sistema atual. Também haveria cuidados pós-natal, como os que Katherine precisou quando sofreu de depressão pós-parto. Haveria um uso muito mais amplo de programas de triagem e encaminhamento para novos pais, como o Family Connects, que já está mostrando impacto positivo em lugares como o Condado de Guilford.

E então temos as licenças remuneradas médica e para os pais, um dos melhores e mais efetivos jeitos de ajudar famílias e crianças: melhora os resultados educacionais em longo prazo; envolve os dois pais (quando há dois pais) no desenvolvimento da criança; e, com um único golpe, aborda algumas das necessidades dos cuidados na primeira infância. Em uma pesquisa de 2020 com empresas do mundo todo realizada pela UNICEF, houve uma enorme variação na quantidade de licença disponível, de no mínimo quatro semanas até noventa. Mas mais da metade das empresas pesquisadas não atende à recomendação da UNICEF de pelo menos dezoito semanas e menos da metade oferece licença paternidade. Nos Estados Unidos, a licença remunerada para pais é frequentemente vista como um privilégio do emprego e está disponível principalmente para aqueles que trabalham para os maiores empregadores do país. Mas mesmo entre os que ganham mais (que são propensos a terem licença remunerada como um benefício profissional), somente um quinto possui acesso à licença remunerada por meio de um empregador. A única maneira de ter licença remunerada para todos, independentemente de onde trabalham — para pessoas como Kimberly Montez e Sabrina —, é que os políticos formulem e demandem um programa de seguro social. A "força motriz mais poderosa" das políticas favoráveis à família como a licença remunerada, notou a UNICEF, é a lei nacional ou os requisitos obrigatórios.

O próximo conjunto de políticas no continuum pode parecer não ter nada a ver com o desenvolvimento infantil inicial, mas grupos como o de Cynthia as colocaram no topo de sua lista por conta de como provaram ser efetivas na melhoria do bem-estar geral das famílias. Elas incluem créditos fiscais para famílias, um salário digno e acesso mais amplo à planos de saúde e SNAP (suplementos de nutrição). Essas são políticas que ajudam os pais a construírem barcos mais firmes para transportar os filhos até a idade adulta e ajudá-los a navegar na correnteza quando o vento se agita. Jade poderia ter sido a mãe que fica em casa que sempre sonhou se o emprego do marido oferecesse um plano de saúde. Randy precisava de salários que fossem suficientes para permitir que ele trabalhasse em um emprego em vez de três.

Outros conjuntos de programas ainda são necessários para apoiar as famílias nos anos entre o nascimento e o jardim de infância. O principal entre as áreas a serem abordadas é melhorar o sistema de creches em países que não desfrutam de cuidados infantis universais. Era disso que Gabby e Talia precisavam: creches de qualidade e acessíveis, pelas quais não fosse necessário pegar trabalhos extras para pagar. Na verdade, precisamos de opções melhores para todos. Precisamos facilitar para aqueles que, como Jade, querem ficar em casa. E, para a grande maioria que está no mercado de trabalho, precisamos fornecer creches que sirvam verdadeiramente às necessidades das crianças e dos pais e que estão centradas na interação cuidadosa. Mas, procurando por modelos de como implementar creches de alta qualidade em grande escala, descobri que existe uma organização estadunidense executando os cuidados infantis de forma extremamente boa: os militares. Em cerca de oitocentos centros espalhados pelos Estados Unidos e no exterior, o Departamento de Defesa fornece centros de desenvolvimento infantil de alta qualidade, universal e financeiramente acessíveis, atendendo crianças desde o nascimento até os 12 anos de idade. Eu não esperava que pensar de forma inovadora sobre cuidados infantis incluísse pensar sobre a segurança nacional, mas acontece que esse é exatamente o *motivo* de estar acontecendo.

Cerca de trinta anos atrás, os cuidados infantis militares eram tão ruins quanto os piores que vemos atualmente. "Estábulos, barracões Quonset, prédios pré-Segunda Guerra Mundial cheios de amianto e com tinta à base de chumbo" é como M. A. Lucas, a mulher que chegou para mudar a situação, descreveu o sistema que ela fundou no começo da década de 1980. "As creches eram, no mínimo, custodiais." Muitas não cumpriam os padrões de segurança; os regulamentos e treinamentos de professores eram insignificantes; e os funcionários recebiam menos do que qualquer outra pessoa nas bases militares, incluindo aquelas que coletavam lixo. A rotatividade chegou a 300%. (Agora está perto de 30%. Ainda é muito alto, mas é uma grande melhoria, e menos do que a rotatividade em qualquer outro contexto de creches.) No fim da década de 1970, minha amiga, Linda Smith, foi encarregada de comandar uma creche (eles chamavam de "berçário") em uma base da Força Aérea no Arizona. Assim como M. A. Lucas, ela ficou chocada com o que encontrou quando chegou lá. As crianças estavam aglomeradas em um quarto (e os bebês em cercadinhos). Não havia brinquedos, apenas uma televisão, e as crianças estavam sendo cuidadas (usando o termo superficialmente) por um adulto que não era treinado. "Obviamente os desafios eram enormes", contou-me Linda.

Em um momento de clareza, os líderes militares perceberam que os cuidados infantis não eram um problema apenas das crianças e de seus pais, era um problema para a prontidão militar. Resumindo, os militares tinham que entender como cuidar dos seus, incluindo um número recorde de mulheres alistadas, de uma forma que lhes permitisse ter êxito em seus trabalhos. Como M. A. Lucas escreveu anos depois: "Tornou-se claro que os cuidados infantis, ou a falta deles, podia impactar na segurança nacional e na capacidade dos militares de estarem prontos para defender os Estados Unidos."

A reviravolta precisava de um ato do Congresso dos Estados Unidos. Na Lei Militar de Cuidados Infantis de 1989, o Congresso planejou e financiou uma completa reforma do sistema. As mudanças começaram com grandes aumentos na remuneração e no treinamento de professores. Por que começar nisso? Porque os líderes militares foram estimulados por um estudo de 1989 que mostrou que salários mais altos eram o principal indicador da qualidade das creches. Dentro de 24 horas depois da publicação do estudo, os oficiais do Departamento de Defesa dos Estados Unidos aparentemente estavam ao telefone com os autores, querendo entender o relacionamento entre remuneração e a qualidade. Assim como Henry Ford descobriu em suas fábricas de automóveis, salários mais altos nas creches afetam quem quer o emprego e quem fica com ele. Além de aumentar a remuneração, os líderes militares exigiram credenciais mais fortes para diretores, estipularam treinamentos e currículos baseados nas opiniões sobre desenvolvimento mais recentes e organizaram inspeções inesperadas anualmente para avaliar a qualidade geral e as interações entre os funcionários e as crianças. Eles também quebraram o vínculo entre o que as famílias podem pagar e quanto custa fornecer serviços de alta qualidade. Pais pagam o que podem, em uma escala móvel — ninguém paga mais do que 10% de sua renda — e os militares pagam a diferença. Esse é o oposto de como as creches funcionam em outros lugares dos Estados Unidos, onde a maior parte do custo é repassada para as famílias e, quando elas não podem arcar com as taxas, a qualidade da creche então disponível para elas diminui.

"A lição mais importante dos militares é: não há uma única solução para um problema complexo", disse-me Linda. Depois de melhorar aquela creche no Arizona, ela seguiu para fazer o mesmo em outras bases e depois trabalhou com M. A. Lucas para reformar o sistema inteiro. (Hoje, ela dirige a política da primeira infância para o Bipartisan Policy Center em Washington, DC.) Do ponto de vista dela, o sucesso dos militares vem de enxergar *todos* os problemas — desenvolvimento profissional e remuneração, padrões e suas execuções, o custo para as famílias e a disponibilidade da creche — e enfrentá-los diretamente. "Muitos acham que o financiamento resolveu todos os problemas; era fundamental, mas sozinho não teria resolvido todos", afirmou ela.

Quando a creche militar se choca com a creche particular — por exemplo, quando uma família de militares precisa temporariamente dos serviços de uma creche particular enquanto a criança está na lista de espera de uma creche em base —, as diferenças se tornam visivelmente óbvias. Uma sargento técnico que é linguista na Força Aérea deixou os cinco filhos em creches militares de desenvolvimento. "[As creches] são basicamente como uma segunda casa para os meus filhos", contou ela para um repórter em 2017. "Os professores são realmente interessados nas crianças." Foi um verdadeiro choque, naquela época, quando ela precisou colocar um dos filhos em uma creche particular fora da base por alguns meses. Custava *semanalmente* o que ela gastava em *vários meses* na creche militar. "Era uma diferença grande assim", disse a sargento técnico. Conversando com colegas civis, ela percebeu o quanto o custo das creches influenciam as decisões familiares

VIDA, LIBERDADE E CUMPRIR A PROMESSA DA SOCIEDADE **201**

de muitas pessoas. "Nós só queríamos ter filhos", disse ela. "Senti que, se eu não fosse militar, isso definitivamente teria um grande impacto na decisão de continuar tendo filhos ou não."

Notavelmente, o sistema militar se estende desde o nascimento até a pré--escola, depois em cuidados pós-escolares para as crianças até completarem 13 anos de idade. Ele fornece perfeitamente o continuum (incluindo pré-escola universal) que liga a primeira infância com o sistema K-12 dos Estados Unidos. Educação e cuidados fortes na primeira infância levam a crianças que estarão prontas para aprender quando chegarem na escola.

O exemplo militar não é perfeitamente replicável para o resto da sociedade. Mas a qualidade, recursos e compromisso que os militares trouxeram para a educação na primeira infância são exatamente o que precisamos. E o fato de que tal reviravolta ocorreu dentro de uma enorme instituição governamental é estimulante. "Não é um milagre", esclarece um especialista sobre a mudança drástica militar. "É a determinação. E você precisa financiá-la."

Não tem outro jeito — não podemos criar programas de qualidade sem dinheiro. A maioria do que descrevi exigirá um investimento maior de todos os níveis do governo. Os Estados Unidos repetidamente deixam a desejar nesse ponto. Os gastos nacionais com a primeira infância, ou seja, programas e serviços que afetam crianças e suas famílias, é cerca de 0,2% do produto interno bruto, comparado a uma média de 0,7% em outras nações. Esse gasto é principalmente para creches subsidiadas. Os Estados Unidos gastam uma média de US$500 por criança por ano enquanto outras nações ricas gastam uma média de US$14.000 por criança por ano. (Isso é apenas parte de como outras nações gastam muito mais em serviços sociais do que os Estados Unidos.) Não podemos construir uma nação dos pais sem soluções estáveis de financiamento. Além disso, investimentos na primeira infância pagarão os dividendos em curto prazo ao levar mais pais para o mercado de trabalho e em longo prazo ao construir gerações futuras fortes e produtivas. No fim, o dinheiro é *economizado*. É claro, Linda está correta em dizer que não há uma única solução e que apenas o financiamento não teria resolvido os problemas que os militares estavam enfrentando. Além de aumentar os gastos, devemos escolher com cuidado no que investir e então gerenciar nossos programas de forma inteligente. Mas sem financiamento, nunca avançaremos.

Um lugar à mesa

Jovanna Archuleta sabe em primeira mão como é difícil sobreviver sendo uma jovem mãe quando você não tem dinheiro e o quanto é difícil navegar pelo sistema atual dos Estados Unidos. Ela tinha 19 anos e estava vivendo em Albuquerque quando engravidou de seu filho, Ayden. Ela estava prestes a começar a faculdade, a primeira da família a ter ensino superior, e havia juntado bolsas e empréstimos para conseguir pagar. Ter um bebê sozinha não fazia parte do plano. Sem a mãe, Jovanna não tem certeza se teria conseguido. "Minha mãe estava presente. Ela ofereceu conforto, comunicação e dedicação."

Para ter o bebê, Jovanna foi para casa em Nambé Pueblo, 24 quilômetros ao norte de Santa Fé. Quando Ayden estava com 6 meses de idade, ela o levou de volta para Albuquerque para começar a faculdade. De qualquer forma, ela era pobre. Os vales-refeição os mantinham alimentados e ela contava com o Early Head Start para assistência infantil. "Estávamos em modo sobrevivência." Porém, ela se lembra com afeto de muito daqueles primeiros anos com o filho. "Foi provavelmente a melhor época das nossas vidas", disse ela. Quando ela não estava em aula, estava com Ayden. "Fazíamos coisas que não custavam dinheiro", contou. "Íamos muito ao parque. Fazíamos cabanas na sala de estar e assistíamos a filmes. Foram coisas pequenas assim que construíram nosso relacionamento." Enquanto se lembrava desses dias para mim, 16 anos depois, os olhos dela se encheram de lágrimas. "Fico um pouco emocionada", admite. "Dizemos que os Estados Unidos e seus cidadãos estão em pobreza, mas isso não significa que são infelizes. Não impede que você dê essas experiências de amor ao seu filho." O que a deixou infeliz foi a maneira como foi tratada pelas agências cujos serviços ela precisava de forma desesperadora. "Você entra nesses sistemas sendo julgada, você não é boa pessoa. Foi uma experiência horrível e que consumiu muito meu tempo", afirmou. "Toda vez, quase me fazia querer desistir de terminar a faculdade."

Jovanna não desistiu. Quando ela se formou no bacharelado, Ayden "se formou" no Head Start. Então, ela fez um MBA, se casou e engravidou novamente, uma menina chamada Lily, que tinha 3 anos quando nos falamos (Ayden estava com 16). Foi enquanto estava grávida de Lily que começou a trabalhar com a primeira infância ("Fiz a minha parte") por meio de um trabalho com uma fundação particular, apoiando comunidades indígenas em Novo México. Em 2020, ela foi recrutada para um novo trabalho como a primeira secretária assistente estadual de educação e cuidados na primeira infância para ameríndios do país, representando povos de 23 tribos do Novo México (19 Pueblos, 3 tribos Apache e a Nação Navajo). Hoje, como secretária assistente, Jovanna não está apenas educando seus filhos, ela educa um pouquinho todas as crianças ameríndias do Novo México.

Sua chefe, Elizabeth Groginsky, foi também a primeira no trabalho *dela*. Uma veterana no mundo da política da primeira infância que começou no Head Start e reforçou a pré-escola em Washington, DC, ao melhorar a qualidade e aumentar o acesso, ela foi nomeada a primeira secretária de gabinete do Departamento de Educação e Cuidados na Primeira Infância dos Estados Unidos quando foi inaugurado. O trabalho foi feito para ela. Em quase todas as medidas de saúde e educação na primeira infância (pobreza infantil, bem-estar da criança e mais), o estado pontua perto do fim. A secretária foi contratada para mudar isso depois que o Novo México se tornou apenas o quarto estado a criar uma agência a nível de gabinete dedicada à primeira infância. (Os Estados Unidos não possuem uma no governo federal — ainda!)

O novo departamento, como a secretária me conta, é "uma grande mudança". Tradicionalmente, a primeira infância tem sido um problema de segundo nível ou, mais precisamente, tem sido uma pequena parte das responsabilidades de outros departamentos a nível de gabinete — bem-estar infantil, educação, saúde etc. Além disso, programas para a primeira infância existem em partes por governos municipais, estaduais e federais, resultando em lacunas e jurisdição sobreposta. Ter um departamento dedicado organiza e simplifica a infraestrutura. E finalmente oferece para as crianças e seus pais um lugar metafórico à mesa em que as decisões sobre prioridades e financiamento são feitas. "Precisa-se de um ponto de acesso para alcançar oficiais de alto nível do governo sobre questões que afetam as famílias durante o período do nascimento até os 5 anos", diz a secretária. "Por muito tempo, a voz da primeira infância [não esteve] em nenhuma dessas mesas de grandes decisões."

Imagino que, quando os líderes tribais solicitaram que o departamento da primeira infância do Novo México incluísse uma pessoa dedicada às suas comunidades, é porque queriam que um deles também tivesse um lugar à mesa. Aquela pessoa entenderia a centralidade da espiritualidade ameríndia e as crenças culturais. E aquela pessoa conheceria — intimamente — o histórico vergonhoso dos Estados Unidos de retirarem crianças indígenas de suas famílias e comunidades, além do trauma e desconfiança que isso semeava. Jovanna foi a candidata escolhida a dedo.

Como secretária assistente, com a sensibilidade e a ciência ao seu lado, Jovanna está usando sua nova posição para fortalecer apoios para famílias nas comunidades ameríndias de maneiras que também fortalece o que é único da cultura deles. "As comunidades tribais [acreditam] que cada bebê é dado para uma comunidade como um presente para ajudá-los a preservar o que precisam ser", explicou-me Jovanna. "São as crianças que vão preservar os ameríndios daqui pra frente." Finalmente, eles também possuem a chance de acertar. Longe de uma abordagem única para servir a todos, Jovanna tem compartilhado a importância do desenvolvimento cerebral básico com líderes tribais e procurando a orientação deles para se certificar de que os programas para a primeira infância honrem a cultura, aspirações e crenças espirituais dos ameríndios. Entre os projetos que ela apoia está a pré-escola com imersão linguística, onde crianças muito pequenas estão aprendendo línguas ameríndias. Essas escolas estão prosperando. Experiências linguísticas envolventes e que enriquecem o cérebro podem ocorrer em qualquer idioma, desde que sejam apresentadas por falantes fluentes.

Sua própria tribo Nambé Pueblo tem sentido diretamente as maneiras como as experiências iniciais afetam a saúde e o bem-estar mais tarde na vida. Em colaboração com o governador de Pueblo, Philip Perez, ela está trabalhando para cobrir as lacunas nos serviços de primeira infância. Pueblo recentemente completou a construção de um novo centro de desenvolvimento infantil que ajudará as crianças de Nambé a terem um começo sólido e, por extensão, tornar a sociedade inteira mais saudável. "Se pudermos construir essa base com nossos bebês, nossas famílias, e garantir essas ligações, esses relacionamentos educativos," conclui Jovanna, "acho que estaremos no caminho para a cura."

A abordagem culturalmente específica do Novo México para suas comunidades tribais é um exemplo potente da maneira como os programas para a primeira infância podem ser adaptados para atender a *todas* as comunidades — desde que esses programas sejam fundamentados em interações educativas e responsivas. A espiritualidade de Jovanna me veio à mente quando conversei com Rachel Anderson, que comanda um grupo cristão com raízes na comunidade evangélica. Chamado de Families Valued, o grupo está trabalhando para promulgar políticas e programas, como licença remunerada, créditos fiscais infantis e creches. Rachel também gostaria de certificar-se de que os pais em sua comunidade tenham escolhas que reflitam suas crenças. Isso significa trabalhar com organizações baseadas na fé como provedores de alguns serviços. Mas, principalmente, significa reconhecer, como Rachel coloca, "a centralidade da vida familiar para o florescimento humano e a dignidade de todas as formas de trabalho." Ela deseja ver apoio para aqueles que escolhem ficar em casa e para aqueles que trabalham fora. O papel do governo, diz ela, não é "lidar com as funções da família nem controlar as decisões culturais e religiosas delas." Mas o que o governo pode fazer, na visão dela, é estabelecer padrões amplos que nos levem em direção a modelos de ambientes de trabalho pró-família e que apoiem a saúde materno-infantil.

Como muitas outras pessoas, Rachel foi chamada para trabalhar nessas questões por sua própria experiência de tornar-se mãe e tentar receber licença remunerada e plano de saúde. "Me chocou que, em uma nação que valoriza tanto as famílias, havia tão poucos recursos para começar uma e tão pouco foi antecipado sobre tornar-se pai", observa Rachel. "Essa realidade parecia profundamente isolada do que eu entendo pela minha tradição, que famílias são um lugar em que honramos a santidade da vida em todas as formas. De muitos jeitos, as famílias deveriam moldar as outras estruturas da nossa sociedade ou pelo menos ter a mesma reivindicação." Esse é o âmago da questão.

No trabalho de Rachel e nas palavras dela, vejo outro ideal — de que os Estados Unidos são um país feito de diferentes religiões, diferentes etnias, diferentes configurações e que as diferenças podem fazer seus cidadãos serem mais fortes juntos. A nação dos pais será da mesma forma. Ao criar verdadeiras escolhas para as famílias, honraremos a diversidade. Como Rachel disse: "A praça pública é formada por pessoas e instituições cujos valores e crenças são diferentes. E, no entanto, somos todos chamados para trabalhar juntos nessa democracia para administrar o bem comum."

A urgência do agora

Nos dois anos que se passaram desde que Michael foi solto, ele nem sempre achou fácil o reajuste à vida fora da cadeia. Houve desafios grandes e pequenos. Na primeira vez em que Keyonna e ele foram fazer compras em uma rua movimentada de Chicago, Michael congelou tentando atravessar a rua. "Os carros estavam se movimentando tão rápido", contou ele para Keyonna, que atravessou naturalmente como sempre fazia. Ela voltou e o levou até o outro lado segurando sua mão.

De mãos dadas, eles perseveraram. "Me sinto ótimo estando novamente com a minha família, novamente na minha zona de conforto", contou-me Michael em um brunch de domingo no verão de 2021. Desesperado para recompensar o tempo perdido, ele se lembrou de como passou as primeiras semanas em liberdade fazendo tudo o que queria com o filho: visitaram o zoológico, viajaram de barco, jogaram videogames que lançaram enquanto ele estava longe (Mikeyon amava ser o especialista).

Michael rapidamente conseguiu um emprego em outro açougue e já havia sido promovido a auxiliar de gerente. Keyonna agora trabalha na Chicago Housing Authority. Ela também foi promovida e recebeu elogios por seu trabalho. Por meio de um programa de habitação, eles eventualmente conseguiram mudar para Wicker Park, um bairro mais seguro do que North Lawndale, onde as crianças podem ir a pé para a escola sem medo.

Mas a parte mais feliz da história deles é Mikeyon. No jardim de infância, ele estava lendo a nível de segunda série. Para a primeira série, quando nos encontramos, eles estavam pensando se ele iria para uma escola do bairro ou para uma escola especial, chamada de escola ímã. Claramente, as interações amorosas de Keyonna com o filho deram a ele o que ele precisava. Embora o progresso de Mikeyon seja maravilhoso, não consigo deixar de pensar em como foi difícil para Keyonna fazer isso sozinha. Michael perdeu a chance de ser um arquiteto do cérebro durante os primeiros cinco anos fundamentais da vida de Mikeyon.

Quando conversei com Michael e Keyonna naquele brunch, conseguia ouvir a urgência que sentem agora que estão criando os filhos juntos. É a urgência que vem com a percepção de como o tempo é precioso, como o tempo com os nossos filhos é importante. Eles estão explodindo de orgulho com Mikeyon. Amam ouvir as ideias do filho sobre o que ele será quando crescer — um dia é uma estrela do basquete, no outro é arquiteto. (Estou torcendo por médico.) Apesar de tudo o que passaram, eles têm esperança no futuro.

Enquanto escrevo, o Congresso dos Estados Unidos está considerando uma grande legislação que ajudaria as famílias. Há mais impulso a nível estadual para apoiar famílias de formas que não aconteciam no passado. "A pandemia criou crises imensuráveis para tantas pessoas", observa Cynthia. E o governo enfrentou o desafio de ajudá-las. "Demonstra que podemos superar isso. Se estabelecermos as bases e mostrarmos que está tendo um impacto, minha esperança é que muito do que implementamos temporariamente se torne permanente."

Devemos estabelecer essas bases na sociedade e nos cérebros de nossos filhos. Nesse aspecto, compartilho das esperanças e urgências de Michael e Keyonna.

Cinquenta anos atrás, a Lei de Desenvolvimento Infantil Integral (CCDA) chegou a um passo de ser sancionada. Paramos em um cruzamento e voltamos.

Hoje, estamos em um novo cruzamento. Dessa vez, devemos seguir em frente. Mais uma vez pegando as palavras de Martin Luther King Jr. emprestadas, somos novamente "confrontados com a urgência feroz do agora."

E é verdadeiramente urgente. Porque, embora não tenham mudado o suficiente em cinquenta anos, algumas coisas mudaram.

O que sabemos agora sobre o cérebro demanda urgência. Em 1972, quando a CCDA estava sendo formulada, as pessoas estavam começando a entender o quanto as experiências da primeira infância eram fundamentais para o desenvolvimento das crianças. Desde então, aprendemos muito mais. Há um peso neurocientífico no que as crianças precisam, quando precisam e o papel essencial dos pais e cuidadores como os primeiros e melhores professores dos filhos.

O que passamos durante a pandemia demanda urgência. Embora o novo coronavírus tenha apresentado alguns desafios inevitáveis, ele revelou a falácia inevitável da ideia de que qualquer pessoa pode ser pai sozinho prosperamente. E mostrou para nós que nossas vidas pessoais e profissionais estão interligadas. Não podemos mais fingir que não estão.

VIDA, LIBERDADE E CUMPRIR A PROMESSA DA SOCIEDADE **207**

Por último, nossos ideais humanos demandam urgência. Mais de trinta anos atrás, líderes mundiais se uniram e criaram a Convenção sobre os Direitos da Criança, que diz que a infância é uma época especial que precisa ser protegida e que as crianças têm o direito de crescer, aprender, brincar e florescer com dignidade. Esses direitos começam no nascimento e ainda não estamos honrando-os completamente. É o momento de realmente proteger nossos filhos tornando todos os países favoráveis aos pais. Nações dos pais em todos os lugares resultarão em um mundo dos pais.

EPÍLOGO

"De todas as estrelas neste 'céu pêndulo e valente', a Estrela Polar é nossa escolha...

Para milhões agora em nossa honrada terra de liberdade, é a estrela da esperança."

— Frederick Douglass

Com o passar dos anos, depois da morte de Don, a correnteza feroz começou a se acalmar e o nascer do sol lentamente forçou a escuridão a deixar o céu. A margem do rio da juventude adulta aos poucos veio à vista. Os três rostinhos assustados dos meus filhos já não me olhavam mais de baixo para cima. Em vez disso, os rostos maduros e alegres de Genevieve, Asher e Amelie me olhavam de cima para baixo. Eles carregaram a memória e empatia do pai — e a altura dele — até a juventude adulta.

Continuei em frente, sozinha, refazendo todas as manhãs os passos que Don e eu trilhávamos até o trabalho. Minha pesquisa, assim como meus filhos, permaneceu uma fonte de conforto, propósito e aprendizado contínuo. Como uma cientista social autodidata (embora uma cirurgiã formalmente treinada), aprendi com todos ao meu redor. Aprendi com as famílias com quem trabalhei e cuidei. Aprendi com meus colegas por toda a universidade, pelo país e pelo mundo. Entender as complexidades do que precisava acontecer a fim de proteger a promessa dos objetivos de cada criança foi o trabalho da minha vida.

Por força do destino, conheci um economista brilhante, John List, para quem as problemáticas infantis ocupavam um lugar especial.

Os economistas dão vida ao cômico ditado da Universidade de Chicago: "Tudo é muito bom na prática... mas como funciona na teoria?" Eles criam equações simplificadas ou "modelos", que eliminam o "barulho" para revelar as realidades fundamentais da vida. À medida que trabalhamos juntos, ele me mostrou que a resposta que eu estava procurando era, na verdade, um tanto simples.

Nem tudo era teoria para esse economista. Um pai dedicado que nunca conheceu um momento da "parentalidade secreta", ele criou *cinco* filhos maravilhosos, Annika, Eli, Noah, Greta e Mason, sem nenhuma vergonha (juntamente com sua esplêndida ex-esposa, Jen). John treinou os times de beisebol dos filhos (campeões de Cooperstown!). Ele os induzia a assistir *A Noviça Rebelde*, seu filme favorito, repetidamente. Apresentou aos filhos as "alegrias" da economia, mesmo que alguns deles considerassem isso um oximoro. E os inspirou a pensar sobre com o que queriam contribuir para o mundo. O objetivo dele era simples: construir memórias cheias de amor.

Com o tempo, essas memórias se tornaram *nossas* memórias quando primeiro nosso trabalho, depois nossas vidas e nossas famílias, começaram a entrelaçar-se.

À medida que o amor de John envolvia Amelie, Asher e Genevieve, imaginei, com emoções mistas, Don observando seus queridos filhos. A presença de John era, de algumas maneiras, um lembrete doloroso de que, embora Don nunca seria substituído, ele não viveu para ver os filhos crescidos. Mas fui consolada pela paz e alegria que sabia que Don sentiria em saber que os filhos são amados e cuidados, e que tive ajuda para navegar na correnteza. John estava honrando Don dos jeitos mais profundos. Ele amava os filhos de Don como *Don* teria desejado. Ele valorizava o maior legado de Don. Meus filhos e os filhos dele tornaram-se nossos filhos.

Com profunda alegria, John e eu formalizamos nossa união. Nossas núpcias estamparam a primeira página do *Maroon* da Universidade de Chicago com uma manchete que anunciava: "De 30 milhões de palavras para apenas duas: eu aceito!" Enquanto trocávamos os votos naquele lindo dia de outono, percebi que esse economista de fato me levou até a resposta que eu estava procurando. Era um sentimento que estive observando esse tempo todo nos rostos dos pais dos meus pacientes quando pegava seus bebês em meus braços e os levava para a cirurgia. Ele havia criado o "modelo" perfeito para entender o que

210 NAÇÃO DOS PAIS

é fundamentalmente necessário para permitir que todas as crianças alcancem a promessa de seus objetivos.

É a capacidade de ver o filho de outra pessoa como seu e apoiar os pais enquanto lutam para cruzar a correnteza feroz.

Minha jornada científica também me levou de 30 milhões de palavras para apenas duas: nossos filhos.

GUIA DE AÇÃO PARA CONSTRUIR UMA NAÇÃO DOS PAIS

Estimule a comunidade. Crie uma identidade coletiva. Lute por mudanças.

Agora que você terminou de ler *Nação dos Pais*, talvez sinta o chamado para ajudar a construir uma. Boas notícias! Este guia pode ajudá-lo.

O primeiro e mais importante passo para construir uma nação que funciona com e para os pais é uma mudança de mentalidade. Os pais são um grupo lindamente diverso. Cada um de nós vê o mundo através de suas próprias lentes e levamos as experiências que vivemos para a tarefa sagrada de criar nossos filhos. Mas também somos um coletivo ligado por um amor feroz pelos humanos que estamos criando e uma esperança ilimitada pelos futuros deles. Essa identidade coletiva pode nos inspirar a conceder empatia para todos os pais e um sentimento de comunidade e pertencimento. Posso não ter a mesma aparência ou viver da mesma forma que você, mas amamos da mesma maneira. E isso nos torna parceiros.

Essa identidade coletiva nos dá força e podemos usá-la para garantir que recebamos o apoio sistêmico que todos nós precisamos. Os pais não podem e não devem seguir sozinhos quando estão comprometidos no trabalho importante de educar os filhos. Nós podemos — e devemos — convidar nossos locais de trabalho, comunidades e país a fornecer o suporte que os pais precisam para que as crianças sejam bem criadas desde os primeiros dias de vida. A ciência exige isso. Nossos filhos merecem o mesmo.

Se você se sente a motivação de realizar uma mudança em nome dos pais e das crianças, deve considerar um dos seguintes passos.

- Visite ParentNation.org (conteúdo em inglês) para aprender sobre organizações por todo os Estados Unidos trabalhando em nome dos pais e das crianças. Se puder, poderá encontrar alguma para apoiar com seu tempo ou doações.

- Leia e adote os Ideais da Nação dos Pais.

- Compartilhe sua história no ParentNation.org (conteúdo em inglês).

- Use suas plataformas nas redes sociais para compartilhar o trabalho de organizações que atuam a favor dos pais e das crianças e convide outros a fazer o mesmo.

- Crie um comitê consultivo nos espaços da sua comunidade (seu local de trabalho, seu local de culto, seu distrito escolar) para garantir que as vozes de todos os pais sejam ouvidas igualmente.

- Fale com pais em seu bairro, cidade ou município sobre as experiências deles e leve suas preocupações e ideias até os representantes eleitos locais.

- Faça uma pesquisa com os pais no seu local de trabalho para descobrir quais apoios os beneficiariam mais e compartilhe os resultados com a liderança.

- Escreva uma carta para o editor de um jornal local ou nacional defendendo um projeto ou política que apoia pais e crianças.

- Quando chegar a hora das eleições, pesquise políticas e candidatos com o olhar voltado para o que é melhor para pais e crianças. Vote!

- Forme um clube do livro para discutir *Nação dos Pais* ou sugira o livro para seu clube já existente. (Veja a seção do guia de discussão.)

- Crie ou junte-se à Vila dos Pais. Vilas dos Pais são pequenos grupos de pais que se unem para apoiar uns aos outros, identificar e discutir as necessidades das famílias em suas comunidades e fazer planos para atendê-las. Sua Vila pode ser um grupo de colegas de trabalho, um grupo de pais da escola do seu filho, um grupo de vizinhos ou colegas paroquianos do seu local de culto. Qualquer combinação de até dez agentes de mudança comprometidos servirá. Você pode encontrar tudo de que precisa, incluindo um currículo recomendado para suas reuniões da Vila em ParentNation. org/Villages (conteúdo em inglês).

GUIA DE DISCUSSÃO

Nota aos leitores: se você está usando este guia para si mesmo ou para um pequeno grupo de duas ou três pessoas, convém abordar todos os pontos de discussão. Se você está discutindo o livro com um grupo maior, sinta-se livre para escolher um ou dois pontos de discussão de cada capítulo.

Um: Em direção a uma nova Estrela Guia

Pontos de discussão:

- Você tem as ferramentas e os parceiros necessários para criar seu(s) filho(s)?
- Se não, quais são os obstáculos para encontrar ou manter essas ferramentas e parceiros?
- O que ou quem poderia ajudá-lo a superar esses obstáculos?
- Você está apto a ajudar outros pais em sua comunidade a superá-los?
- Quais foram seus maiores desafios como pai durante a pandemia?
- Você já se sentiu envergonhado de admitir que ser pai pode te deixar sobrecarregado?
- Você pensa em outros pais como seus aliados?

Dois: O maior truque do cérebro

Pontos de discussão:

- O que a história de Charlotte lhe ensinou sobre a capacidade do cérebro de refazer suas próprias ligações?

- Como a história dela deve influenciar a maneira que abordamos creches e a educação na primeira infância?

- O que a história de Hazim lhe ensinou sobre a distribuição de recursos e oportunidades?

- A sociedade ajudou ou dificultou o caminho de Charlotte até o sucesso? E o de Hazim?

- Imagine uma sociedade que vê o desenvolvimento cerebral básico como sua Estrela Guia. O que teria que mudar nas escolas? Nos locais de trabalho? Nas comunidades?

- Você é capaz de ajudar a defender qualquer uma dessas mudanças?

Três: O efeito poste de luz

Pontos de discussão:

- Quais opções seus pais tinham quando você passou a ir para a escola em tempo integral?

- Como essas opções diferem do que estava disponível para você quando você se tornou pai?

- Quais são algumas formas em que a sociedade pode aumentar os salários dos funcionários de creche sem simplesmente transferir esse custo para os pais?

- Se você pudesse refazer o sistema escolar, baseado no pensamento do século XXI, qual seria a primeira coisa que você mudaria?

- Alguns pais podem e querem cuidar dos filhos em tempo integral até que comecem a escola. De quais apoios esses pais precisam?

- Alguns pais precisam ou preferem trabalhar fora de casa em tempo integral. De quais apoios esses pais precisam?

Quatro: Os arquitetos do cérebro

Pontos de discussão:

- Passe alguns momentos considerando ou discutindo com o seu grupo o experimento mental chamado de "véu da ignorância".

- Em termos de parentalidade, em que a sua sociedade imaginária seria diferente da sociedade do seu país?

- Em que seria semelhante?

- Você conhece alguém (incluindo você mesmo) cujos sonhos de ser pai foram deixados de lado por obstáculos inesperados?

- Kimberly levou a história dela para a Academia Americana de Pediatria, onde ajudou a escrever uma declaração política sobre a importância da licença médica remunerada para pais. O que você poderia fazer com as histórias de pais que já ouviu ou viveu?

Cinco: Tudo começa com crenças

Pontos de discussão:

- Quando e onde você aprendeu sobre o que os bebês precisam para desenvolver cérebros saudáveis?

- Mudou a forma que você interage com seu filho? Se essa informação é nova para você, mudará a forma como interage com o seu filho daqui para a frente?

- Como podemos passar essa informação para os pais mais cedo e de forma mais sistêmica?

- Com base nas descrições da autora, você se identifica como um pai de "cultivo orquestrado" ou de "crescimento natural?"

- Dana Suskind escreve que a desconexão entre o que dizemos e o que fazemos como nação tem consequências diretas — e às vezes trágicas — para os pais. Você consegue pensar em um exemplo? Consegue pensar em uma solução?

Seis: Construindo bases e barcos resistentes

Pontos de discussão:

- Houve momentos em que você desejou ter mais tempo para se envolver com seu filho?

- De quais formas as pressões econômicas afetam sua parentalidade?

- Quanto o custo da creche impactou em suas decisões sobre quando e se devia voltar ao trabalho depois de tornar-se pai?

- Você conseguiu encontrar creches acessíveis que também ofereciam a atenção que desejava para o seu filho?

- De quais outras maneiras os locais de trabalho poderiam trabalhar com os pais em vez de contra eles?

Sete: Criando mapas e navegando contra a corrente

Pontos de discussão:

- Quais semelhanças você vê entre as histórias de Sabrina e Katherine?

- Você se reconhece em alguma das mulheres ou nas famílias delas? Reconhece algum pai que você conheça?

- Sua comunidade está apta a ajudar os pais a proporcionarem um ambiente calmo e estável para os filhos? E as comunidades ao redor da sua?

- Katherine prevê comunidades intencionadas aos pais, onde famílias de diferentes origens se unem e apoiam umas às outras. Como seria isso onde você vive?

- Pesquisas mostram que países com políticas de apoio à família menos robustas são mais propensos a mostrar disparidades na saúde das crianças. Quais políticas deveriam ser postas em prática para que os pais recebam o apoio com o qual Katherine sonha, mas em nível sistêmico?

Oito: Elevando nossas vozes

Pontos de discussão:

- O que uma versão moderna da Lei de Desenvolvimento Infantil Integral incluiria a fim de apoiar as famílias?

- Quais lições podemos tirar do sucesso da AARP a fim de melhorar a saúde e bem-estar dos pais e das crianças?

- O desenvolvimento saudável do cérebro deveria ser considerado um direito civil? Por quê?

- A autora escreve: "Às vezes somos limitados por onde voltamos nossos olhos. Então, de repente, enxergamos além do horizonte e entendemos que há uma outra maneira". Essa outra maneira parece estar ao seu alcance? Por quê?

Nove: Justamente o que o médico receitou

Pontos de discussão:

- Seus médicos (obstetra, ginecologista, pediatra) foram fontes confiáveis sobre as necessidades do cérebro do seu filho?

- Onde você normalmente procuraria recursos ou recomendações sobre a construção do cérebro do seu filho?

- Tais recursos são de fácil acessibilidade?

- Como você se sente em relação à proporção de dólares gastos pelos Estados Unidos em assistência médica versus serviços sociais? Deveriam gastar mais em serviços sociais? Menos? Mais ou menos o que gastam atualmente? Por quê?

Dez: O negócio dos negócios é...

Pontos de discussão:

- Você já sentiu a necessidade de esconder suas obrigações familiares de seu empregador?

- Como seria a reação do seu empregador se você lhe dissesse que precisa sair do trabalho em certo horário para assistir ao jogo de beisebol/recital/peça de teatro do seu filho ou levá-lo ao médico?

- Você já conversou com seus colegas sobre se seu local de trabalho é propício para pais? Se sim, você já compartilhou algumas dessas conversas com seus superiores?

- Você acha que locais de trabalho podem equilibrar tanto os lucros quanto a vida pessoais dos empregados?

- O cientista político Jacob Hacker disse: "A família costumava ser um refúgio do risco. Hoje, é o epicentro do risco." Quais mudanças ocasionaram essa troca?

Onze: Vida, liberdade e cumprir a promessa da sociedade

Pontos de discussão:

- A Lei Militar de Cuidados Infantis de 1989 reinventou e reformulou as creches para famílias em serviço. Você consegue imaginar algo semelhante funcionando no mundo civil?

- Questões como licença remunerada, créditos fiscais infantis e creches lhe parecem inerentemente políticos? Por quê?

- A autora nos apresentou a muitos pais ao longo do livro. Qual história ressoou mais com você e por quê?

- Você sente um senso de pertencimento ou de identidade coletiva com outros pais de uma forma que não sentia antes de ler o livro?

- O livro lhe deu esperança? Por quê?

NOTAS

CAPÍTULO UM

1. Mandela, N. (1995). Discurso do Presidente Nelson Mandela no lançamento do Nelson Mandela Children's Fund. Pretória.

2. Hart, B. & Risley, T. R. (1995). *Meaningful differences in the everyday experience of young American children*. Baltimore: Paul H. Brookes Publishing.

3. Denworth, L. (2014). *I can hear you whisper: An intimate journey through the science of sound and language* (Cap. 22). Nova York: Dutton; Romeo, R. R., Segaran, J., Leonard, J. A., Robinson S. T., West, M. R., Mackey, A. P., ... & Gabrieli, J. D. (2018). Language exposure relates to structural neural connectivity in childhood. *Journal of Neuroscience*, 38(36), 7870–77.

4. Hoff, E. (2013). Interpreting the early language trajectories of children from low-SES and language minority homes: Implications for closing achievement gaps. *Developmental Psychology*, 49(1), 4; Dickinson, D. K. & Porche, M. V. (2011). Relation between language experiences in preschool classrooms and children's kindergarten and fourth-grade language and reading abilities. *Child Development*, 82(3), 870–86.

5. Hirsh-Pasek, K., Adamson, L. B., Bakeman, R., Owen, M. T., Golinkoff, R. M., Pace, A., ... & Suma, K. (2015). The contribution of early communication quality to low-income children's language success. *Psychological Science*, 26, 1071–83.

6 História do TMW Center. https://tmwcenter.uchicago.edu/tmwcenter/who-we-are/history.

7 Suskind, D. L. (2015). *Thirty million words: Building a child's brain* (pp. 246–47). Nova York: Dutton.

8 Suskind, D. L., Leung, C. Y., Webber, R. J., Hundertmark, A. C., Leffel, K. R., Fuenmayor Rivas, I. E. & Grobman, W. A. (2018). Educating parents about infant language development: A randomized controlled trial. *Clinical Pediatrics, 57*(8), 945–53; Leung, C. Y., Hernandez, M. W. & Suskind, D. L. (2020). Enriching home language environment among families from low-SES backgrounds: A randomized controlled trial of a home visiting curriculum. *Early Childhood Research Quarterly, 50*, 24–35.

9 Departamento do Censo dos Estados Unidos. (8 de outubro de 2021). America's Families and Living Arrangements: 2020. https://www.census.gov/data/tables/2020/demo/families/cps-2020.html.

10 Banco de Dados Familiar da OCDE, Sistemas de Licença Parental. https://www.oecd.org/els/soc/PF2_1_Parental_leave_systems.pdf.

11 Malik, R., Hamm, K., Schochet, L., Novoa, C., Workman, S. & Jessen-Howard, S. (2018). America's child care deserts in 2018. Relatório do Center for American Progress, pp. 3–4; Instituto Nacional de Saúde da Criança e Desenvolvimento Humano (NICHD) (2006). O estudo do NICHD de cuidados na primeira infância e desenvolvimento infantil: Findings for children up to age 4½ years.

12 Departamento de Estatísticas de Trabalho, Departamento do Trabalho dos EUA. Employment characteristics of families — 2020. Comunicado de imprensa, 21 de abril de 2021.

13 Donovan, S. A.; & Bradley, D. H. (15 de março de 2018). Real wage trends, 1979 to 2017. Washington, DC: Serviço de Pesquisa do Congresso [citado em 9 de abril de 2019]

14 Hall, M.; & Stephens, L., "Quality Childcare for All", relatório da New Economics Foundation, 2020.; Kitsao-Wekulo, P; & Nampijja, M., "Providing Nairobi's mothers with subsidized day-care will benefit everyone", *The*

Conversation, 6 de agosto de 2019; Ni D. & Zhu J., "As China Pushes More Births, Mothers Find it Harder to Work". *Sixth Tone*, 9 de dezembro de 2021.

[15] Schleicher, A. (2019). *PISA 2018: Insights and interpretations*. Paris: OECD Publishing.

[16] Chan, J. Y., Wong, E. W. & Lam, W. (2020) Practical aspects of otolaryngologic clinical services during the 2019 novel coronavirus epidemic: An experience in Hong Kong. *JAMA Otolaryngology–Head & Neck Surgery*, v. 146(6), p. 519–20. doi:10.1001/jamaoto.2020.0488.

[17] Kalil, A., Mayer, S. & Shah, R. (5 de outubro de 2020). *Impact of the COVID-19 crisis on family dynamics in economically vulnerable households*. Universidade de Chicago, Becker Friedman Institute for Economics, Working Paper, n. 2020-143, disponível na SSRN: https://ssrn.com/abstract=3706339 ou http://dx.doi.org/10.2139/ssrn.3706339.

[18] Lee, E. K. & Parolin, Z. (2021). The care burden during COVID-19: A national database of child care closures in the United States. *Socius*. https://doi.org/10.1177/23780231211032028.

[19] Shrimali, B. P. (2020). *Child care, COVID-19, and our economic future*. Federal Reserve Bank of San Francisco Community Development Research Brief 2020-5.

[20] Heggeness, M., Fields, J., García Trejo, Y. A. & Schulzetenber, A. (2021). Tracking job losses for mothers of school-age children during a health crisis. Departamento do Censo dos Estados Unidos.

[21] García, J. L., Heckman, J. J., Leaf, D. E. & Prados, M. J. (2020). Quantifying the life-cycle benefits of an influential early-childhood program. *Journal of Political Economy*, 128(7), 2502–41; Escritório Executivo do Presidente dos Estados Unidos (dezembro de 2014). *The economics of early childhood investments*.

[22] Relatório da ReadyNation (janeiro de 2019). Want to grow the economy? Fix the child care crisis; S&P Global (13 de outubro de 2020). Women at work: The key to global growth.

[23] Collins, C. (2019). *Making motherhood work*. Princeton University Press. 7.

[24] UNICEF. (2019). Family-friendly policies: Redesigning the workplace of the future: A policy brief.

[25] King, M. L., Jr. Discurso "I've been to the mountaintop", 3 de abril de 1968. Memphis, Tennessee.

[26] Kisilevsky, B. S., Hains, S. M., Lee, K., Xie, X., Huang, H., Ye, H. H., ... & Wang, Z. (2003). Effects of experience on fetal voice recognition. *Psychological Science, 14*(3), 220–24.

[27] Kolb, B. (2009). Brain and behavioural plasticity in the developing brain: Neuroscience and public policy. *Paediatrics & Child Health, 14*(10), 651–52; Fox, S. E., Levitt, P. & Nelson, C. A. III (2010). How the timing and quality of early experiences influence the development of brain architecture. *Child Development, 81*(1), 28–40, 2010.

[28] Hoff, E. (2013). Interpreting the early language trajectories of children from low-SES and language minority homes: Implications for closing achievement gaps. *Developmental Psychology, 49*(1), 4; Weisleder, A. & Fernald, A. (2013). Talking to children matters: Early language experience strengthens processing and builds vocabulary. *Psychological Science, 24*(11), 2143–52.

[29] Nelson, C. A., Zeanah, C. H., Fox, N. A., Marshall, P. J., Smyke, A. T. & Guthrie, D. (2007). Cognitive recovery in socially deprived young children: The Bucharest Early Intervention Project. *Science, 318*(5858), 1937–40; Lund, J. I., Toombs, R., Radford, A., Boles, K. & Mushquash, C. (2020). Adverse childhood experiences and executive function difficulties in children: A systematic review. *Child Abuse & Neglect, 106*, 104485.

CAPÍTULO DOIS

[1] Tate, C. (Ed.) (1985). *Black women writers at work*. (Oldcastle Books, Inglaterra; CR 1983), Capítulo: Maya Angelou, p. 7.

[2] Asaridou, S. S. et al. (2020). Language development and brain reorganization in a child born without the left hemisphere. *Cortex, 127*, 290–312.

[3] Isaac Asimov falando com alunos do Trinity College Hartford, CT, 20 de abril de 1988.

[4] Sakai, J. (2020). Core Concept: How synaptic pruning shapes neural wiring during development and, possibly, in disease. *Proceedings of the National Academy of Sciences, 117*(28), 16096–99; Huttenlocher, P. R. (1979). Synaptic density in human frontal cortex—Developmental changes and effects of aging. *Brain Research, 163*(2), 195–205. Center on the Developing Child, Harvard University. Brain architecture. https://developingchild.harvard.edu/science/key-concepts/brain-architecture/.

[5] Fox, S. E., Levitt, P. & Nelson, C. A. III (2010). How the timing and quality of early experiences influence the development of brain architecture. *Child Development, 81*(1), 28–40.

[6] Niparko, J. K., Tobey, E. A., Thal, D. J., Eisenberg, L. S., Wang, N. Y., Quittner, A. L., ... & CDaCI Investigative Team. (2010). Spoken language development in children following cochlear implantation. *JAMA, 303*(15), 1498–1506.

[7] Knickmeyer, R. C., Gouttard, S., Kang, C., Evans, D., Wilber, K., Smith, J. K., ... & Gilmore, J. H. (2008). A structural MRI study of human brain development from birth to 2 years. *Journal of Neuroscience, 28*(47), 12176–82.

[8] Saúde: Shonkoff, J. P., Boyce, W. T. & McEwen, B. S. (2009). Neuroscience, molecular biology, and the childhood roots of health disparities: Building a new framework for health promotion and disease prevention. *JAMA, 301*(21), 2252–59; Shonkoff, J. P. (2012). Leveraging the biology of adversity to address the roots of disparities in health and development. *Proceedings of the National Academy of Sciences, 109* (Supl 2), 17302–7; Conselho Científico Nacional sobre a Criança em Desenvolvimento (2020). *Connecting the brain to the rest of the body: Early childhood development and lifelong health are deeply intertwined* (Working Paper n. 15).

[9] Crime: García, J. L., Heckman, J. J. & Ziff, A. L. (2019). Early childhood education and crime. *Infant Mental Health Journal, 40*(1), 141–51. Renda: García, J. L., Heckman, J. J., Leaf, D. E. & Prados, M. J. (2020). Quantifying the life-cycle benefits of an influential early-childhood program. *Journal of Political Economy, 128*(7), 2502–41.

[10] Asaridou, S. S. et al. (2020).

[11] Siman-Tov, M., Radomislensky, I., Knoller, N., Bahouth, H., Kessel, B., Klein, Y., ... & Peleg, K. (2016). Incidence and injury characteristics of traumatic brain injury: Comparison between children, adults and seniors in Israel. *Brain Injury, 30*(1), 83–89.

[12] Feuillet, L., Dufour, H. & Pelletier, J. (2007). Brain of a white-collar worker. *The Lancet, 370*(9583), 262.

[13] Child Trends (28 de janeiro de 2019). Children in poverty. https://www.childtrends.org/indicators/children-in-poverty.

[14] UNICEF, "Child poverty." https://www.unicef.org/social-policy/child-poverty.

[15] Johnson, S. B., Riis, J. L. & Noble, K. G. (2016). State of the art review: Poverty and the developing brain. *Pediatrics, 137*(4); Chetty, R. et al. The association between income and life expectancy in the United States, 2001–2014. *JAMA, 315*(16), 1750–66. doi:10.1001/jama.2016.4226.

[16] Noble, K. G. & Giebler, M. A. (2020). The neuroscience of socioeconomic inequality. *Current Opinion in Behavioral Sciences, 36*, 23–28; Luby, J. (2015). Poverty's most insidious damage: The developing brain. *JAMA Pediatrics, 169*(9), 810–11.

[17] Noble, K. G. et al. (2015). Family income, parental education and brain structure in children and adolescents. *Nature Neuroscience, 18*(5), 773–78. Veja também o TED talk de Kimberly Noble de abril de 2019.

[18] Schnack, H. G. et al. (2014). Changes in thickness and surface area of the human cortex and their relationship with intelligence. *Cerebral Cortex, 25*(6), 1608–17.

[19] Comitê do Conselho de Pesquisa Nacional (EUA) e do Instituto de Medicina (EUA) sobre a Integração da Ciência no Desenvolvimento da Primeira Infância (2000); Shonkoff, J. P., Phillips, D. A. (Eds.) *From neurons to neighborhoods: The science of early childhood development*. Washington, DC: National Academies Press (EUA). Cap. 8: The developing brain.

[20] Suskind, D. L., Leffel, K. R., Graf, E., Hernandez, M. W., Gunderson, E. A., Sapolich, S. G., ... & Levine, S. C. (2016). A parent-directed language intervention

for children of low socioeconomic status: A randomized controlled pilot study. *Journal of Child Language, 43*(2), 366–406.

[21] Noble, K. G. et al. (2012). Neural correlates of socioeconomic status in the developing human brain. *Developmental Science, 15*(4), 516–27; Noble, K. G. et al. (2021). Baby's first years: Design of a randomized controlled trial of poverty reduction in the United States. *Pediatrics, 148*(1).

[22] Farah, M. J. (2018). Socioeconomic status and the brain: Prospects for neuroscience--informed policy. *Nature Reviews Neuroscience, 19,* 428–38.

[23] TED Talk de Kim Noble; Noble, K. G., Engelhardt, L. E., Brito, N. H., Mack, L. J., Nail, E. J., Angal, J., ... & PASS Network. (2015). Socioeconomic disparities in neurocognitive development in the first two years of life. *Developmental Psychobiology, 57*(5), 535–51; Feinstein, L. (2003). Inequality in the early cognitive development of British children in the 1970 cohort. *Economica, 70*(277), 73–97.

[24] Além do trabalho de Kim Noble, veja Assari, S. (2020). Parental education, household income, and cortical surface area among 9–10 years old children: Minorities' diminished returns. *Brain Sciences, 10*(12), 956.

[25] Troller-Renfree, S. V. et al. The impact of a poverty reduction intervention on infant brain activity. *PNAS,* em publicação.

[26] Children's Defense Fund. (2020). *The state of America's children.* Relatório anual.

[27] Atribuído, entre outros, a Bill Clinton no Clinton Global Initiative Forum de 2012.

[28] Chmielewski, A. K. (2019). The global increase in the socioeconomic achievement gap, 1964 to 2015. *American Sociological Review, 84*(3), 517-544.

[29] Mooney, T. (2018, May 11). Why we say "opportunity gap" instead of "achievement gap". TeachforAmerica.org.

[30] Shaughnessy, M. F. & Cordova, M. (2019). Uma entrevista com Jonathan Plucker: Reducing and eliminating excellence gaps. *North American Journal of*

Psychology, *21*(2), 349–59; Hardesty, J., Jenna McWilliams, J. & Plucker, J. A. (2014). Excellence gaps: What they are, why they are bad, and how smart contexts can address them... or make them worse. *High Ability Studies*, *25*(1), 71–80.

[31] Wyner, J. S., Bridgeland, J. M. & DiIulio, J. J., Jr. Achievement trap: How America is failing millions of high-achieving students from lower-income families. Relatório da Fundação Jack Kent Cooke.

[32] Rambo-Hernandez, K., Peters, S. J. & Plucker, J. A. (2019). Quantifying and exploring elementary school excellence gaps across schools and time. *Journal of Advanced Academics*, *30*, 383–415; Plucker, J. (2013). Talent on the sidelines: Excellence gaps and America's persistent talent underclass. Storrs: Center for Education Policy Analysis, Universidade de Connecticut. Obtido de http://cepa.uconn.edu/mindthegap; Plucker, J. A., Burroughs, N. A. & Song, R. (2010). Mind the (other) gap: The growing excellence gap in K—12 education. Bloomington, IN: Center for Evaluation and Education Policy.

[33] Moody, M. (2016). From under-diagnoses to over-representation: Black children, ADHD, and the school-to-prison pipeline. *Journal of African American Studies*, *20*(2): 152–63; Gilliam, W. S. (2005). Prekindergarteners left behind: Expulsion rates in state prekindergarten systems. Nova York: Foundation for Child Development.

[34] Citado em Howard, J. (24 de maio de 1963). "Doom and Glory of Knowing Who You Are". *LIFE*, *54*(21): 89.

[35] Citado em Snyder, S. (19 de dezembro de 2018). North Philly to Oxford. *Philadelphia Inquirer*.

[36] Sobre a Universidade Temple. https://www.temple.edu/about.

[37] Anúncio da Bolsa Rhodes da Classe de 2018, 12 de dezembro de 2017.

[38] Citado em Snyder (19 de dezembro de 2018). *The Philadelphia Inquirer*.

[39] UCL Centre for Longitudinal Studies.

[40] Feinstein, L. (2003). Inequality in the early cognitive development of British children in the 1970 Cohort. *Economica, 70* (177), 73–97.

[41] Van Dam, A. (9 de outubro de 2018). It's better to be born rich than gifted. *The Washington Post*.

CAPÍTULO TRÊS

[1] Do jogo eletrônico *Red Dead Redemption II*.

[2] Battaglia, M. & Atkinson, M. A. (2015). The streetlight effect in type 1 diabetes. *Diabetes, 64*(4), 1081–90.

[3] Begley, S. (25 de junho de 2019). The maddening saga of how an Alzheimer's "cabal" thwarted progress toward a cure for decades. *STAT*. https://www.statnews.com/2019/06/25/alzheimers-cabal-thwarted-progress-toward-cure/.

[4] John, L. K. et al. (março–abril de 2017). "What's the value of a like?" *Harvard Business Review*.

[5] Freedman, D. H. (9 de dezembro de 2010). "Why Scientific Studies Are So Often Wrong: The Streetlight Effect." *Discover*. https://www.discovermagazine.com/the-sciences/why-scientific-studies-are-so-often-wrong-the-streetlight-effect.

[6] Lessons from high-performing countries: observações do secretário Duncan no Centro Nacional de Educação e no Simpósio Nacional de Economia, 2011.

[7] Chetty, R., Grusky, D., Hell, M., Hendren, N., Manduca, R. & Narang, J. (2017). The fading American dream: Trends in absolute income mobility since 1940. *Science, 356*(6336), 398–406.

[8] Lei 79. A Bill for the More General Diffusion of Knowledge, 18 de junho de 1779, *Founders Online*, National Archives.

[9] Schleicher, A. (2019). PISA 2018: Insights and interpretations. Paris: OECD Publishing.

10   Goldstein, D. (3 de dezembro de 2019). It just isn't working: PISA test scores cast doubt on U.S. education efforts. *New York Times*.

11   Beatty, B. (1995). *Preschool education in America: The culture of young children from the colonial era to the present*. Yale University Press.

12   Comenius, J. A. (1907). *The Great Didactic*; Maviglia, D. (2016). The main principles of modern pedagogy in "Didactica Magna" of John Amos Comenius. *Creative Approaches to Research*, 9(1).

13   Hiatt, D. B. (1994). Schools: An historical perspective 1642—. *School Community Journal*, 4(2); Plucknett, T. F. (1930). The Laws and Liberties of Massachusetts. https://www.mass.gov/files/documents/2016/08/ob/deludersatan. pdf; Walker, B. D. (1984). The local property tax for public schools: Some historical perspectives. *Journal of Education Finance*, 9(3), 265–88.

14   Comenius, J. A. (1898). *Comenius's School of Infancy: An Essay on the Education of Youth During the First Six Years*. Will S. Monroe, ed. (p. 81). Massachusetts: Norwood Press.

15   White, S. H. (1996). The child's entry into the "Age of Reason". In A. J. Sameroff & M. M. Haith (Eds.), *The five to seven year shift: The age of reason and responsibility* (pp. 17–30). Chicago: University of Chicago Press.

16   Minkeman, P. (2014). Reforming Harvard: Cotton Mather on education at Cambridge. *The New England Quarterly*, 57(2); Sewall, S. (1969). *The selling of Joseph: A memorial*. Ed. Sidney Kaplan. Boston: University of Massachusetts Press; Sewall, S. (1882). *Diary of Samuel Sewall: 1674–1729*. Massachusetts Historical Society.; Graham, J. S. (2000). *Puritan family life: The diary of Samuel Sewall*. Boston: Northeastern University Press.

17   Moran, G. F. & Vinovskis, M. A. (1985). The great care of godly parents: Early childhood in Puritan New England. In A. B. Smuts & J. W. Hagen (Eds.), *History and research in child development. Monographs of the Society for Research in Child Development*, 50(4–5, Núm. Série 211), pp. 24–37.

18   Mather, C. Small offers towards the service of the tabernacle in this wilderness (R. Pierce), pp. 59–61. Early English Books Text Creation Partnership Online, 2011.

[19] Earle, A. M. (1899). *Child life in colonial days*. Darby, PA: Folcroft Library Editions.

[20] Graham, J. S. (2000), pp. 111–14.

[21] Suneson, G. (4 de abril de 2019). What are the 25 lowest paying jobs in the US? Women usually hold them. *USA Today*. Veja também Occupational and Employment Wages. Departamento de Estísticas de Trabalho dos EUA (maio de 2020). Childcare workers.

[22] Mondale, S. & Patton, S. B. (2001). *School: The story of American public education* (p.118). Boston: Beacon Press.

[23] Hans, N. (2012). *Comparative education: A study of educational factors and traditions*. Routledge; Peters, V. (1956). "Education in the Soviet Union". *The Phi Delta Kappan, 37*(9), 421-425.

[24] Comissão Nacional sobre a Excelência na Educação. (1983). A nation at risk: The imperative for educational reform. Washington, DC: Departamento de Impressão do Governo dos EUA; Mehta, J. (2015). Escaping the shadow: A nation at risk and its far-reaching influence. *American Educator, 39*(2), 20; Mondale, S. & Patton, S. B. (2001), p. 177.

[25] McCartney, K. & Phillips, D. (2013). Motherhood and child care. In B. Birns & D. Hay (Eds.), *The different faces of motherhood* (p. 160). Nova York, NY: Springer Science and Business Media.

[26] Cohen, A. J. (1996). A brief history of federal financing for child care in the United States. *The Future of Children, 6*(2), 26–40.

[27] Roosevelt, E. (2017). My Day, 8 de setembro de 1945.

[28] Child Care Center Opened by Mayor. (26 de janeiro de 1943). Nova York Times, p. 16.

[29] Todos citados em Shonkoff, J. P. & Meisels, S. J. (1990), Early childhood intervention: The evolution of a concept. *Handbook of Early Childhood Intervention* (pp. 13–16). Cambridge University Press.

30 Thompson, O. (2018). Head Start's long-run impact: Evidence from the program's introduction. *Journal of Human Resources, 53*(4), 1100–1139. https://doi-org.proxy.uchicago.edu/10.3368/jhr.53.4.0216-7735R1.

31 Children's Defense Fund. (2020). *The state of America's children.* Relatório anual.

32 Wrigley, J. (1989). Do young children need intellectual stimulation? Experts' advice to parents, 1900–1985. *History of Education Quarterly, 29*(1) (março–maio), 41–75.

33 Departamento de Estatísticas de Trabalho (2002). A century of change: The U.S. labor force, 1950–2050. Monthly Labor Review, maio; Rothwell, J. & Saac, L. (8 de março de 2021). How have U.S. working women fared during the pandemic? Gallup.

34 Organização Internacional do Trabalho e Gallup, pesquisa de dezembro de 2017. https://www.ilo.org/infostories/en-GB/Stories/Employment/barriers--women#global-gap; The World Bank Data, ILOSTAT Database. https://data.worldbank.org/indicator/SL.TLF.CACT.FE.ZS

35 Organização para a Cooperação e Desenvolvimento Econômico (OCDE). (2020). *Early learning and child well-being: A study of five-year-olds in England, Estonia, and the United States.* Paris: OCDE.

36 Sahlberg, P. (2021). *Finnish Lessons 3.0: What Can the World Learn from Educational Change in Finland?.* Teachers College Press.

37 Comissão Europeia, EURYDICE, Finlândia. (Abril de 2021). Early childhood education and care.

CAPÍTULO QUATRO

1 Bowlby, J. & Organização Mundial da Saúde. (1952). Maternal care and mental health: A report prepared on behalf of the World Health Organization as a contribution to the United Nations programme for the welfare of homeless children (2ª ed., p. 84). Organização Mundial da Saúde.

[2]   Trevathan, W. R. & Rosenberg, K. R. (Eds.) (2016). *Costly and cute: Helpless infants and human evolution.* Albuquerque: University of New Mexico Press.

[3]   Steiner, P. (2019). Brain fuel utilization in the developing brain. *Annals of Nutrition and Metabolism, 75* (Supl 1), 8–18; Knickmeyer, R. C. et al. (2008). A structural MRI study of human brain development from birth to 2 years. *Journal of Neuroscience, 28*(47): 12176–82.

[4]   Bjorklund, D. F. (1997). The role of immaturity in human development. *Psychological Bulletin, 122*(2), 153.

[5]   Bryce, E. (9 de novembro de 2019). How many calories can the brain burn by thinking? *Live Science*; Gilani, S. A. (2021). Can one burn calories just by thinking? Well, yes ... a little bit. *Asian Journal of Allied Health Sciences (AJAHS)*; 4(4); Kuzawa, C. W. et al. (2014). Metabolic costs and evolutionary implications of human brain development. *Proceedings of the National Academy of Sciences, 111*(36), 13010–15.; Kumar, A. (27 de abril de 2020). The grandmaster diet: How to lose weight while barely moving. *ESPN*.

[6]   Kuzawa, C. W. et al. (2014).

[7]   Asrat, T. et al. (1991). Rate of recurrence of preterm premature rupture of membranes in consecutive pregnancies. *American Journal of Obstetrics and Gynecology, 165*(4), 1111–15.

[8]   Lester, B. M., Salisbury, A. L., Hawes, K., Dansereau, L. M., Bigsby, R., Laptook, A., ... & Padbury, J. F. (2016). 18-month follow-up of infants cared for in a single-family room neonatal intensive care unit. *Journal of Pediatrics, 177,* 84–89; Feldman, R. & Eidelman, A. I. (2003). Skin-to-skin contact (Kangaroo Care) accelerates autonomic and neurobehavioural maturation in preterm infants. *Developmental Medicine & Child Neurology, 45*(4), 274–81.

[9]   Brito, N. H. et al. (20 de agosto de 2021). Paid maternal leave is associated with infant brain function at 3-months of age. PsyArXiv.com.

[10]   Montez, K., Thomson, S. & Shabo, V. (2020). An opportunity to promote health equity: National paid family and medical leave. *Pediatrics, 146*(3)(set), e20201122. doi: 10.1542/peds.2020-1122. Epub 5 de agosto de 2020. PMID: 32759381.

[11] Montez, K. (13 de junho de 2019). Dr. Kimberly Montez: Paid family leave puts babies' lives first. *Winston-Salem Journal*.

[12] Romeo, R. R., Leonard, J. A., Robinson, S. T., West, M. R., Mackey, A. P., Rowe, M. L. & Gabrieli, J. D. (2018). Beyond the 30-million-word gap: Children's conversational exposure is associated with language-related brain function. *Psychological Science*, 29(5), 700–710.

[13] Leung, C. Y. Y., Hernandez, M. W. & Suskind, D. L. (2020). Enriching home language environment among families from low-SES backgrounds: A randomized controlled trial of a home visiting curriculum. *Early Childhood Research Quarterly*, 50, 24–35.

[14] Denworth, L. (10 de abril de 2019). Hyperscans show how brains sync as people interact. *Scientific American*.

[15] Nummenmaa, L., Putkinen, V. & Sams, M. (2021). Social pleasures of music. *Current Opinion in Behavioral Sciences*, 39, 196–202; Nummenmaa, L., Lahnakoski,J. H. & Glerean, E. (2018). Sharing the social world via intersubject neural synchronisation. *Current Opinion in Psychology*, 24, 7–14.

[16] Stephens, G. J., Silbert, L. J. & Hasson, U. (2010). Speaker–listener neural coupling underlies successful communication. *Proceedings of the National Academy of Sciences*, 107(32), 14425–30.

[17] Piazza, E. A., Hasenfratz, L., Hasson, U. & Lew-Williams, C. (2020). Infant and adult brains are coupled to the dynamics of natural communication. *Psychological Science*, 31(1), 6–17. https://doi.org/10.1177/0956797619878698.

[18] Universidade de Princeton. Baby and adult brains sync during play, Princeton Baby Lab finds. Comunicado de imprensa, 9 de janeiro de 2020.

[19] Romeo, R. R. et al. (2018).

[20] Romeo, R. R. et al. (2021). Neuroplasticity associated with changes in conversational turn-taking following a family-based intervention. *Developmental cognitive neuroscience*, 100967; Gabrieli citado em Anne Trafton. Back-and--forth exchanges boost children's brain response to language. *MIT News*. 13 de fevereiro de 2018.

[21] Leung, C. Y. Y., Hernandez, M. W., & Suskind, D. L. (2020).

[22] List, J. A., Pernaudet, J. & Suskind, D. L. (2021). Shifting parental beliefs about child development to foster parental investments and improve school readiness outcomes. *Nature Communications, 12*(5765). https://doi.org/10.1038/s41467-021-25964-y.

[23] Siegler, A. & Zunkel, E. (junho de 2020). Rethinking federal bail advocacy to change the culture of detention. Revista *Champion*, National Association of Criminal Defense Lawyers, NACDL.org.

[24] Rawls, J. (1971). *A theory of justice.* Belknap Press da Universidade Harvard.

[25] Alexander, M. (29 de outubro de 2018). What if we're all coming back? *New York Times.*

CAPÍTULO CINCO

[1] Roosevelt, E. Voice of America, radiodifusão, 11 de novembro de 1951.

[2] Kim, P. et al. (2010). The plasticity of human maternal brain: Longitudinal changes in brain anatomy during the early postpartum period. *Behavioral Neuroscience, 124*(5), 695.

[3] Rigo, P. et al. (2019). Specific maternal brain responses to their own child's face: An fMRI meta-analysis. *Developmental Review, 51*(mar), 58–69.

[4] Gettler, L. T. et al. (2011). Longitudinal evidence that fatherhood decreases testosterone in human males. *Proceedings of the National Academy of Sciences, 108*(39), 16194–99; Storey, A. E., Alloway, H. & Walsh, C. J. (2020). Dads: Progress in understanding the neuroendocrine basis of human fathering behavior. *Hormones and Behavior, 119*, 104660.

[5] Taylor, S. E. (2006). Tend and befriend: Biobehavioral bases of affiliation under stress. *Current Directions in Psychological Science, 15*(6), 273–77.

[6] Centro de Controle de Doenças (1999). Achievements in public health, 1900—1999: Control of infectious diseases. *MMWR Weekly, 48*(29), 621–29.

[7] Wrigley, J. (1989). Do young children need intellectual stimulation? Experts' advice to parents, 1900–1985. *History of Education Quarterly, 29*(1), 41–75.

[8] Watson, J. B. (1928). *Psychological care of infant and child*. Nova York: W.W. Norton & Co.

[9] Centro de Controle de Doenças (1999).

[10] Lareau, A. (2003). *Unequal childhoods: Race, class, and family life* (pp. 429–448). Berkeley: University of California Press; Lareau, A. et al. (2011). Cap. 15: Unequal childhoods in context (pp. 333–41). In *Unequal Childhoods* (2ª ed.). Berkeley: University of California Press.

[11] Ishizuka, P. (2019). Social class, gender, and contemporary parenting standards in the United States: Evidence from a national survey experiment. *Social Forces, 98*(1), 31–58.

[12] Mecking, O. "American parenting styles sweep Europe." BBC.com, Worklife. 26 de fevereiro de 2020; Dotti Sani, G. M. & Treas, J. (2016). Educational gradients in parents' child-care time across countries, 1965–2012. *Journal of Marriage and Family, 78*(4), 1083-1096.

[13] Medina, J., Benner, K. & Taylor, K. (12 de março de 2019). Actresses, business leaders and other wealthy parents charged in U.S. college entry fraud. *New York Times*.

[14] Leung, C. Y. Y. & Suskind, D. L. (2020). What parents know matters: Parental knowledge at birth predicts caregiving behaviors at 9 months. *Journal of Pediatrics, 221*, 72–80.

[15] List, J. A., Pernaudet, J. & Suskind, D. L (2021). Shifting parental beliefs about child development to foster parental investments and improve school readiness outcomes. *Nature Communications, 12*(5765). https://doi.org/10.1038/s41467-021-25964-y.

[16] ZERO TO THREE. (6 de junho de 2016). *National parent survey overview and key insights*. Veja também, Roberts, M. Y. et al. (2019). Association of parent training with child language development: A systematic review and meta-analysis. *JAMA Pediatrics, 173*(7), 671–80.

[17] Leung, C. Y. Y. & Suskind, D. L. (2020).

[18] List, J. A. et al. (2021).

[19] Leaper, C., Farkas, T. & Brown, C. S. (2012). Adolescent girls' experiences and gender-related beliefs in relation to their motivation in math/science and English. *Journal of Youth and Adolescence*, 41(3), 268–82; Beilock, S. L. et al. (2010). Female teachers' math anxiety affects girls' math achievement. *Proceedings of the National Academy of Sciences*, 107(5), 1860–63.

[20] Berkowitz, T. et al. (2015). Math at home adds up to achievement in school. *Science*, 350(6257), 196–98.

[21] Livingston G. (24 de setembro de 2018). Stay-at-home moms and dads account for about one-in-five U.S. parents. Pew Research Center analysis of 2017 Current Population Survey Annual Social and Economic Supplements.

[22] Gallup Poll, 1–14 de agosto de 2019. Record high 56% of U.S. women prefer working to homemaking.

[23] Buteau, M. (8 de dezembro de 2020). Helicopter mom vs. Jimmy Buffett dad. *New York Times*.

CAPÍTULO SEIS

[1] Mullainathan, S. & Shafir, E. (2014). *Scarcity: Why having too little means too much* (p. 41). Nova York: Henry Holt and Company.

[2] Britto, P. R. School Readiness: A Conceptual Framework. UNICEF, 2012.

[3] Illinois State Board of Education. 2018–2019 Illinois Kindergarten Individual Development Survey (KIDS) Report: A look at kindergarten readiness.; Overdeck Family Foundation (4 de março de 2020). The road to readiness: The precursors and practices that predict school readiness and later school success.; Child Trends (6 de abril de 2020). Comparing the national outcome measure of healthy and ready to learn with other well-being and school readiness measures; Blair, C. & Raver, C. C. (2015) School readiness and self-regulation: A developmental psychobiological approach. *Annual Review of Psychology*, 66, 711–31.

4   Williams, P. G. & Lerner, M. A. (2019). AAP policy on school readiness. *Pediatrics, 144*(2), e20191766. DOI: https://doi.org/10.1542/peds.2019-1766.

5   Child Trends (6 de abril de 2020).

6   Secretaria da Educação do Estado de Illinois. 2018–2019 Illinois Kindergarten Individual Development Survey (KIDS) Report: A look at kindergarten readiness.

7   Regenstein, E. (fevereiro de 2019). Why the K-12 world hasn't embraced early learning. *Foresight Law + Policy.*

8   Tamis-LeMonda, C. S., et al. (2019). Early home learning environment predicts children's 5th grade academic skills. *Applied Developmental Science, 23*(2), 153–69.

9   Duncan, G. J., et al. (2007). School readiness and later achievement. *Developmental Psychology, 43*(6), 1428.; Engle, P. L. & Black, M. M. (2008). The effect of poverty on child development and educational outcomes. *Annals of the New York Academy of Sciences, 1136*, 243.

10   Sawhill, I., Winship, S. & Grannis, K. S. (20 de setembro de 2012). Pathways to the middle class: Balancing personal and public responsibilities. Brookings Institution.

11   Conselho Científico Nacional sobre a Criança em Desenvolvimento (2020). *Connecting the brain to the rest of the body: Early childhood development and lifelong health are deeply intertwined.* Working Paper n. 15.

12   Mendelsohn, A. L. & Klass, P. (2018). Early language exposure and middle school language and IQ: Implications for primary prevention. *Pediatrics, 142*(4); Uccelli, P. et al. Children's early decontextualized talk predicts academic language proficiency in midadolescence. *Child Development, 90*(5), 1650–63; Demir, Ö. E. et al. (2015). Vocabulary, syntax, and narrative development in typically developing children and children with early unilateral brain injury: Early parental talk about the "there-and-then" matters. *Developmental Psychology, 51*(2), 161.

[13] Gilkerson, J. et al. (2018). Language experience in the second year of life and language outcomes in late childhood. *Pediatrics, 142*(4).

[14] Gilkerson, J. et al. (2017). Mapping the early language environment using all-day recordings and automated analysis. *American Journal of Speech-Language Pathology, 26*(2): 248–65.

[15] U.S. Department of Agriculture Center for Nutrition Policy and Promotion. (2017). Expenditures on children by families. Lino, M. et. al. Relatório diversificado n. 1528-2015, Washington, DC: GPO.

[16] Pew Research Center (outubro de 2016). The future of work.

[17] Dervis, K. & Qureshi, Z. (16 de agosto de 2016). "Income distribution within countries: rising inequality," Brookings Report.

[18] Ballentine, K. L., Goodkind, S. & Shook, J. (2020). From scarcity to investment: The range of strategies used by low-income parents with "good" low-wage jobs. *Families in Society, 101*(3), 260–74.

[19] Abraham, K. G. et al. (2018). Measuring the gig economy: Current knowledge and open issues; Board of Governors of the Federal Reserve System (maio de 2020). Report on the economic well-being of U.S. households in 2019.

[20] Duszyriski, M. Gig economy: Definition, statistics & trends 2021 update. zety.com.

[21] Puff, J. & Renk, K. (2014). Relationships among parents' economic stress, parenting, and young children's behavior problems. *Child Psychiatry & Human Development, 45*(6), 712–27.

[22] NICHD, 2006; Inside Early Talk, LENA, 2021.

[23] Inside Early Talk, LENA, 2021.

[24] Kartushina, N. et al. (5 de março de 2021). Covid-19 first lockdown as a unique window into language acquisition: What you do (with your child) matters. https://doi.org/10.31234/osf.io/5ejwu.

25 Roberts, A. M., Gallagher, K. C., Sarver, S. L. & Daro, A. M. (dezembro de 2018). Early childhood teacher turnover in Nebraska. Buffett Early Childhood Institute, Universidade de Nebraska.

26 Frank, M. C., Braginsky, M., Yurovsky, D. & Marchman, V. A. (2021). *Variability and consistency in early language learning: The Wordbank Project.* Cambridge, MA: MIT Press.

27 Glass, J., Simon, R. W. & Andersson, M. A. (2016). Parenthood and happiness: Effects of work-family reconciliation policies in 22 OECD countries. *American Journal of Sociology, 122*(3), 886–929.

CAPÍTULO SETE

1 Withers, B. (1972). "Lean on Me". Em *Still Bill.* Los Angeles: Sussex Records.

2 Mischel, W., Ebbesen, E. B. & Raskoff Zeiss, A. (1972). Cognitive and attentional mechanisms in delay of gratification. *Journal of Personality and Social Psychology, 21*(2), 204.

3 Shoda, Y., Mischel, W. & Peake, P. K. (1990). Predicting adolescent cognitive and self-regulatory competencies from preschool delay of gratification: Identifying diagnostic conditions. *Developmental Psychology, 26*(6), 978; Schlam, T. R., Wilson, N. L., Shoda, Y., Mischel, W. & Ayduk, O. (2013). Preschoolers' delay of gratification predicts their body mass 30 years later. *Journal of Pediatrics, 162*(1), 90–93.

4 Watts, T. W., Duncan, G. J. & Quan, H. (2018). Revisiting the marshmallow test: A conceptual replication investigating links between early delay of gratification and later outcomes. *Psychological Science, 29*(7), 1159–77.

5 Hughes, C. & Devine, R, T. (2019). For better or for worse? Positive and negative parental influences on young children's executive function. *Child Development, 90*(2), 593–609; Diamond, A. & Lee, K. (2011). Interventions shown to aid executive function development in children 4 to 12 years old. *Science, 333*(6045), 959–64.

6 Hughes & Devine (2019).

240 NAÇÃO DOS PAIS

[7] List, J. A., Pernaudet, J. & Suskind, D. L. (2021). Shifting parental beliefs about child development to foster parental investments and improve school readiness outcomes. *Nature Communications, 12*(5765). https://doi.org/10.1038/s41467-021-25964-y.

[8] Shonkoff, J. P. et al. (2010). *Persistent fear and anxiety can affect young children's learning and development.* Conselho Científico Nacional sobre a Criança em Desenvolvimento, Working paper n. 9; Hughes & Devine, 2019; Shonkoff, J. P. et al. (2012). The lifelong effects of early childhood adversity and toxic stress. *Pediatrics, 129*(1), e232—e246.

[9] Conselho Científico Nacional sobre a Criança em Desenvolvimento (2007). *Excessive Stress Disrupts the Architecture of the Developing Brain.* Working Paper n. 3. Cambridge, MA: Center on the Developing Child, Universidade Harvard. http://developingchild.harvard.edu/index.php/resources/reports_and_working_papers/working_papers/wp3/; Sandstrom H. & Huerta, S. (setembro de 2013). The Negative Effects of Instability on Child Development: A Research Synthesis. The Urban Institute. https://www.urban.org/sites/default/files/publication/32706/412899-The-Negative-Effects-of-Instability-on-Child-Development-A-Research-Synthesis.PDF.

[10] Cortés Pascual, A., Moyano Muñoz, N. & Quilez Robres, A. (2019). The relationship between executive functions and academic performance in primary education: Review and meta-analysis. *Frontiers in Psychology, 10,* 1582.

[11] Blair, C. & Cybele Raver, C. (2015). School readiness and self-regulation: A developmental psychobiological approach. *Annual Review of Psychology, 66,* 711–31; Lin, H-L., Lawrence, F. R. & Gorrell, J. Kindergarten teachers' views of children's readiness for school. *Early Childhood Research Quarterly, 18*(2), 225–37.

[12] Fox, N. A. & Shonkoff, J. P. (2012). How persistent fear and anxiety can affect young children's learning, behaviour and health. *Social and economic costs of violence: Workshop summary.* Washington, DC: National Academies Press.

[13] Desmond, M. et al. (2013). Evicting children. *Social Forces, 92*(1), 303–327.

[14] Centro de Controle e Prevenção de Doenças. Violence Prevention/Injury Center. Preventing adverse childhood experiences.

[15] Hughes, K., Ford, K., Bellis, M. A., Glendinning, F., Harrison, E. & Passmore, J. (2021). Health and financial costs of adverse childhood experiences in 28 European countries: A systematic review and meta-analysis. *The Lancet Public Health*, 6(11), e848-e857.

[16] Centro de Controle e Prevenção de Doenças. Violence against children and youth surveys; UNICEF multiple indicator cluster survey.

[17] Harris, N. B. (2018). *The deepest well: Healing the long-term effects of childhood adversity*. Boston: Houghton Mifflin Harcourt.

[18] Harris (2018). Veja também Pierce, L. J. et al. (2019). Association of perceived maternal stress during the perinatal period with electroencephalography patterns in 2-month-old infants. *JAMA Pediatrics*, *173*(6), 561–70.

[19] Palma-Gudiel, H. et al. (2015). Maternal psychosocial stress during pregnancy alters the epigenetic signature of the glucocorticoid receptor gene promoter in their offspring: A meta-analysis. *Epigenetics*, *10*(10), 893–902.

[20] Harvard Kennedy School, Government Performance Lab. Chicago, IL homelessness services performance improvement. https://govlab.hks.harvard.edu/chicago-il-homelessness-services-performance-improvement.

[21] Lawson, G. M. et al. (2016). Socioeconomic status and the development of executive function: Behavioral and neuroscience approaches. https://doi.org/10.1037/14797-012.

[22] Conselho Científico Nacional sobre a Criança em Desenvolvimento (2010). Persistent fear and anxiety can affect young children's learning and development (Working Paper n. 9).

[23] Desmond, M. & Kimbro, R. T. (2015). Eviction's fallout: Housing, hardship, and health. *Social Forces*, *94*(1), 295–324.

[24] Haelle, T. (17 de abril de 2020). Postpartum depression can be dangerous. Here's how to recognize it and seek treatment. *New York Times*.

[25] Associação Americana de Psiquiatria. What is postpartum depression? https://www.psychiatry.org/patients-families/postpartum-depression/what-is-postpartum-depression.

[26] Mental Health America (2021). The state of mental health in America.; Social Solutions (n.d.). Top 5 barriers to mental healthcare access.

[27] USA FACTS (9 de junho de 2021). Over one-third of Americans live in areas lacking mental health professionals. https://usafacts.org/articles/over-one--third-of-americans-live-in-areas-lacking-mental-health-professionals/.

[28] "Barriers to Mental Health Around the World", www.globalcitizen.org; WHO Mental Health Atlas, 2014.

[29] Andersson, M. A., Garcia, M. A. & Jennifer Glass, J. (2021). Work-family reconciliation and children's well-being disparities across OECD countries. *Social Forces, 100*(2), 794–820.

CAPÍTULO OITO

[1] Martin, W. P. (2004). *The best liberal quotes ever: Why the left is right* (p. 173). Nova York: Sourcebooks.

[2] Yockel, M. (maio de 2007). 100 years: The riots of 1968. *Baltimore Magazine*; Maryland Crime Investigating Commission (1968). *A report of the Baltimore civil disturbance of April 6 to April 11, 1968.*

[3] Gerald Grant, G. (18 de abril de 1965). The vanishing lunch. *Washington Post, Times Herald*, E1.

[4] King Jr., M. L. (19 de abril de 1963). Letter from a Birmingham Jail.

[5] Kurlansky, M. (2004). *1968: The year that rocked the world.* Nova York: Random House.

[6] Brown, D. L. (11 de abril de 2018). The Fair Housing Act was languishing in Congress. Then Martin Luther King Jr. was killed. *Washington Post*; The Civil Rights Act of 1968. Bullock Texas State History Museum, Austin, TX.

7   Mondale, Walter. W. (2010). *The good fight: A life in liberal politics* (Cap. 5). Nova York: Scribner.

8   Relato da criação do CCDA extraído de: Roth, W. (1976). The politics of day-care: The Comprehensive Child Development Act of 1971. Discussion Papers 369–76. Department of Health, Education, and Welfare, Washington, DC; Mondale (2010); Karch, A. (2013). *Early Start: Preschool policies in the United States* (Cap. 3). Ann Arbor: University of Michigan Press; Badger, E. (23 de junho de 2014). That one time America almost got universal child care. *Washington Post.*

9   Buchanan foi entrevistado sobre seu papel no documentário *The raising of America*, Episódio 2, *The veto that killed childcare*, 2015.

10 Lobista conservador Jeff Bell citado em Rose, E. (2010). *The promise of preschool: From Head Start to universal pre-kindergarten* (Cap. 2). Oxford University Press.

11 The Abecedarian Project. https://abc.fpg.unc.edu/abecedarian-project.

12 Ramey, C. T. et al. (2000). Persistent effects of early childhood education on high-risk children and their mothers. *Applied Developmental Science, 4*(1), 2–14.

13 Campbell, F. A. et al. (2002). Early childhood education: Young adult outcomes from the Abecedarian Project. *Applied Developmental Science, 6*(1), 42–57.

14 Campbell, F. A. et al. (2012). Adult outcomes as a function of an early childhood educational program: An Abecedarian Project follow-up. *Developmental Psychology, 48*(4), 1033.

15 Barnett, W. S. & Masse, L. N. (2007). Comparative benefit–cost analysis of the Abecedarian program and its policy implications. *Economics of Education Review, 26*(1), 113–25; Ramey, C. T. et al. (2000). Persistent effects of early childhood education on high-risk children and their mothers. *Applied Developmental Science, 4*(1), 2–14.

[16] Ewing-Nelson, C. (2021). Another 275,000 women left the labor force in January. National Women's Law Center, February 2021 Fact Sheet; Stevenson citada em Grose, J. (4 de fevereiro de 2021). The primal scream: America's mothers are in crisis. *New York Times.*

[17] Centro de Controle e Prevenção de Doenças (10 de dezembro de 2020). Covid-19 racial and ethnic health disparities; Oppel, R. Jr, Gebeloff, R., Lai, K. K. R., Wright, W. & Smith, M. (5 de julho de 2020). The fullest look yet at the racial inequities of Coronavirus. *New York Times.*

[18] Buchanan, L., Bai, Q. & Patel, J. K. (3 de julho de 2020). Black Lives Matter may be the largest movement in U.S. history. *New York Times.*

[19] Justice Policy Institute (25 de fevereiro de 2015). The Right Investment?

[20] Escolas da Cidade de Baltimore. District Overview. https://www.baltimorecityschools.org/district-overview.

[21] Sonenstein, F. L. (2014). Introducing the well-being of adolescents in vulnerable environments study: methods and findings. *Journal of Adolescent Health, 55*(6): S1-S3.

[22] U.S. Dept. of Health and Human Services. Children's Bureau timeline. https://www.childwelfare.gov/more-tools-resources/resources-from-childrens -bureau/timeline1.

[23] Ladd-Taylor, M. (1992). Why does Congress wish women and children to die? The rise and fall of public maternal and infant health care in the United States, 1921–1929. In Fildes, V. et al. (Eds.). *Women and children first: International maternal and infant welfare, 1870–1945* (pp. 121–32). Routledge Revivals; Barker, K. (1998). Women physicians and the gendered system of professions: An analysis of the Sheppard-Towner Act of 1921. *Work and Occupations, 25*(2), 229–55; Moehling, C. M. & Thomasson, M. A. (2012). *Saving babies: The contribution of Sheppard-Towner to the decline in infant mortality in the 1920s.* N. 17996, NBER Working Papers. National Bureau of Economic Research.

[24] Lemons, J. S. (1969). The Sheppard-Towner act: Progressivism in the 1920s. *Journal of American History, 55*(4), 776–86.

25 *JAMA* (10 de junho de 1922). Proceedings of the St. Louis Session. *Journal of the American Medical Association, 78.*

26 Infant mortality and African Americans (2018). U.S. Department of Health and Human Services, Office of Minority Health.

27 A história da Dra. Andrus é extraída principalmente de Walker, C. (8 de outubro de 2018). Ethel Percy Andrus: One woman who changed America. *AARP*; Secrest, A. (5 de janeiro de 2018). A chicken coop: The unlikely birthplace of AARP. *AARP.*

28 Harrington, M. (1962). *The other America: Poverty in the United States.*

29 Congressional Research Service (14 de abril de 2021). Poverty among the population aged 65 and over.

30 Walker (2018), p. 116.

31 "Vietnamese single mothers band together to get through Covid-19—and beyond", Medium.com. 20 de julho de 2020; United Nations Population Fund, "Teachers and mothers join forces to keep girls in school in Malawi", 20 de julho de 2020; "A group of mothers in this Malawi community helped keep girls in school during Covid-19", 2 de dezembro de 2020, Global Citizen.

32 Early learning Multnomah, from vision to vote. www.preschoolforall.org; Miller, C. C. (6 de novembro de 2020). How an Oregon measure for universal preschool could be a national model. *New York Times.*

33 Citado em Secrest, A. (2018).

CAPÍTULO NOVE

1 Franklin, B., escrito anonimamente, (4 de fevereiro de 1735). *Pennsylvania Gazette.*

2 Fleming, P. (5 de junho de 2018). *The Accidental Epidemiologist.* Blog, Bristol Health Partners.

[3] Perkins, A. (26 de agosto de 2016). Back to sleep: The doctor who helped stem a cot death epidemic. *Guardian.*

[4] Fleming, P. (2018).

[5] McKelvie, G. (30 de janeiro de 2016). Anne Diamond has learned to smile again after suffering decades of heartbreak. *Mirror;* Bristol Points West television interview with Anne Diamond and Peter Fleming, 10 de fevereiro de 2017.

[6] Garstang, J. & Pease, A. S. (2018). A United Kingdom perspective. In J. R. Duncan & R. W. Byard (Eds.), *SIDS sudden infant and early childhood death: The past, the present and the future.* University of Adelaide Press; American SIDS Institute, Incidence.

[7] Fleming, P. (2018).

[8] Gomez, R. E. (2016). Sustaining the benefits of early childhood education experiences: A research overview. *Voices in Urban Education,* Annenberg Institute for School Reform at Brown University. ERIC, https://eric.ed.gov/?id=EJ1101330.

[9] Schuster, M. A. et al. (2000). Anticipatory guidance: What information do parents receive? What information do they want? *Archives of Pediatrics & Adolescent Medicine, 154*(12), pp. 1191–98. Silverchair, https://doi.org/10.1001/archpedi.154.12.1191; Garg, A. et al. (1º de novembro de 2019). Screening and referral for low-income families' social determinants of health by US pediatricians. *Academic Pediatrics, 19*(8), 875–83. ScienceDirect, https://doi.org/10.1016/j.acap.2019.05.125.

[10] Maternal and Child Health Bureau (24 de abril de 2016). National survey of children's health. https://mchb.hrsa.gov/data/national-surveys; Osterman, M. J. K. & Martin, J. A. (2018). Timing and adequacy of prenatal care in the United States, 2016. *National Vital Statistics Reports, 67*(3), 1–14: Do Centro de Controle e Prevenção de Doenças, National Center for Health Statistics, National Vital Statistics System.

[11] Daro, D. Dodge, K. A. & Haskins, R. (junho–agosto de 2019). Universal Approaches to Promoting Healthy Development. *The Future of Children, 29*(1), 3–16;

Garner, A. S. (2016). Thinking developmentally: The next evolution in models of health. *Journal of Developmental & Behavioral Pediatrics, 37*(7), 579–84.

[12] Roberts, M.Y. et al. (2019). Association of parent training with child language development: A systematic review and meta-analysis. *JAMA Pediatrics, 173*(7), 671–80; State of the nation: Understanding public attitudes to the early years. (novembro de 2020). Better Care Network.

[13] Sandel, M. et al. (2018). Unstable housing and caregiver and child health in renter families. *Pediatrics, 141*(2). American Academy of Pediatrics. pediatrics-aappublications-org.proxy.uchicago.edu, https://doi.org/10.1542/peds.2017-2199.

[14] Leung, C. Y. Y & Suskind, D. L. (2020). What parents know matters: Parental knowledge at birth predicts caregiving behaviors at 9 months. *Journal of Pediatrics, 221*, 72–80.

[15] Marvasti, F. F. & Stafford, R. S. (2012). From "sick care" to health care: Reengineering prevention into the U.S. system. *New England Journal of Medicine, 367*(10), 889–91. PubMed Central, https://doi.org/10.1056/NEJMp1206230.

[16] Jolly, P. et al. (2013). U.S. graduate medical education and physician specialty choice. *Academic Medicine, 88*(4), 468–74.

[17] Dodson, N. A. et al. (2021). Pediatricians as child health advocates: The role of advocacy education. *Health Promotion Practice, 22*(1), 13–17. SAGE Journals, https://doi.org/10.1177/1524839920931494.

[18] Entrevista com Dana Suskind.

[19] Schuster, M. A. et al. (dezembro de 2000). Anticipatory Guidance: What Information Do Parents Receive? What Information Do They Want? *Archives of Pediatric & Adolescent Mededicine, 154*(12): 1191-1198. https://jamanetwork.com/journals/jamapediatrics/fullarticle/352586.

[20] Leung, C. et al. (2018). Improving education on child language and cognitive development in the primary care settings through a technology-based curriculum: A randomized controlled trial. *Pediatrics, 142*(1), Meeting Abstract, American Academy of Pediatrics, pp. 777.

21 Roberts, M. Y. et al. (2019). Association of parent training with child language development: A systematic review and meta-analysis. *JAMA Pediatrics, 173*(7), 671–80. Silverchair, https://doi.org/10.1001/jamapediatrics.2019.1197.

22 Conselho sobre Primeira Infância. (2014). Literacy promotion: An essential component of primary care pediatric practice. *Pediatrics, 134*(2), 404–09. American Academy of Pediatrics, pediatrics-aappublications-org.proxy.uchicago.edu, https://doi.org/10.1542/peds.2014-1384.

23 Bradley, E. H. & Taylor, L. A. (2013). *The American health care paradox: Why spending more is getting us less.* Nova York: Public Affairs.

24 Fineberg, H. V. Prefácio de Bradley & Taylor (2013). ix.

25 Trends in maternal mortality: 2000 to 2017, Executive Summary. https://www.unfpa.org/resources/trends-maternal-mortality-2000-2017-executive-summary. Acessado em 2 de setembro de 2021.

26 Reitsma, M. B. et al. (junho de 2021). Racial/ethnic disparities in COVID-19 exposure risk, testing, and cases at the subcounty level in California. *Health Affairs, 40*(6), 870–78.

27 Bradley & Taylor, 2013.

28 Fairbrother, G. et al. (2015). Higher cost, but poorer outcomes: The US health disadvantage and implications for pediatrics. *Pediatrics, 135*(6), 961. https://doi.org/10.1542/peds.2014-3298; Bradley, E. H. & Taylor, L. A. (9 de dezembro de 2011). Opinion: To fix health, help the poor. *New York Times.*

29 Organização Mundial da Saúde (OMS) (n.d.). Taking action on the social determinants of health.

30 Garner (2016).

31 A história de Rachel é contada no site do Family Connects. https://familyconnects.org/our-stories/.

32 Hishamshah, M. et al. (2010). Belief and practices of traditional post partum care among a rural community in Penang Malaysia. *Internet Journal of Third World Medicine, 9*(2). Internet Scientific Publications.

[33] Maternity care—Kraamzorg Het Zonnetje (inglês). https://kraamzorghetzonnetje.nl/eng/maternity-care/.

[34] Pao, M. (26 de março de 2017). States give new parents baby boxes to encourage safe sleep habits. NPR.

[35] Dodge, K. A. et al. (2013). Randomized controlled trial of universal postnatal nurse home visiting: Impact on emergency care. *Pediatrics, 132*(Supl 2), S140—S46; Dodge, K. A. et al. (2019). Effect of a community agency-administered nurse home visitation program on program use and maternal and infant health outcomes: A randomized clinical trial. *JAMA Network Open, 2*(11), e1914522—e1914522; Goodman, W. B. et al. (2021). Effect of a universal postpartum nurse home visiting program on child maltreatment and emergency medical care at 5 years of age: A randomized clinical trial. *JAMA Network Open, 4*(7), e2116024—e2116024.

[36] Canfield, C. F. et al. (2020). Encouraging parent-child book sharing: Potential additive benefits of literacy promotion in health care and the community. *Early Childhood Research Quarterly, 50*, 221–29. Earlier studies: High et al., 1998; Needleman et al., 1991; Weitzman et al., 2004; Needleman et al., 2005; Silverstein et al., 2002; Sanders et al., 2000; Golova et al., 1999.

[37] Connor Garbe, M. et al. *The Impact of Reach Out and Read Among New and Returning Patients.* (Manuscrito em produção.)

[38] HealthySteps. www.healthysteps.org.

[39] Center for Health Care Strategies (maio de 2018). Profile: Expanding awareness and screening for ACEs in the Bronx: Montefiore Medical Group.

[40] Sege, R. et al. (2015). Medical-legal strategies to improve infant health care: A randomized trial. *Pediatrics, 136*(1), 97–106.

[41] George Kaiser Family Foundation. Birth through Eight Strategy for Tulsa (BEST). www.gkff.org/what-we-do/birth-eight-strategy-tulsa/.

[42] Ready for School, Ready for Life. www.getreadyguilford.org.

CAPÍTULO DEZ

[1] Thoreau, H. D. (1854). *Walden,* (p. 164).

[2] Oster, E. (21 de maio de 2019). End the plague of secret parenting. *Atlantic.*

[3] Friedman, M. (13 de setembro de 1970). The Social Responsibility of Business Is to Increase Profits. *New York Times,* SM, 17.

[4] Williams, J. C. (11 de maio de 2020), The pandemic has exposed the fallacy of the "ideal worker". *Harvard Business Review.*

[5] HACKER, J. S. (2019). *The great risk shift: The new economic insecurity and the decline of the American dream* (2. ed.). Nova York: Oxford University Press, p. 288.

[6] Benford, E. et al. (7 de agosto de 2020). The Covid-19 eviction crisis: An estimated 30–40 million people in America are at risk". Aspen Institute.

[7] Hacker (2019), pp. xi, 3.

[8] Pew Charitable Trusts (29 de janeiro de 2015). The precarious state of family balance sheets.

[9] Hacker (2019), p. xiv.

[10] Vollset, S. E., Goren, E., Yuan, C. W., Cao, J., Smith, A. E., Hsiao, T., ... & Murray, C. J. (2020). Fertility, mortality, migration, and population scenarios for 195 countries and territories from 2017 to 2100: A forecasting analysis for the Global Burden of Disease Study. *The Lancet, 396*(10258), 1285-1306.

[11] Tavernise, S. (5 de maio de 2021). The U.S. birthrate has dropped again. The pandemic may be accelerating the decline. *New York Times.*

[12] Hacker (2019), p. 83.

[13] Fisher, J. & Johnson, N. (2019). *The two-income trap: Are two-earner households more financially vulnerable?* Center for Economic Studies, relatório n. 19-19.

[14] Wang, W. (14 de outubro de 2018). The majority of U.S. children still live in two-parent families. Institute for Family Studies.

[15] Dalu, M. C. et al. (13 de novembro de 2018). Why aren't U.S. workers working?. FRBSF Economic Letter.

[16] Kleven, H. et al. (2019). Child penalties across countries: Evidence and explanations. *AEA Papers and Proceedings, 109.*

[17] Paquette, D. & Craighill, P. M. (6 de agosto de 2015). The surprising number of parents scaling back at work to care for kids. *Washington Post.* Resultados de umapesquisa do *Washington Post.*

[18] More women than men enrolled in U.S. medical schools in 2017. AAMC. Acessado em 17 de novembro de 2020.

[19] Adiar: Stack, S. W., Jagsi, R., Biermann, J. S. et al. (2020). Childbearing decisions in residency: A multicenter survey of female residents. *Academic Medicine, 95*(10), 1550–1557. doi:10.1097/ACM.0000000000003549. Crenças: Kin, C., Yang, R., Desai, P., Mueller, C. & Girod, S. (2018). Female trainees believe that having children will negatively impact their careers: Results of a quantitative survey of trainees at an academic medical center. *BMC Medical Education, 18*(1), 260. doi:10.1186/s12909-018-1373-1; Shifflette, V., Hambright, S., Amos, J. D., Dunn. E. & Allo, M. (2018). The pregnant female surgical resident. *Advances in Medical Education and Practice, 9*, 365–69. doi:10.2147/AMEP.S140738. Obstetrícia/ginecologia: Hariton, E., Matthews, B., Burns, A., Akileswaran, C., & Berkowitz, L. R. (2018). Pregnancy and parental leave among obstetrics and gynecology residents: Results of a nationwide survey of program directors. *American Journal of Obstetrics & Gynecology, 219*(2), 199. e1–199.e8.

[20] Frank, E., Zhao, Z., Sen, S. & Guille, C. (2019). Gender disparities in work and parental status among early career physicians. *JAMA Network Open, 2*(8), e198340. doi:10.1001/jamanetworkopen.2019.8340.

[21] Citada em Petersen, A. H. (11 novembro de 2020). Culture study, *Substack.*

[22] A história de Schultz foi retirada de *My Story*, o site pessoal de Howard Schultz.

[23] *Starbucks commitment to partners* (1º de setembro de 2017). Starbucks.com.

[24] Schultz, H. (11 de setembro de 2020). A free market manifesto that changed the world, reconsidered. *New York Times.*

[25] Pesquisa da Care.com: https://www.care.com/press-release-millennials-would-leave-job-for-better-benefits-p1186-q65824324.html.

[26] Fundação da Câmera de Comércio dos Estados Unidos. The bedrock of American business: High-quality early childhood education.

[27] Relatório de 2019 da Society for Human Resources Management.

[28] Ross, M. & Bateman, N. (novembro de 2019). Meet the low-wage workforce. Brookings.

[29] Vogtman, J. & Schulman, K. (2016). Set up to fail: When low-wage work jeopardizes parents' and children's success. National Women's Law Center.

[30] Vogtman & Schulman (2016), pp. 13–16: Challenges for children: How low-wage jobs can undermine development and school success; Veja também Barnum, M. (26 de setembro de 2018). Here's a list of studies showing that kids in poverty do better in school when their families have more money. Chalkbeat.

[31] Cwiek, S. (27 de janeiro de 2014). The middle class took off 100 years ago... Thanks to Henry Ford? *All things considered.* NPR.

[32] Dean, A. & Auerbach, A. (5 de junho de 2018). 96% of U.S. professionals say they need flexibility, but only 47% have it. *Harvard Business Review*; Fuller, J. B. & Raman, M. The caring company: How employers can help employees manage their caregiving responsibilities—while reducing costs and increasing productivity. Harvard Business School, Managing the Future of Work Project. Atualizado em janeiro de 2019; Li, J. et al. (2014). Parents' nonstandard work schedules and child well-being: A critical review of the literature. *Journal of Primary Prevention, 35*(1), 53–73.

[33] ZERO TO THREE (2021). Parents' just-time work schedules are not working for babies: A policy brief; Collins, C. (11 de novembro de 2020). The free market has failed U.S. working parents. *Harvard Business Review.*

[34] North, A. (31 de julho de 2021). The five-day workweek is dead. *Vox.*

[35] Williams, J. C. et al. (março de 2018). Stable Scheduling Study: Health outcomes report. WorkLife Law (Universidade da Califórnia, Hastings College of the Law).

[36] Cahusac, E. & Kanji, S. (2014). Giving up: How gendered organizational cultures push mothers out. *Gender, Work & Organization, 21*(1), 57–70.

[37] Miller, C. C. (15 de maio de 2019). Work in America is greedy. But it doesn't have to be. *New York Times.*

[38] Houser, L. & Vartanian, T. P. (2012). *Pay matters: The positive economic impacts of paid family leave for families, businesses and the public.* Report of the Rutgers Center for Women and Work; Paid Leave Fact Sheets, National Partnership for Women and Families; Bartel, A. P. et al. (2021). *The impact of paid family leave on employers: Evidence from New York.* N. w28672. National Bureau of Economic Research.

[39] Osborne, C., Boggs, R. & McKee, B. (agosto de 2021). Importance of father involvement. Child and Family Research Partnership, LBJ School of Public Affairs, Universidade do Texas em Austin; Bartel, A. P. et al. (2018). Paid family leave, fathers' leave-taking, and leave-sharing in dual-earner households. *Journal of Policy Analysis and Management, 37*(1), 10–37; Petts, R. J., Knoester, C. & Waldfogel, J. (2020). Fathers' paternity leave-taking and children's perceptions of father-child relationships in the United States. *Sex Roles, 82*(3), 173–88; Rossin-Slater, M. & Stearns, J. (2020). Time on with baby and time off from work. *Future of Children, 30*(2), 35–51; Choudhury, A. R. & Polachek, S. W. (2019). *The impact of paid family leave on the timing of infant vaccinations.* IZA Institute of Labor Economics; Popper, N. (17 de abril de 2020). Paternity leave has long-lasting benefits. So why don't more American men take it? *New York Times*; National Partnership for Women and Families (2021). Fact sheet: Fathers need paid family and medical leave.

[40] National Partnership for Women and Families (2021). Fact sheet; Johannson, E-A. (2010). *The effect of own and spousal parental leave on earnings*. Working Paper n. 2010:4. Obtido em 8 de junho de 2021 do Institute of Labour Market Policy Evaluation.

[41] História de Kendra Scott extraída de Q + A with Kendra Scott, *Austin Family Magazine*; Hawkins, L. (1º de fevereiro de 2021). Kendra Scott steps aside as CEO of her Austin company. *Austin American-Statesmen*; Foster, T. (dezembro–fevereiro de 2018). This entrepreneur hit rock bottom before building a billion-dollar jewelry empire (with only $500). *Inc.*, 1029; Podcast Secrets of Wealthy Women (17 de julho de 2019). Kendra Scott: Building a billion dollar jewelry brand. *Wall Street Journal*.

[42] Beth Ley de entrevista com Kendra Scott (9 de junho de 2019). In How Kendra Scott promotes a family-friendly workplace. *InFocus Texas*; Kendra Scott Family Fund, www.kendrascottfamilyfund.com.

[43] Best Place for Working Parents. https://bestplace4workingparents.com.

[44] O programa da Carolina do Norte é o Family Forward NC. https://familyforwardnc.com.

CAPÍTULO ONZE

[1] Comitê de Franklin D. Roosevelt sobre Segurança Econômica. Child welfare in the economic security program. Estudos CES não publicados, Social Security online.

[2] Versão da Biblioteca do Congresso dos Estados Unidos.

[3] Além de entrevistar Michael e Keyonna várias vezes, revisei os documentos judiciais do caso dele.

[4] Luby, J. L. (2015). Poverty's most insidious damage: The developing brain. *JAMA Pediatrics*, 169(9), 810–11.

[5] Goldin, C. & Katz, L. F. (2010). *The race between education and technology*. Harvard University Press.

6　Chaudry, A. (agosto de 2016). The Case for Early Education in the Emerging Economy. *Roosevelt Institute Report* (pp. 3-4); Chaudry A. & Sandstrom, H. (setembro–novembro de 2020). Child Care and Early Education for Infants and Toddlers. *Future of Children, 30*(2), 1717.

7　Weissman, D. G. et al. (30 de novembro de 2021). Antipoverty programs mitigate socioeconomic disparities in brain structure and psychopathology among U.S. youths. PsyArXiv. doi.org/10.31234/osf.io/8nhej.

8　Chaudry, A. et al. (2021). *Cradle to kindergarten: A new plan to combat inequality.* Nova York: Russell Sage Foundation.

9　As cinco principais políticas estaduais eficazes são: elegibilidade de renda estendida para planos de saúde, carga administrativa reduzida para SNAP, licença para pais remunerada, salário mínimo estadual e crédito de imposto de renda ganho pelo estado. As seis principais estratégias estaduais eficazes são: triagem e programas de encaminhamento abrangentes (como o Family Connects), creches subsidiadas, pré-natal em grupo, programas de visitações domiciliares baseados em evidências, serviços do Early Head Start e Early Intervention. O mapa de estrada completo está disponível em: https://pn3policy.org/pn-3-state-policy-roadmap/complete-roadmap/.

10　Outro exemplo é o Learning Policy Institute (2021). Building a national early childhood education system that works.

11　Chaudry et al. *Cradle to Kindergarten.* p. 137.

12　UNICEF (janeiro de 2020). Family Friendly Policies: A Global Survey of Business Policy. Working Paper.

13　Butrymowicz, S. & Mader, J. (20 de março de 2016). How the military created the best child care system in the nation. Hechinger Report; Covert, B. (16 de junho de 2017). The U.S. already has a high-quality, universal childcare program—in the military. Think Progress; Allen, General J. R. & Lyles, General L. (17 de agosto de 2021). Why the child care crisis is a national security issues. *The Hill.*

14　Lucas, M. A. (21 de abril de 2016). How the military went from having childcare in Quonset huts and stables to being the "premier" system—and why don't more people study it? Hechinger Report.

[15] Lucas (2016), Hechinger Report.

[16] Whitebook, M. (1989). *Who cares? Child care teachers and the quality of care in America.* Relatório Final, National Child Care Staffing Study.

[17] Covert (2017).

[18] Citado em Covert (2017).

[19] Helen Blank do National Women's Law Center, citada em Covert (2017).

[20] Miller, C. C. (6 de outubro de 2021). How other nations pay for child care. The U.S. is an outlier. *New York Times.*

[21] Há 22 comunidades tribais em Novo México, mas eles colaboram também com a Nação Fort Sill Apache no Oklahoma, então algumas fontes dizem 23.

[22] Annie E. Casey Foundation (2021). Kids Count Data Book, State Trends in Child Well-Being.

[23] Families Valued. https://www.familiesvalued.org.

[24] Anderson, R. (janeiro de 2021). Returning to work: Three policy steps to strengthen family life during the pandemic recovery. Center for Public Justice.

EPÍLOGO

[1] Douglass, F. *The North Star.* Documentos de Frederick Douglass da Bibilioteca do Congresso.

ÍNDICE

Símbolos

#patiencechallenge 118

A

Abecedarian 142–143
Academia Americana de Pediatria
    (AAP) 67–68, 147, 159
Amelie Liu, filha 7
    medo da morte 123
    primeiro dia de aula 101
Anne Diamond
    síndrome de morte súbita infantil
    (SMSI) 154
Asher Liu, filho 7, 28, 61
Associação Americana de Aposentados (AARP) 149
Associação Nacional Infantil CASA/
    GAL 183
auxílio puerperal 131
Avaliação Nacional do Progresso Educacional (NAEP) 46–47

B

Baltimore
    economia 145
Bedtime Math 91
Birth through Eight Strategy for Tulsa
    (BEST) 168

C

cabeça de recém-nascidos 61–62
casamento igualitário
    Anthony Kennedy, ex-juiz 111
    Obergell v. Hodges 111
cérebro 26–30
    amígdala 34
    área de superfície 33
    arquitetos 68, 86–87
    condições socioeconômicas 33–36
    consumo de energia 62–63
    córtex
        auditivo 28
        cerebral 33
        pré-frontal 34, 122
        visual 27

259

crescimento 62
desenvolvimento na primeira infância 29–30, 55, 60, 63–64
aumento de interesse 84–85
função
cerebral 33
executiva 34
hipocampo 34
lobo
occipital 27
temporal 28
memória 34
mudança cognitiva 48–49
sinapses 27
Charlotte, voluntária de estudo
25–27, 29–31
choques econômicos negativos 186
ciclo de feedback 73
ciência do desenvolvimento cerebral
21
Common Core State Standards 54
Comprehensive Child Development
Act (CCDA) 140–142
Richard Nixon 141–142
Conselho de Responsabilidade Parental (PAC) 151
Convenção sobre os Direitos da Criança 208
cortisol 126
COVID-19
crianças 15
Dana Suskind 14–15
efeitos na família 15–16, 143–144
etnias 144
Gary Rogers, enfermeiro 15–16
variante Delta 15
creches
qualidade 110–111
Credigy
trabalho remoto 185
crenças 86–94
crescimento natural 84
cronograma estável 185

Gap 185
Target 185
cultivo orquestrado 84
Cynthia Osborne, Prenatal-to-3 Policy
Impact Center 197–198

D

Dana Suskind
avô 109
Centro Médico da Universidade de
Chicago 14
experimento mental 77–78
John List, economista 210–211
nascimento 138
pais 137–138
tornar-se mãe 81–82, 86
Década do Cérebro 57
Declaração da Independência dos
Estados Unidos 192
Departamento de Crianças 147
Departamento de Defesa dos EUA
cuidados infantis 200–202
depressão pós-parto 128
deserto da assistência infantil 12
desigualdade de renda 108–109
determinantes sociais da saúde
162–163
Developmental Understanding and
Legal Collaborantion for
Everyone (DULCE) 167
Didática magna 47
doença de Alzheimer 45
Don Liu, marido 6, 61
jogos de Asher 172–173

E

Early Childhood Education and Care
(ECEC) 58
educare 58
Early Start 56
economia dos "bicos" 109–110

educação
 infantil
  apoio 19, 22
  condições 6–7
  pais 21–23
 K-12 13, 45–47, 53–54
 na primeira infância
  ambiente 21–22, 30, 69–70, 183
  condições 182
  Dana Suskind 6
  socioeconômicas 8–9, 12, 32–36
  custo 17
  empregos 12
  exposição às palavras 8–10, 21,
   28, 68–75
  Finlândia 57–59
  investimento 202
  pais 8–9, 69
 pública universal 196–197
efeito poste de luz 45
Einsteins perdidos 36, 41–42
eletroencefalografia 33
Elise, Associação Nacional Infantil
  182–183
Elizabeth Groginsky, secretária do Departamento de Educação 203
Ellen Clarke, amiga 145–146
Emenda de Direitos Iguais 139
epicentro do risco 177
equilíbrio trabalho-família 18
Escola-Gramática 47
escolha parental 18–20
Espectroscopia Funcional em Infravermelho Próximo (fNIRS) 71
Estados Unidos
 educação 14, 54–55
 individualismo 18–19, 21
 taxa de natalidade 177
estímulos 30, 63, 68
estresse tóxico 122–123
Estudo de Coorte Britânico 42–43
Ethel Percy Andrus 148–150, 152
Every Student Succeeds Act 54

experiências adversas na infância
  (EAI) 123–124
experimento do marshmallow
  117–119

F

famílias com renda dupla 178
família Sewall 48–50
Families Valued 205–206
felicidade parental 115
flexibilidade 184–185
 cognitiva 121
Freddy Joyner 138–139
função executiva 118–123, 126, 130,
  132
funcionário ideal 175

G

Gabrielle, audiologista e pesquisadora
  110–114
Gabrielle Union-Wade
  #patiencechallenge 118
Gary Rogers, enfermeiro 6
Genevive Liu, filha 7, 82
George Floyd 144
gig economy 109–110
Grande Depressão
 creches 55
Grande Mudança de Risco 176
Grande Renúncia 178
gravidez ectópica 191

H

Hazim Hardeman 36–41, 42–43
 Bolsa de Estudos Rhodes 40–41
 transtorno de déficit de atenção com
  hiperatividade (TDAH) 37
 Tyrell, livro 39
Head Start 56

ÍNDICE 261

HealthySteps 159, 166–168
  Deyanira Hernandez 166–167
    Anna 166–167
hemi-hidranencefalia 25
Henry Ford
  salários mais altos 184
Howard Schultz, CEO da Starbucks
    180–181
hyperscanning 70

I

idade materna avançada 64
implante coclear 5
Iniciativa Thirty Million Words 9
insegurança econômica individual
    176
insuficiência istmocervical 65
inteligência 69
Isaac Asimov, escritor
  observações sobre o cérebro 26

J

Jade, funcionária da Starbucks 13, 93,
    95–97, 176
James Baldwin
  citação 39
Jay-Z
  inspiração 40
Jeannette Rankin 147
John Amos Comenius, ministro 47–49
John Bowlby, psiquiatra
  teoria do apego 56
John B. Watson, Associação America-
    na de Psicologia
  livro 84
John Rawls, filósofo político
  exercício 76
Jovanna Archuleta, secretária assis-
    tente de educação 202–205
Julia Lathrop 147

justiça trabalho-família 18

K

Katie, amiga 117–118
Kendra Scott 186–187
  Traga-o-Bebê 187
Kimberly Montez, pediatra 12, 64–69
Kimberly Noble, pediatra 32–35, 43
Kylie Jenner
  #patiencechallenge 118

L

Laboratório de Bebês de Princeton
  experimento 71–72
lacuna
  de desempenho 8, 35
  de oportunidade 36
  de qualidade 36–37
Lei CARES 16
Lei de Assistência Acessível 108, 130
Lei de Educação de Defesa Nacional
    54
Lei do Diabo Velho Enganador 47
Lei dos Direitos Civis de 1968 139
Lei Lanham 55
Lei Militar de Cuidados Infantis 200
Lei Nenhuma Criança Deixada para
    Trás 54
Lei Sheppard-Towner 147–148
LENA
  estudo 104
licença paternidade 186
Linda Smith, amiga 200–202
língua de sinais 7
linguagem 103

M

mães corvo 12
Malcolm X

262 · NAÇÃO DOS PAIS

citação associada a George Floyd 40
M. A. Lucas 200–202
Martha Farah
  estudo 33
Martin Luther King Jr.
  Carta de uma prisão em Birmingham
    139
  citações 20, 139
Michael Frank
  Projeto Wordbank 114
Michelle Alexander, escritora
  artigo 77
Michelle Buteau, comediante e atriz
  artigo 98
Milton Friedman
  artigo 175

N

nação dos pais 156
  começar na fonte 157–158
  guia
    de ação 213–215
    de discussão 215–221
  mudança de mentalidade 213
  políticas familiares 198–200
  sistema de saúde 156–161
    atuar em equipe 158
    pediatria 159–161
    triagem ambrangente 158
Nadine Burke Harris, pediatra
  experiências adversas na infância
    (EAI) 124
Nambé Pueblo 203
Nelson Floresco, enfermeiro 6
neurociência 9, 21
neuroplasticidade 21, 27, 29–30
Nurse-Family Partnership 169

O

ObamaCare 108
Operação Varsity Blues 86

oportunidade educacional 8
Organização para a Cooperação e
    Desenvolvimento Econômico
    (OCDE) 11, 57

P

pais 1
  condições desfavoráveis 150
  movimentos em prol dos 150–151
paradoxo da saúde 161–162
parentalidade
  helicóptero 84
  intensiva 84–85
  secreta 174–175
  similar a apaixonar-se 83
Patrick Ishizuka, sociólogo
  estudo 84–85
penalidade maternal 178
Peter Fleming, pediatra
  síndrome de morte súbita infantil
    (SMSI) 153–155
  Lullaby Trust 154
políticas familiares 11–13, 19
  Alemanha 12
  China 12
  Estados Unidos 11–12
  Holanda
    kraamzorg 163
  Malásia
    pantang 163
  Quênia 12
  Reino Unido 12
pré-escola universal 54–55
Prenatal-to-3 Policy Impact Center
    197
produto interno bruto (PIB) 178
progesterona 65
Programa Internacional de Avaliação
    de Alunos (PISA) 46
Projeto Wordbank 114
prontidão escolar 102–104, 105

ÍNDICE **263**

protecionismo 83
protestos de 1968 137–139

Q

quarto trimestre 62

R

Race to the Top 54
Rachel Anderson, Families Valued
205–206
Rachel, doula 163–165
Family Connects 164–165
Rachel Romeo, fonoaudióloga e neu-
rocientista 72–74
estudo 72–73
Reach Out and Read 164–165
Ready for School, Ready for Life (Rea-
dy, Ready) 169
Reino Unido
creches 12
responsabilidade pessoal 175
Robert Kennedy
assassinato 139
Robin Mills, enfermeiro 6
Russell Conwell, pastor 40
Campo de Diamantes 40

S

salários mais altos 184
saúde mental
falta de acesso a 130
Scale of Parent/Provider Expectations
and Knowledge (SPEAK) 88
Dani Levine, psicóloga 179
Segunda Guerra Mundial
creches 55
selo Melhor Lugar para Pais que Trabalham 187

serviço kraamzorg 163
sincronia neuronal 70–71
síndrome de morte súbita infantil
(SMSI) 153–155
campanha Back to Sleep 155
sociedade 22
conexão com os pais 114–115
Sonho Americano 45–46
Sonho Finlandês 58
Sputnik 54
Starbucks 180–181
Care.com 181
Universidade do Estado do Arizona
181
Susan Levine, médica 25

T

Talia Berkowitz, psicóloga 13, 91–92,
93–96
Tatiana 143–144
taxa de fecundidade global 177
teoria do apego 56
TMW Center for Early Learning +
Public Health 9, 69
circunstâncias familiares 11–12
Katherine 128–133
Mariah 51–54, 59–60, 69
Michael e Keyonna 10, 74–76,
190–191, 192–195, 206–207
gravidez ectópica 191
Randy 10, 105–107, 106–108, 115
Sabrina 10, 124–128, 125–129, 132
trabalhar fora 93
trabalho remoto 185
tristeza puerperal 128
Tune In, Talk More and Take Turns (3Ts) 9–10, 69–70, 72–75,
90–91, 98
circunstâncias familiares 11–12
estudo longitudinal 74

U

uberização 109–110
Universidade Temple 40

V

valores familiares 13
verificação pré-operatória 6
véu da ignorância 77
viabilidade fetal 65
Vidas Negras Importam 144

viés de observação 44
Vila Sésamo 56

W

Walter Mondale, ex-senador 140

Z

zona de desenvolvimento proximal 73

AGRADECIMENTOS

Dizem que é preciso uma aldeia inteira para educar uma criança. Bem, o mesmo poderia ser dito sobre escrever um livro. Sou muito grata por todas as pessoas que acreditaram nessas ideias e doaram do seu tempo, sabedoria e orientação.

Em primeiro lugar, meus mais profundos agradecimentos pertencem à minha parceira de escrita, Lydia Denworth. Lydia e eu compartilhamos aquela parceria ideal e rara em que duas pessoas estão completamente alinhadas em visão, mas com habilidades alternativas — sua restrição jornalística e meu amor por pontos de exclamação, por exemplo! Porém, o que fez de Lydia a parceira de escrita ideal não foi sua perfeição jornalística ou sua perícia científica, mas sua paixão por histórias que podem mudar o mundo. Não há outra pessoa com quem gostaria de ter escrito este livro — sou eternamente grata.

Às famílias e indivíduos cujas histórias preenchem as páginas deste livro, não posso agradecê-los o suficiente. Vocês me deixaram entrar em suas vidas e compartilharam seus momentos mais vulneráveis comigo. Estarei para sempre maravilhada com sua força e emocionada com seu amor sem limites. Agradeço à Keyonna, Michael, Mariah, Sabrina, Randy, Elise, Katherine, Jade, Gabrielle, Rachel Anderson, Jovanna Archuleta, Kimberly Montez, Hazim Hardeman, Ellen Clarke, Dani Levine e Talia Berkowitz.

Aos incríveis especialistas, visionários, amigos e familiares que generosamente ofereceram sua sabedoria e orientação. Este livro não poderia ter sido escrito se não fosse por vocês. Meus mais profundos agradecimentos a: Ajay Chaudry, Chris Speaker, Cynthia Osborne, Deyanira Hernandez, Jovanna Archuleta, Elizabeth Groginsky, Jennifer Glass, Natalie Tackitt, Patrick

Ishizuka, Rahil Briggs, Sara Redington, Stephanie Doyle, Patsy Hampton, Molly Day, Lai-Lani Ovalles, Naadia Owens, Kimberly Noble, Rachel Romeo, Susan Levine, Linda Smith, Perri Klass, Comer Yates, Luis Avila, Karen Pekow, Elliot Regenstein, Ralph Smith, Beth Rashbaum, Diana Suskind, Sydnie Suskind e Roberta Zeff. E um agradecimento especial a Eric Schultz por acreditar nessas ideias, por ser um ouvinte tão atencioso e por me apoiar.

Sou profundamente grata aos meus incríveis colegas e parceiros no TMW Center, ninguém mais do que a incomparável Katie Dealy. Como diretora de operações, a liderança pragmática e de princípios de Katie nos transformou de um grupo de indivíduos em uma missão para um centro unificado, alinhados em visão e objetivos. Ela garante que as famílias estão, e sempre estarão, no centro de tudo o que fazemos. Katie, sou grata por nossa parceria e aprecio cada uma das nossas celebrações com iogurtes congelados com granulados.

De uma escrita maravilhosa a uma estratégia excepcional e logística indispensável, Liz Sablich, a diretora de comunicações do TMW, faz tudo. Ela é o tipo de pessoa rara que é corajosa o bastante para dizer quando ideias ruins não valem a pena seguir, criativa o bastante para perceber quando boas ideias poderiam ser melhores e graciosa o bastante para abordar as duas situações com empatia e compreensão. Liz, você é um presente.

Meu imenso agradecimento também se estende à Yolie Flores, que está levando essas ideias para além das páginas de um livro e para as mãos e corações de pais por todos os Estados Unidos. Ela aborda cada problema com humildade, sabedoria e uma paixão por atender crianças e famílias. Yolie, todos me dizem o quanto tenho sorte por você estar comigo nesta jornada. Eu não poderia concordar mais.

Jon Wenger foi o "pau pra toda obra" da equipe Nação dos Pais. Sua criatividade ajudou a moldar nossa missão, e todos que o cercam sentem sua paixão por servir. Jon, você é brilhante, trabalhador e, o que mais deseja ser, gentil, e todos esses três traços beneficiam o TMW diariamente.

Heidi Stevens é outra parte insubstituível da equipe Nação dos Pais. Com humanidade e empatia, Heidi trabalha incansavelmente para erguer as famílias e organizações dedicando-se a construir a nação dos pais. Além do mais, Heidi, uma contadora de histórias nata, trouxe a crença irresistível de que as histórias não terminam no leitor — elas podem e devem ser nossa melhor chance de uma mudança social. Heidi, sou profundamente grata por nossa amizade de longa data... notavelmente porque foi o que a atraiu para esse importante trabalho.

Tenho tanta sorte pelo resto dos colegas que se juntaram a mim no TMW Center. Beth Suskind tem sido uma amiga, colaboradora e força criativa em cada projeto. Snigdha Gupta, que certamente não sabia onde estava se metendo, tem sido uma parceira estratégica e indispensável em todas as áreas, desde o ensino até o desenvolvimento tecnológico. Julie Pernaudet e Christy Leung constantemente me lembram da arte na ciência e da mágica na descoberta. O conhecimento financeiro de Jodi Savitt traça o nosso futuro e sua gentileza extraordinária nos anima. Kristin Leffel esteve comigo no início dessa pesquisa. Embora Kristin não esteja mais no TMW, seu impacto e ideias são sentidas todos os dias na cultura que ela ajudou a estabilizar. Hannah Caldwell e Dru Brenner trouxeram cada grama de sua paixão, animação e visão para *Nação dos Pais*. Eles lideram um projeto para levar os princípios de *Nação dos Pais* para a educação médica e foram contribuintes inestimáveis em incontáveis projetos. Também gostaria de agradecer à equipe inteira do TMW: Steph Avalos Bock, Amanda Bezik, Zayra Flores-Ayffan, Kelsey Foreman, Iara Fuenmayor Rivas, Teja Garre, Caroline Gaudreau, Paige Gulling, Debbie Hawes, Imrul Huda, Jacob Justh, Andy Lewis, Arnoldo Muller-Molina, Michelle Saenz, Melissa Segovia, Diana Smith, Alicia Taylor, Mia Thompson e Milagra Ward.

Também tive a sorte de ter me beneficiado do apoio, confiança e amizade de muitos outros durante minha carreira. Embora existam nomes demais para listar, quero agradecer às minhas colaboradoras de longa data, parceiras de pensamentos e amigas Sally McCrady e Jeanine Fahnestock da iniciativa PNC Grow Up Great™. Sally, Jeanine e sua equipe incrível têm sido defensoras leais do meu trabalho. O investimento delas nos nossos estudos de visitação domiciliares avançou nosso conhecimento científico e levou-me até as muitas histórias poderosas que preenchem estas páginas. Além do apoio ao trabalho do TMW Center, a PNC Grow Up Great tem sido firme em seu apoio à primeira infância por mais de dezessete anos. Eles demonstraram o poderoso impacto que as corporações/empresas podem ter na vida das crianças. Mildred Oberkotter, Bruce Rosenfield, David Pierson e a equipe maravilhosa da Oberkotter Foundation viram *Nação dos Pais* como uma forma de continuar o longo e impactante histórico da fundação de apoiar crianças e famílias com perda de audição a realizar a promessa de seus objetivos. Com o apoio deles, pude sonhar mais alto e focar objetivos que realmente acredito que podem mudar o mundo para melhor. Amy Newnam, Teresa Caraway e a equipe do Hearing First ofereceram infinitas instruções e me firmaram com sua crença inabalável de que a mudança é possível. Caroline Pfohl, Rob Kaufold e Rick White da Hemera Foundation acreditaram em mim e nesse trabalho quando eu estava apenas começando a ir além das paredes da sala operatória. Sou profundamente grata a eles por darem uma chance para uma cirurgiã e suas ideias e pela paixão deles em atender crianças e famílias. Sem o apoio desses colegas e incontáveis outros, não existe a menor chance de surgir uma verdadeira nação dos pais.

Enquanto trabalhava em *Nação dos Pais*, tive uma equipe de primeira linha de profissionais e conselheiros editoriais. Estendo meus mais profundos agradecimentos ao meu editor, Stephen Morrow. Stephen acreditou na visão e necessidade de uma nação dos pais desde o começo e me ajudou a torná-la uma realidade. O "trabalho invisível" de Grace Layer garantiu que tudo corresse sem problemas. Stephanie Cooper, Isabel DaSilva e Amanda Walker mostraram uma incrível dedicação e perfeição na publicação e divulgação de *Nação dos Pais*. Minhas maravilhosas copidesque e editora de produção de conteúdo, Joy Simpkins e LeeAnn Pemberton, operaram com um nível de cuidado e atenção aos detalhes que rivaliza com o trabalho de qualquer cirurgião. Elizabeth Shreve e Deb Shapiro, da agência de relações públicas Shreve Williams, elevaram as ideias de *Nação dos Pais* e divulgaram o livro por todos os Estados Unidos. Alexandra Gordon, Michael Lebakken, Claire Saget, Amanda Reid, Yasmin Hariri, Meredith Hellman, Rebecca Calautti, MJ Deery e a equipe de visionários, criadores e estrategistas da agência publicitária Matter Unlimited pegaram as histórias de *Nação dos Pais* e as transformaram em uma campanha coesa de forma impecável. Meus agradecimentos também se estendem a Frank William Miller Jr. e Jess Rotter, que elaboraram a capa pela qual espero que este livro seja julgado! Por último, sou grata à Ana Alza, Clarissa Donnelly-DeRoven, Shiri Gross, Shanika Gunaratna, Marissa Jones e Luz Kloz por lerem incontáveis rascunhos e revirarem infinitos artigos acadêmicos.

Acredito profundamente que não há lugar melhor para escrever um livro do que a Universidade de Chicago — um lugar onde a ciência e as ideias são cultivadas e uma cirurgiã pode ir da sala operatória para o teatro das ciências sociais. As ideias em *Nação dos Pais* são um reflexo dos meus pacientes, meus colegas e da troca intelectual que acontece tão prontamente nessa universidade. Quero estender meus agradecimentos a Jeff Matthews, que forneceu a faísca inicial de que eu precisava (Jeff, espero continuar sendo um ROI positivo!); Nishant Agrawal pelo apoio contínuo; e Fuad Baroody pela inspiradora parceria e amizade ao longo dos anos. Agradeço aos meus incríveis colegas na equipe de Perda Auditiva Pediátrica e Implante Coclear, que aturam uma cirurgiã que se aventura longe com muita frequência: Brittney Sprouse, Katie Murdaugh, Caitlin Egan, Michael Gluth, Megan Greenya, Michelle Havlik, Ted Imbery, Stacy Pleasant, Samantha Dixon, Katie Swail, Emily Trittschuh, Gary Rogers, Nelson Floresco e Robin Mills. E agradeço aos incontáveis professores, estudantes e colegas que me emprestaram seu tempo, conhecimento e inspiração enquanto escrevia *Nação dos Pais*.

Por fim, quero agradecer à minha família. Aos meus pais, que me mostraram que servir os outros é a mais alta das profissões e me ensinaram como ser mãe. A John, meu amor, meu líder de torcida mais barulhento e meu defensor mais feroz. Aos meus filhos, minha maior fonte de felicidade e minha *raison d'être*. Quando olho para cada um de vocês, lembro-me diariamente do dever da minha geração de criar para nossos filhos um mundo que desejávamos ter para nós mesmo, de deixar uma herança de amor, oportunidade e justiça, de criar uma nação dos pais.

—D.S.

Tem sido profundamente gratificante ajudar minha amiga Dana Suskind a trazer este livro importante para o mundo. A amplitude de sua visão, a profundidade de seu otimismo e a paixão e alegria que ela traz para seu trabalho me inspiram diariamente. Fico feliz de saber que ela pensou em me ligar para pedir um conselho sobre contratar uma escritora. Acho que surpreendi nós duas quando respondi: "Eu posso escrever." Estou tão feliz por ter feito isso, e agradeço a ela por me dar a oportunidade e por me levar até o mundo dela.

Também sou muito grata a Stephen Morrow e todos na Dutton por acreditarem neste livro e por ajudarem a torná-lo realidade. E agradeço à minha agente, Dorian Karchmar, por apoiar a mim e o meu trabalho.

Agradeço, como sempre, às amigas que foram minhas ouvintes de forma tão atenciosa, especialmente Moira Bailey, Stephanie Holmes, Elizabeth Schwarz, Leah MacFarlane e Suzanne Myers. Dessa vez, sou particularmente grata pelo sábio conselho e apoio de Christine Kenneally, Anya Kamenetz e Reem Kassis. Nossas conversas semanais no Zoom foram um presente.

Trabalhar neste livro deixou-me mais grata do que nunca pela sorte grande de ter Ray e Joanna Denworth como pais. Eles me deram um forte e amoroso começo de vida, que me serviu bem nos bons e maus momentos. Imaginar uma nação dos pais também foi um lembrete poderoso das alegrias e dificuldades da minha própria jornada como mãe. Jacob, Matthew e Alex, sou grata por ser mãe de vocês. Obrigada por seu amor, bom humor e paciência. Eu faço o meu melhor! Espero que este livro ajude a tornar o mundo um lugar melhor para os pais quando for a vez de vocês. Por fim, agradeço a Mark, meu parceiro, por tudo o que você faz por nossa família e por tudo o que você faz por mim.

—L.D.

SOBRE AS AUTORAS

Dana Suskind, Doutora em Medicina, é a fundadora e codiretora do TMW Center for Early Learning + Public Health, diretora do Programa Pediátrico de Implante Coclear e professora na área de cirurgia e pediatria na Universidade de Chicago. A Dra. Suskind é autora de mais de 45 publicações científicas e do livro *Thirty Million Words: Building a Child's Brain*. Ela é membra da Academia Americana de Pediatria e do Conselho sobre Primeira Infância. Seu trabalho já foi mencionado em vários meios de comunicação, incluindo o *The New York Times*, *The Economist*, *Forbes*, *NPR* e *Freakonomics*.

Lydia Denworth é uma premiada escritora científica e editora contribuinte na revista *Scientific American*. Ela é autora de vários livros de ciência popular, incluindo *Friendship: The Evolution, Biology and Extraordinary Power of Life's Fundamental Bond* e *I Can Hear You Whisper: An Intimate Journey through the Science of Sound and Language* [Amizade: A evolução, biologia e extraordinário poder do elo fundamental da vida e Posso ouvi-lo sussurar, em tradução livre, respectivamente].

Projetos corporativos e edições personalizadas
dentro da sua estratégia de negócio. Já pensou nisso?

Coordenação de Eventos
Viviane Paiva
viviane@altabooks.com.br

Contato Comercial
vendas.corporativas@altabooks.com.br

A Alta Books tem criado experiências incríveis no meio corporativo. Com a crescente implementação da educação corporativa nas empresas, o livro entra como uma importante fonte de conhecimento. Com atendimento personalizado, conseguimos identificar as principais necessidades, e criar uma seleção de livros que podem ser utilizados de diversas maneiras, como por exemplo, para fortalecer relacionamento com suas equipes/ seus clientes. Você já utilizou o livro para alguma ação estratégica na sua empresa?

Entre em contato com nosso time para entender melhor as possibilidades de personalização e incentivo ao desenvolvimento pessoal e profissional.

PUBLIQUE
SEU LIVRO

Publique seu livro com a Alta Books. Para mais informações envie um e-mail para: autoria@altabooks.com.br

 /altabooks /alta-books /altabooks  /altabooks

CONHEÇA OUTROS LIVROS DA **ALTA BOOKS**

Todas as imagens são meramente ilustrativas.

Este livro foi impresso nas oficinas gráficas da Editora Vozes Ltda.,
Rua Frei Luís, 100 – Petrópolis, RJ.